国家自然科学基金项目（72004196、71732008）研究成果

科教发展论丛

从独占性到合法性

集群企业知识资产治理

李拓宇 · 著

ZHEJIANG UNIVERSITY PRESS
浙江大学出版社
· 杭州 ·

图书在版编目（CIP）数据

从独占性到合法性：集群企业知识资产治理 / 李拓
宇著. —杭州：浙江大学出版社，2023.4
（科教发展论丛）
ISBN 978-7-308-23658-4

Ⅰ. ①从… Ⅱ. ①李… Ⅲ. ①企业集群－知识管理－
研究 Ⅳ. ①F276.4

中国国家版本馆 CIP 数据核字(2023)第 064674 号

从独占性到合法性：集群企业知识资产治理

李拓宇　著

责任编辑	李海燕
责任校对	朱梦琳
封面设计	雷建军
责任印制	范洪法
出版发行	浙江大学出版社
	（杭州市天目山路 148 号　邮政编码 310007）
	（网址：http://www.zjupress.com）
排　　版	杭州好友排版工作室
印　　刷	广东虎彩云印刷有限公司绍兴分公司
开　　本	710mm×1000mm　1/16
印　　张	13.75
字　　数	247 千
版 印 次	2023 年 4 月第 1 版　2023 年 4 月第 1 次印刷
书　　号	ISBN 978-7-308-23658-4
定　　价	49.00 元

浙江大学出版社市场运营中心联系方式：(0571) 88925591；http://zjdxcbs.tmall.com

序

产业集群是现代产业发展的重要组织形式。自改革开放以来,长三角和珠三角地区出现了一大批产业集群,这是全球产业分工、产业要素集聚和产业竞争的结果。随着产业组织的变迁,产业集群已经打破了地理边界,改变了"一乡一品""一镇一品"的发展格局,成为更大区域范围的产业体系,并发展为我国产业参与全球价值竞争的重要战略力量。在新发展阶段,数字技术推动了产业形态和产业结构的持续变革,产业集群打破了地理边界、产业边界和技术边界,促进了产业基础高级化、产业链现代化和产业创新生态化发展,也驱动了我国产业迈向全球价值链中高端,出现了若干世界级先进制造业集群。

但是,当产业集群被数字技术赋能后,产业链越来越扁平化,产业生产要素流动成本不断下降,产业内部科技知识溢出的成本也不断降低。因此,集群企业在享受集群邻近性所带来的知识溢出外部经济性和低交易成本时,多样化的知识互动和频繁化的人员流动加剧了"搭便车"行为和模仿侵权问题。如何能够激发集群内成员企业的创新活力,降低技术溢出的可能性?前人研究认为,解决这个问题的基本理论是独占性逻辑,也就是企业通过知识产权保护创新,让创新者对创新成果享有独占性。目前,全球各个国家还是主要依靠独占性逻辑在设计制度,希望通过创新知识产权保护机制,激发科技企业的创新活力。

但是,随着产业集群内共性技术创新不断产生,以及产业发展日益呈现协同化、集群化、平台化、生态化态势,使用这种独占性逻辑去保护创新越来越难。比如,当一个技术经过 2 至 3 年的努力申请到了发明专利,但实际上,3年之后被保护的技术可能已经被淘汰了。于是,迫切需要探索出适应数字经济时代要求的创新保护机制,来与独占性逻辑互补,以新的逻辑来保护快速发展的技术和维护长时间跨度的交易秘密。为此，该书结合产业集群的实地调研、案例研究和实证研究，提出基于合法性的创新保护机制。创新的合法性保护不是依赖低效率的知识产权保护，而是建立在产业共同体、创新共同体内部的创新活动合作、创新成果认可、创新收益共享基础上，依靠创新者的合法性地位，来持续推进新产品，弱化同行之间的简单仿制、低成本抄袭，最终走出共同创新的发展道路。

所谓合法性，我把它定义为最大限度保护创新成果的正式或者非正式的制度契约，包括声誉合法性、认知合法性、规则合法性。该书是李拓宇副研究员在参与重大项目过程中积累形成的，我希望该专著能够启发政府部门，有针对性地帮助组织持续改进。比如，部分制造业集群及其成员企业依靠自身战略行动催生集群内生的本地化知识资产治理制度安排，有效补充专利等国家产权制度的缺位与失效，成功规范了集群企业的生产、创新行为。然而，这些有效尝试目前仍然比较零散，有必要对其进行系统化和理论化探讨，探索集群企业有效的知识资产治理机制及其对本地化制度设计体系，回答"制度从何来"。

该书围绕企业如何在集群情境下实现知识资产治理这一问题，提出了"集群企业知识资产治理—创新合法性压力—治理绩效"的主要关系，揭示了"从创新中获益（profiting from innovation，PFI）"逻辑新架构，拓展了"从创新中获益"理论的逻辑框架，探索了企业知识资产治理的典型模式及其演化过程，并挖掘其背后的制度因素和模式演化过程，为地方政府制定产业集群转型升级的支持性政策、行业组织制定产业集群转型升级的支持性规范、创新企业制定创新战略以及知识资产治理策略提供了实践启示。

相信该书的出版，可以帮助政策制定者、行业服务者、战略研究人员和产业一线从业者更好地理解"合法性"战略的内涵与外延，鼓励更多本土企业在创新中谋发展、于变局中开新局，为实现"制造强国、质量强国"目标再立新功。

是为序。

魏 江

2022 年 5 月 16 日

目　　录

第一章 绪 论

第一节 集群创新面临的知识资产治理现实困境

改革开放以来,国家高度重视科技创新与区域发展,并以供给侧结构性改革为主线,不断推进经济发展质量变革、效率变革和动力变革。党的二十大报告对完善科技创新体系,加快实施创新驱动发展战略提出了新的更高要求,对于强化企业科技创新主体地位,发挥科技型骨干企业引领支撑作用,营造有利于科技型中小企业成长的良好环境指明了前进道路。产业集群作为中小企业发展的重要组织形式和载体,在推动企业专业化分工协作、有效配置生产要素、降低创新创业成本、节约社会资源、吸纳就业、促进区域经济社会发展等方面发挥了重要作用[①],特别在东部沿海地区(如浙江、江苏、福建、广东等省份),对于全面推动产业基础高级化、产业链现代化,全面促进制造和服务融合发展发挥着重要作用。现阶段,我国经济已由高速增长阶段转向高质量发展阶段,正处在转变发展方式、优化经济结构、转换增长动力的攻关期[②],物联网、大数据、云计算、人工智能等新一代信息技术的突破性发展,与制造业和产业变革交汇在一起,给我国制造业的快速发展、转型升级提供了最好的契机(邹晓东等,2016)。同时,基础资源价格不断提高、用工成本持续上涨,被锁定在价值链低端环节的中国制造业集群亟待向高附加值两端移动,以创新驱动

---

① 中华人民共和国国务院.中华人民共和国国务院公报[R/OL]. (2015-07-10)[2017-11-06]. http://www.gov.cn/zhengce/2015-07/10/content_5023689.htm.

② 习近平.决胜全面建成小康社会 夺取新时代中国特色社会主义伟大胜利[N/OL].新华社, 2017-10-27. http://www.gov.cn/zhuanti/2017-10/27/content-523487.htm.

区域、产业经济转型升级，推进供给侧结构性改革，对于提升产业组织化和专业化水平、提升区域经济创新力和竞争力、转变经济发展方式、推进经济转型升级，具有十分重要的意义。

然而，集群情境下，随着信息传播路径扁平化和知识溢出低成本，成员企业在享受集群内由于地理、制度和认知上的高度邻近性而产生的知识溢出的外部经济性（Boschma，2005）和低交易成本（Marshall，1920）时，频繁的人员流动和知识交流也加剧了"搭便车"行为和模仿问题（Davis，2004），进而诱发产品同质化、恶性价格竞争等一系列问题，部分行业产能严重过剩①，影响集群转型升级。因此，创新企业如何在集群情境下实现知识资产有效治理，持续增强企业创新意愿，减少企业模仿行为，成为促进现代产业集群创新驱动转型升级必须解决的现实问题。

一、集群情境下，企业面临严重的知识资产治理困境

集群情境下，多样化的知识互动（链式生产、合作研发等）和频繁化的人员流动（挖人）加剧了成员企业间的"搭便车"行为和模仿侵权问题，依靠国家产权制度难以有效保护企业知识资产，如纺织业、摩托车行业、橡胶制造业、办公用品行业等（Davis，2004）。如在桐庐县制笔产业集群中，原创企业的新笔样一经推出，"跟笔"企业当天就可以在实体店、展销会等场所，通过拍照、购买样品等方式快速获取该新笔样，经过样品拆分研究，三到七天就可以实现批量仿制并投放市场。基于生产工艺相近、技术门槛较低等特征，仿冒笔样和原创笔样几乎没有显著性差异，一旦进入市场，仿冒企业就会迅速抢占原创企业的市场份额，甚至以低价侵吞原创市场。创新企业难以获得相应的知识资产回报，严重影响创新热情的投入，阻碍整个集群的转型升级：一方面，对创新企业而言，创新成果推出市场不久，同行竞争者就会通过简单仿制、低成本抄袭进入市场，创新企业不但难以获得原创知识资产的市场回报，甚至还会陷入"创新找死"的尴尬境地（孔小磊，2013），创新企业的研发热情难以维系，最终也会放弃创新走向模仿，整个集群陷入"近墨者黑"的恶性循环；另一方面，对集群整体而言，"搭便车"和模仿侵权等机会主义行为，会加剧行业产品同质化问题，整个行业陷入恶性价格竞争旋涡，部分仿冒企业甚至以牺牲产品质量为代价，以低成本换取市场，诱发整个集群创新动力不足、创新能力低下、产品竞争力

---

① 国务院新闻办公室. 全国国土规划纲要（2016—2030 年）[EB/OL]. (2017-02-04)[2017-11-06]. http://www.gov.cn/zhengce/content/2017-02-04/content-5165309.htm.

薄弱等问题,甚至使集群整体发展滞后,最终被市场淘汰。因此,集群情境下的模仿问题能否得到有效解决、企业创新动力能否得到有效提升已然成为影响集群情境下企业创新驱动发展、集群转型升级,甚至影响企业生死、集群兴衰的关键问题。

二、集群情境下,知识产权体制难以满足企业知识资产治理的需要

中国知识产权立法始于 20 世纪 80 年代,1982 年出台的《中华人民共和国商标法》是新中国第一次为治理知识资产而设立的专门法,随后《中华人民共和国专利法》(1984 年)、《中华人民共和国著作权法》(1990 年)、《中华人民共和国反不正当竞争法》(1993 年)、《中华人民共和国植物新品种保护条例》(1997 年)和《关于滥用知识产权的反垄断指南》(2017 年)等知识产权相关法律法规的相继颁布与实施,推动了知识产权强国建设,将知识产权保护摆在更加重要的位置。《"十三五"国家知识产权保护和运用规划》统计数据显示,"十二五"期间中国发明专利申请量和商标注册量稳居世界首位。仅 2015 年,国家知识产权局共受理专利申请 279.9 万件,其中发明专利申请量达 110.2 万件,连续 5 年位居世界首位;授权发明专利 35.9 万件,受理 PCT 国际专利申请 3.05 万件,受理商标注册申请 287.6 万件(国家知识产权局知识产权发展研究中心,2016)。截至 2015 年底,我国每万人口发明专利拥有量达到 6.3 件,有效发明专利中,国内专利为 92.2 万件,占比超过 60%;有效注册商标量达 1034.4 万件,连续 14 年保持世界第一;作品著作权登记量达到 134.8 万件,同比增长 35.9%,计算机软件著作权登记量 29.2 万件,同比增长 33.63%;农业植物新品种权申请量 2069 件,同比增长 17%;林业植物新品种权申请量累计达 1788 件(国家知识产权局知识产权发展研究中心,2016)。此外,在侵权案件审理中,仅 2015 年,共办理专利行政案件 3.6 万件,同比增长 46.4%;全国各级工商、市场监管部门共立案查处侵权假冒案件 5.1 万件,办结案件 4.7 万件,案值 7.4 亿元;捣毁制假售假窝点 522 个,依法向司法机关移送涉嫌犯罪案件 238 件,涉案金额 1.2 亿元;全国公安机关共破获侵权假冒犯罪案件 2.1 万起,涉案总价值 263.9 亿元。[①]

综上,经过多年的发展,创新主体在知识资产创造、运用、保护和管理等方

---

① 徐日丹.2015 年检察机关批捕侵犯知识产权犯罪案件 2615 件[N/OL].检察日报,2016-04-20.http://www.spp.gov.cn/ov.cn/spp/zdgz/201604/t20160420_116444.shtml.

面均获得了长足发展,全社会知识产权意识普遍增强,法治化、国际化、便利化的营商环境进一步得到改善。① 然而,从宏观数据来看,我国核心专利、知名品牌、精品版权较少,布局还不合理,知识产权数量与质量不协调、区域发展不平衡、保护还不够严格等问题依然突出。② 究其原因是与市场经济相接轨的法律法规还未得到完善,相较于发达国家,我国的知识产权法律体系建构仍存在一定的差距。如,对仿冒、侵权及违约行为的监管不足,直接导致侵权、仿冒现象易发、频发,而在维权过程中,界定模糊、举证困难、执行力差、周期漫长、成本高、赔偿低等问题也使得国家知识产权法律法规对知识资产的治理效力稍显不足(Hoskisson 和 Wright,2000;Li 和 Atuahene-Gima,2002)。首先,专利制度设计和支持条件严苛。从宏观法律制度来看,它忽视了不同产业的技术特点,而是对所有的技术和产品实施相同的保护(Mazzoleni 和 Nelson,1998;Andersen,2004),尤其是发明专利申请的三大门槛,即新颖性、创造性和实用性,集群企业的新产品很难满足;专利申请程序冗长(一般需要 2～3年)、周期漫长,待创新成果申请到专利保护,技术可能已经过时了;此外,成本费用昂贵,单就发明专利而言,申请费(900 元)、申请维持费(300 元)、申请审查费(2500 元)、复审费(1000 元)已然构成了一笔不小的花费,如果需要诉讼,创新主体还需进行烦琐的搜证,支付高额的律师费、诉讼费等,耗时耗力。其次,专利制度执行低效。对侵权行为的取证非常困难,尤其对复杂技术的模仿要界定出侵权程度,几乎是不太可能的,即使出了法律裁决结果,也难以有效惩罚模仿者(Reitzig 和 Puranam,2009)。再次,微观企业隔离困难。从微观企业行为看,尽管企业发展了自身的"隔离机制"(Rumelt,2005),如人力资源管理、技术手段、商业秘密等,但由于企业不是法律执行的主体,这些措施往往不能得到有效执行。最后,非格式化知识资产难以保护。现有法律和规制是针对正式知识产权制定的,没有办法对非知识产权类的知识资产进行保护,显然,知识产权仅仅是一个组织知识资产中编码化知识的部分,更大部分的知识资产仍不能得到保护。因此,国家层面知识产权体制难以有效地维护集群企业的知识资产。

---

① 马昌. 商务部:没有任何一部法律强制外国投资者转让技术[EB/OL].(2017-09-29)[2017-12-06]. http://cnews. chinadaily. com. cn/2017-09/29/content_32635523. htm.

② 中华人民共和国国务院."十三五"国家知识产权保护和运用规划[EB/OL].(2017-01-13)[2022-10-29]. http://www. gov. cn/zhengce/content/2017/01/13/content_5159483. htm.

三、集群层面出现新制度,为解决企业知识资产治理困境提供新思路

如前所述,在我国弱知识产权体制和知识产权意识整体较低的背景下,模仿、侵权等机会主义行为已然成为阻碍集群企业生存和发展的关键因素,成为我国块状经济转型升级、创新发展亟须解决的现实问题,探索集群中有效的知识资产治理机制势在必行。目前,我国部分集群中的创新主体以及相关治理机构已逐渐认识到这一问题的严重性,并尝试运用本土文化、集体行动以及地方权威,创立并实施具有本土特征和产业特性的知识资产治理新制度,取得了一定的治理效果。如在温州打火机产业集群中,多家创新企业在集群内通过自下而上的方式,横向联合集群内的同类型创新企业成立鹿城区烟具行业协会并推出《温州市烟具行业维权公约》,用成员企业集体协商、广泛认同的本地化"土专利"对场域内企业知识资产(创新成果)进行重新界定并予以治理;在台州吉利汽车产业集群中,吉利汽车公司作为集群龙头企业在集群内通过自上而下的方式出台《供应商分级管理办法》,限制技术人才、技术秘密等知识资产在配套过程中流失或非正当溢出;在桐庐制笔产业集群中,24家制笔创新企业通过自下而上的方式,联合建立"知识产权保护联盟"并签订《联盟公约》,与当地政府多个部门和第三方打假队协同实施《桐庐县企业专利确权授权管理办法》,治理集群企业知识资产。

综合以上三个方面,在国家正式知识产权制度安排对集群企业知识资产治理存在缺位或失效问题时,集群层面本地化知识资产治理制度的形成,有效解决了专利等国家产权规制制度安排的失效问题,成功规范了成员企业的生产、创新行为。然而,这些成功实践目前尚较零散,有必要对其进行结构化、系统化和理论化的深入探讨,以帮助集群企业开展有效的知识资产治理活动,促进集群及成员企业创新驱动发展。

第二节　集群企业知识资产治理面临的理论困境

一、独占性理论:知识资产治理研究的发展脉络

法学、社会学和经济学领域已对知识资产治理理论作探讨,Schumpeter

（1950）首次提出"独占性"一词，认为应该赋予企业对知识资产创新一定程度的专有属性，也即垄断权力，以维护创新者对获取知识资产创新投入有效回报的稳定预期。显然，创新独占性研究是 Teece（1986，2006）PFI 框架的具体化。

独占性体制（appropriability regime）是保障创新主体获得知识资产（创新）价值回报的外部法律规制制度安排的总和（Martinez-Piva，2009）。早期关于知识资产治理的研究主要聚焦于企业外部制度环境，考察知识产权法律制度对企业知识资产治理的影响机制。Teece（1986）首先提出独占性体制的概念，并指出独占性体制是企业知识资产治理的外部环境因素，由法律和工具性制度（legal & instruments）及技术属性（nature of technology）等外生变量决定，具有阻止知识资产（创新）被模仿的功能。随后的研究进一步提出，企业知识资产的模仿难易程度会受到知识产权法律体制和知识属性影响（Teece，2006），在特定行业或具体情境下，企业可以依托独占性体制，通过专利、版权、商标等法律手段强化企业对知识资产的专有性和垄断权，以司法权威增加知识资产模仿难度（Hurmelinna-Laukkanen 和 Puumalainen，2007；Samaniego，2013），而知识资产的属性，如可编码化程度也同样会影响知识资产的模仿风险，知识资产的可编码化程度（显性程度）越高，就越容易被表达、描述，也就越容易被剽窃、模仿，转移也就越容易（Teece，2006；Päällysaho 和 Kuusisto，2011）。但随着知识产权类型不断增多，独占性体制对于知识资产治理的失效或缺位问题也越发明显（魏江和胡胜蓉，2007）：第一，法律的普适性特征要求法律规制制度安排对于所有产业的知识资产治理无差异（Mazzoleni 和 Nelson，2016），这就忽视了不同产业知识结构、知识隐性等知识属性差异所带来的知识资产治理方式的不同（Andersen，2004），导致传统知识产权法律的效力对不同产业也同样存在较大差异；第二，知识产权存在诉讼费用高、立案周期长、搜证难度大等问题（Fauchart 和 von Hippel，2008），难以有效应对迅速变化的市场需求和不断缩短的产品生命周期等产品特征（Levin，1986），难以保证企业对其知识资产的专有性；第三，知识产权法律的设立并不能保证所有人会遵守（Agarwal 等，2009），尤其是国内大多数企业主及相关负责人的知识产权意识还相对薄弱，企业对于创新知识资产的独占性效果也就大打折扣（Martinez-Piva，2009）。

随着企业快速发展与网络情景嵌入，企业知识资产治理机制也开始由外生的环境变量逐步向内生的战略选择拓展。新涌现的知识资产治理机制，已不再局限于对外部制度环境的依赖，而是成为企业主动开展知识资产治理的战略选择，也不再狭隘于对企业知识资产的隔离独占，而是增加了联结机制的内容,使得企业知识资产(创新成果)可以在一定范围内有效共享、共创、共赢。Levin 等(1986)在原有专利保护企业知识资产基础上,引入商业秘密、学习曲线等层面的内容,发现新涌现的独占性机制的有效性受到企业规模、知识性质和产业技术特性等诸多因素影响(Neuhäusler,2012)。如对于制造业的知识资产创新而言,虽然采用专利来保护知识资产的有效性要稍优于商业秘密,但是,时间领先与学习曲线仍然是制造业知识资产治理最有效的手段。Cohen 等(2000)以美国制造业为对象展开分析调查(CMS 调查)并得出结论:制造行业中的创新独占机制主要包括以下三种:一是专利,二是商业秘密,三是时间领先与互补能力(Cohen 等,2000)。专利除了在一些特殊行业(如医药品、生物医疗器械以及特殊用途机器行业等)作为企业知识资产治理的有效手段被广泛应用之外,在其他绝大多数行业中的使用情况欠佳,而商业秘密和时间领先则几乎在所有行业中都被认为是最有效的知识资产治理手段(Päällysaho 和 Kuusisto,2011;Neuhäusler,2012)。Hurmelinna 和 Puumalainen(2007)以299 家芬兰企业为研究对象,对知识资产治理手段进行了有效性检验、策略补充和机制归纳,形成一整套较完整的企业知识资产治理框架,包括人力资源管理、知识隐性、技术手段(如数据加密、访问权限等)、知识产权制度(IPR,如专利、版权、商标等)、契约和劳动法以及时间领先(如市场进入、持续改进)等。在此基础上,学者们围绕知识资产治理展开更深入的质性探讨、定量检验、规范分析和创新调查等,系统梳理了企业知识资产治理策略,最常见的分类方法是基于是否依赖正式法律,将企业知识资产独占性机制分为正式机制(专利、版权、商标等)和非正式战略性机制(复杂设计、时间领先等)两种类型(Faria 和 Sofka,2008),也有学者在此基础上将非正式机制分为半正式和非正式机制(Hurmelinna-Laukkanen 和 Puumalainen,2007;Luoma 等,2011)。

集群情境下,独占性视角对企业知识资产治理问题的解释失效。传统知识资产治理逻辑是以建立创新成果(知识资产)的独占性为原则的,这种治理机制建立在"隔离机制"基础上,相关研究大多在宏观体制和微观企业层面展开,基于"个体创新"或"封闭式创新"情境,治理手段主要是利用知识资产本身的特质或属性(产品、过程、缄默性和被编码等)及制度手段(专利、商标、版权等)。而随着集群网络研究的逐步深入,学者们发现集群内关联企业具有地理、制度、认知上的高度邻近性(Boschma,2005),加之集群内各类人员的高频流动性,使得传统独占性机制无法有效避免技术模仿、侵犯知识产权的行为(Davis,2004)。更加严重的是,非正式集体学习的存在导致企业知识、技能的快速溢出,而溢出的知识、技能绝大部分以不可编码的知识资产形态存在,难以形成正式知识产权,进而导致企业知识资产治理问题在集群层面与微观层面有很大的不同,现有独占性理论难以解决集群企业收益独占的问题,出现独占性视角对企业知识资产治理问题的解释失效问题(魏江和胡胜蓉,2007)。

二、制度理论：集群企业知识资产治理的理论基础

企业作为一种微观制度安排,在知识资产治理过程中发挥着重要作用。张强(2005)和邢定银(2006)等认为,企业知识资产是企业内部关于知识要素使用权的制度安排结果,知识资产的形成受国家、社会、企业内部制度的共同影响。当知识资产在内外部制度作用下产生后,企业通过适当的组织设计和制度安排,可以形成一种"隔离机制"(Rumelt,2005),确保了知识资产的专用属性,并更好地从中获利。Liebeskind(1996)基于交易成本理论,定义了企业的三种制度能力:激励相容能力(incentive alignment)将企业内各利益相关者联合起来,使大家具有共同激励,减少机会主义行为和知识交易成本;雇佣能力(employment)通过职位设计和对员工行为的规范,加强对员工的控制;重组能力(re-ordering)通过增加对员工的长期激励,减少其流动性。他同时指出,与市场机制相比,这三种制度能力能够更好地保护企业的知识资产(Liebeskind,1996)。

宏观制度环境影响企业知识资产治理和创新策略。Lu等(2008)分析了宏观制度环境对企业知识资产创新和治理的作用。一是合法性,即知识必须适应其所在的制度环境,满足制度的要求。按照Suchman(1995)对合法性的定义,组织的产出、目标、行动等都必须和制度相适应来获得合法性,所以组织的知识资产也必须被社会的规制、规范和认知所接受。二是制度依赖性。知识往往反映了企业对于制度系统(如国家、监管当局、传统信仰和社区)的运行以及制度规则设计缘由的理解。因此,在不同的国家、文化背景下,企业必须根据制度因素构建、开发、维护其知识资产。三是知识创造、传播和转移的有效性和效率部分取决于制度基础。如知识产品的盗版现象在亚洲猖獗,正是因为缺乏制定和/或执行强有力的法律保护知识资产(Hill,2007)。

中观层次出现了新的制度规则和社会规范,通过合法性机制来约束组织和个人的行为(Meyer和Rowan,1977)。当法律不能有效保护产权时,有研究基于正式契约,讨论私人协议(契约)在满足产权所有者专有性、排他性需求时的作用机理(Dixit,2009),如竞业禁止协议、保密协议、不竞争协议等均成为知识产权法律规制制度安排的重要补充(Hertzfeld和Link等,2006),共同构成创新主体知识资产治理的外部制度安排;也有研究基于非正式契约,在一个系统中,通过信任关系(Bernstein,2016)、第三方(Howells,2006)、行业规

范(Fauchart 和 von Hippel,2008)、声誉机制(Howells,2006;Provan 和
Kenis,2007;von Hippel,2007)等协调和管制活动,抑制成员企业占用其他成
员的知识资产和创新成果等机会主义行为(Kenis 和 Provan,2006)。

综上,知识资产治理主体不仅是企业本身,还可以是上下游企业、联盟或
社群、第三方机构等,而知识资产治理体系不仅包括正式司法制度,还包括一
系列具有场域特征的正式、非正式制度安排。

三、合法性:集群企业知识资产治理的微观机制

制度理论中合法性是连接组织行为和环境的桥梁(Hannan 和 Freeman,
1989;Suddaby 和 Greenwood,2005)。合法性研究源于制度理论(Meyer 和
Rowan,1977),并由 Weber(1958)首先引入组织研究,强调了组织行为、结构
与制度规则之间的一致性。此后,Parsons(1960)针对合法性来源指出:合法
性不应局限于驱使组织行为、结构一致于规制系统(regulation system),还应
一致于所嵌入社会情境中共享或普遍的价值观、文化规范、社会信仰等
(Parsons,1960)。新制度主义(Neo-institutionalism)对合法性概念做了进一
步扩展,提出社会认知(cognition)的重要性,强调在不确定性环境下,人的决
策行为会受到诸多因素的影响,往往会依据组织行为、结构与个人价值观和社
会认知的一致性,来判断组织价值和可接受程度。因此,合法性成了连接组织
行为和环境的桥梁,企业嵌入制度场域内,感知外部环境预期并改变和决定企
业战略行为,迫使其形态、结构或行为与场域规则、规范、社会理念或文化等保
持一致(Meyer 和 Rowan,1977;Suchman,1995;Scott,2001;Peng 等,2008;
Menguc 等,2010)。

合法性内涵。Parsons(1960)将合法性定义为嵌入特定场域内组织的行
为与场域系统中可接受的行为准则间的一致性。在此基础上,合法性研究得
到了资源依赖、组织文化和组织生态等理论支持,其中,Scott(1995)和
Suchman(1995)的研究成为合法性理论研究发展中的里程碑。Scott(1995)
认为组织合法性反映企业遵从相关法规、实现文化对齐和规范支持的一个状
态,可以划分为规制合法性、规范合法性和认知合法性。Suchman(1995)则给
了组织合法性一个更具包容性的定义,即"在某一包含标准、价值观、信仰和定
义的社会建构体系中,实体行为是有意愿的、合适的或恰当的普遍性感知或假
设"。以上两个界定是目前被最广泛采纳的内涵。

合法性的前因。基于制度理论这一理论渊源,资源—制度视角、文化—制
度视角与生态—制度视角均为合法性前因研究提供了思路。Meyer 和

Rowan(1977)首先将合法性和资源进行了关联，认为两者的联系来自对组织有效性和制度权威性的遵从，组织规模、组织多元化水平等因素是合法性的前因。Meyer和Scott(1983)进一步强调了文化对组织支持的程度给合法性带来的影响，文化作为认知层面的合法性前因，可以一定程度上解释组织的存在、运行和权限。Dacin等(2007)进一步将合法性的讨论扩大到组织生态范畴，认为外部合法性和内部合法性对组织生存同样重要，因而慈善捐赠、战略联盟等因素也成为合法性的重要前因。

合法性后果。基于以上理论视角，学者们对于合法性后果的研究都集中在合法性和组织绩效的关系之上。第一类观点认为合法性可以提高组织绩效。Zimmerman和Zeitz(2002)基于"资源—制度"视角，认为合法性可以促进企业资源整合，促进新创企业的组织成长。Kumar和Das(2007)基于"生态—制度"视角，认为联盟中的合法性可以促进成员间合作行为的发生，形成指导各个组织行动的联盟职责框架，降低成员组织间的交易成本，有利于成员组织的绩效与发展。第二类观点认为合法性不利于组织绩效。Oliver(1997)指出，合法性导向会引导组织基于社会正当性的规范理性做出决策，而并非基于盈利最大化的经济理性做出决策。基于此，企业在合法性驱动之下，倾向于对合法性强的组织进行模仿，这种模仿往往不利于企业的差异化发展，甚至背离自己的资源禀赋对企业盈利产生负面影响(Barreto和Fuller，2006)。第三类观点认为合法性与组织绩效之间并不呈现线性关系。Shane和Foo(1999)提出环境维度和时间维度可能改变合法性与绩效的关系。Forstenlechner和Mellahi(2011)认为适度的战略相似性与绩效是正相关的，挑战了传统制度理论中认为的组织间相对同质性对组织绩效的正向作用。

合法性获取机制。传统制度理论认为，组织可以通过适应和遵从来自管制机构的强制压力、来自专业化过程的规范压力、来自不确定环境的模仿压力，采纳与制度场域相容的组织行为与结构特征，获得合法性(Powell和Dimaggio，1983)；不同于遵从合法性研究中相对被动的思路，有学者基于战略视角，认为合法性是一种重要资源，可以通过操控相关群体受众的社会认知，帮助企业组织获取合法性，因此，有学者提出遵从、选择和操控三种策略(Suchman，1995)。Zimmerman和Zeitz(2002)基于此，进一步提出企业组织可以通过主动创造新的制度情境，如规则、标准、价值、信仰和模式等，以使自身行为或组织结构与新创制度情境要求相一致，从而获取利益相关者的支持。遵从、选择、操控和创造共同构成企业获取组织合法性的重要机制。

合法性压力被理解为企业感知外部环境预期并改变和决定企业战略行

为,促使企业形态、结构或行为变得合理、可接受和易获得支持的规则、规范、社会理念或文化的作用力(Meyer 和 Rowan,1977;Suchman,1995;Scott,2001;Yiu 和 Makino,2002;Peng 和 Wang 等,2008;Menguc 和 Auh 等,2010),其来源既包括相关利益者,如监管机构、专业组织、顾客、同行企业等,也涉及更为宽泛、更为抽象、难以明确压力来源的市场和非市场因素,如势力、模板、脚本、文化框架、社会事实和共享意义系统等(Greenwood 和 Hinings,1996;Delmas 和 Toffel,2008)。内嵌于特定制度场域,企业行为并非总是追求短期收益的"效率型驱动",必然会受到合法性压力的塑造和影响(Kostova 和 Zaheer,1999),企业行为只有与场域规则、规范、社会理念或文化等保持一致,才能获得社会的广泛认可,才能获取合法性,才能在制度场域内生存,进而实现自身可持续、健康发展(Meyer 和 Rowan,1977;Delgado-Ceballos 和 Aragón-Correa 等,2012;Berrone 和 Fosfuri 等,2013)。合法性压力通常被分为三类(Powell 和 Dimaggio,1983;Teo 和 Wei 等,2003;Liu 和 Ke 等,2010;Boutinot 和 Mangematin,2013;Cao 和 Li 等,2014;Li 和 Zheng 等,2017):强制压力是企业感知到的组织外源性提供者(exogenous providers)或具有权威、强制力的重要机构(如风险投资家、银行或政府机构)带给企业组织的一种强制力,迫使企业组织采用某种结构或行为模式,若组织不顺从或者违反这种强迫,就会受到相应的惩罚;规范压力是企业感知到的高校、行业专家、专业咨询机构等在企业专业知识的形成及推广过程中带来的压力,迫使企业与场域集体观念或者集体的思维方式趋于相同;模仿压力是企业在不确定性环境下,从获得成功的同行企业的行为模式与组织架构方面感知到的压力,迫使企业为克服环境不确定性,模仿成功企业的行为实践或组织结构。

合法性研究的理论机制。Suchman(1995)指出,战略观和制度观是合法性研究的两个重要视角:一部分研究是遵循战略管理的研究传统,从组织微观视角出发,认为合法性是一种资源,可以通过有目的地选择、操控甚至创造性的制度环境,进而得到制度环境的支持,以获得相应的合法性(Dowling 和 Pfeffer,1975;Pfeffer,1981;Ashforth 和 Gibbs,1990);另一部分研究则遵循原有制度理论研究传统,这类研究一般立足于超然的立场,基于宏观视角或产业视角,强调企业感知的制度或文化对组织行为与结构所产生的压力,并不是单个组织可以操控的(Meyer 和 Rowan,1977;Meyer 和 Scott,1983;Powell 和 Dimaggio,1983;Zucker,1987;DiMaggio 和 Powell,1991)。

综上,以上两个视角有两个明显的区别。首先,处理问题态度相反。基于战略视角的学者更多地将合法性视为一种可操控的资源(Zimmerman 和

Zeitz，2002），能够给组织带来良好绩效和竞争优势（Dowling 和 Pfeffer，1975；Ashforth 和 Gibbs，1990；Suchman，1995）；而基于传统制度视角的学者将关注点更多地放在制度及其构成要素本身，并把组织获取合法性看作理所当然，合法性高低取决于受到利益相关者支持与信赖的程度（Meyer 和 Rowan，1977；Meyer 和 Scott，1983；Powell 和 Dimaggio，1983）。所以，在传统制度视角下，组织获取合法性源于外部制度压力的驱动，其合法化的过程是一个被动同构的过程，而在战略视角下，组织获取合法性是源于内生的一种驱动力，其合法化过程往往是一个积极作为的过程。其次，看待问题立场不同。基于战略视角的学者是站在组织管理者的身份立场，由组织内向组织外看（looking out），试图引导、启发观众认为组织行为或者结构与社会规范、价值观和信仰相一致（Elsbach，1994；Beelitz 和 Merkldavies，2012）；而基于传统制度视角的学者是站在旁观者的身份立场，由组织外向组织内看（looking in）（Elsbach，1994），试图通过同构，使得组织行为或结构与社会规范、价值观和信仰相匹配（Beelitz 和 Merkldavies，2012）。这两个视角的文献往往相互渗透且难以完全割裂开来（Suchman，1995）。在组织发展过程中，既面临着外部制度环境迫使组织同构所产生的合法性压力，也面临着企业生存发展所需要的战略性选择，不能一味地遵从外部制度环境，也不能一味地在效率趋势下采取战略活动，而忽视外部制度环境的影响。组织是选择改变自身行为或结构，以获取所处制度场域环境更大程度的支持与接收，还是改变所处制度环境，创造新的制度（Zimmerman 和 Zeitz，2002），取决于环境不确定性、组织目标与制度环境匹配度、文化价值观的影响力以及法律规制的强制力等因素（Oliver，1991）。

四、制度创业：集群企业知识资产治理制度的形成与演化机制

制度理论假设制度场域中的法律强制规则与社会文化规范是约束组织和个人行为的一种常识，通过"合法性"来约束组织行为（Meyer 和 Rowan，1977）。企业组织嵌入特定制度场域会受到来自管制机构的强制压力、专业机构的规范压力以及成功同行企业的模仿压力的影响和约束，而趋向"同构"；然而，企业在面对合法性压力时，是否可以反作用于制度本身，推动与企业行为相一致的合法性压力重构，实现合法性的获取？在 Eisenstadt（1980）研究的基础上，DiMaggio（1988）提出制度创业，将行动主体的能动性纳入制度分析当中，以解决上述"嵌入能动性悖论"（the paradox of embedded agency）问题，探索面临外部制度环境倾向于保持不变的压力下，行动主体如何促进新制度产生（Holm，1995；Seo 和 Creed，2002）。制度创业强调，由于预见到改变现有

场域制度或创造新场域制度所蕴含的潜在盈利机会，企业组织会通过主动创造、推广使其行为获得普遍支持和接受所需要的强制规则、社会规范、文化信念或行为模式等，进而获取合法性并从中创造和利用盈利机会（DiMaggio，1988；Rao 等，2000；Maguire 等，2004）。

早期关于制度创业的研究重点关注组织个体行为或特征对场域制度重构的能动性作用。Oliver(1991)最早对制度创业过程中的组织策略做了重要探索，在此基础上后续学者做了进一步完善，如怎样的行动者成为制度创业者（Greenwood 等，2002）、制度创业涉及哪些关键要素（Maguire，2004）、哪些因素影响了制度创业活动顺利实施（Hargadon 和 Douglas，2001；Kostova 和 Roth，2002）等，其中如何通过组织战略行为能动性建构场域新制度的研究最多（Suchman，1995；Zimmerman 和 Zeitz，2002），如企业社会责任行为（Bowen 和 Newenham-Kahindi 等，2010）、跨国经营行为（Gifford 等，2010）、战略联盟行为（Dacin 等，2007）和创业行为（Tornikoski 和 Newbert，2007）等。

近期制度创业研究开始关注网络层面的集体行动对场域制度重构的作用（Rao 等，2000；Lounsbury 和 Crumley，2007；Canales，2017），强调制度创业可以是一个涉及不同类别、不同层次、不同数量的行为主体，通过正式或非正式、协调或非协调方式开展活动的集体现象。Miles 和 Cameron(1982)在对美国烟草公司的案例分析中发现，美国六大（big six）烟草公司为了应对"反吸烟运动"给其商业行为带来的合法性丧失威胁，通过集体协调的行动方式创造新组织开展集体行动，并使之获得新的可能意义与身份（Miles 和 Cameron，1982），如联合组建政治战略委员会、联合雇佣说客在一定程度上引导政府的立法实践（如抵制政府批准通过针对烟草商业活动的处罚性或禁止性法律条文）、联合组建烟草研究会来推动科研活动的开展以应对外科医生协会把吸烟与癌症联系起来的行为等；此外，制度创业也可以通过非协调性集体行动开展，这种情况下制度创业是大量拥有不同程度、不同数量、不同类型资源的行为主体能动性、发散性制度创业活动的累积（Holm，1995；Lounsbury 和 Crumley，2007），Dorado(2005)将这种非协调的集体行动称为"制度共担"（institutional partaking）。

从以上独占性理论和制度理论相关文献回顾来看，首先，目前关于知识资产治理的研究大多仍聚焦于独占性机制，试图从微观企业和宏观制度层面寻找知识资产治理的途径，而针对集群特征开展知识资产治理的讨论尚待深入。在基于"独占体制"和"隔离机制"的知识资产治理机制不能很好地解释产业集群企业知识资产治理的情况下，迫切需要新的理论或者范式来解析这个难题，探索适应和推动产业集群转型升级所需要的知识资产治理机制。其次,对比合法性与独占性机制/体制的关系,可以发现,合法性与独占性之间存在内在逻辑关联:独占性体制/机制是获取创新成果独占合法性的制度保障,合法性是较独占性更大的范畴,是保障企业从创新中获益的规范、规制和认知。在集群企业知识资产治理过程中,基于 Zimmerman 和 Zeitz(2002)的研究,通过遵从、选择、操纵和创造四种合法化策略,组合开展的战略行动获取组织合法性,进而"从创新中获益"。最后,目前制度理论的研究开始将目光投向场域层次,强调组织与环境的互动关系,然而过于强调自上而下的制度化过程导致组织在跨越合法性门槛时的趋同现象,忽略了微观组织对推动场域合法性门槛的建构作用及其对制度本身变化的影响。

第三节　集群企业知识资产治理亟须破解的核心问题

综合以上现实背景和理论综述,本书围绕"企业如何在集群情境下实现知识资产治理"这一研究问题,旨在构建集群情境下企业知识资产治理的理论构架,打开集群企业知识资产治理及其作用机制。具体而言,本书将层层深入,依托以下四个子问题回答本书的核心研究问题。

子问题一:集群情境下,基于独占性视角的知识资产治理效果如何?

目前关于知识资产治理的研究大多仍聚焦于独占性视角,试图从微观企业和宏观制度层面寻找知识资产治理的途径(Keupp 和 Beckenbauer 等,2010),而随着集群研究的逐步深入,集群在地理、制度、认知等方面的高度邻近性(Boschma,2005),导致企业知识、技能的快速溢出,而溢出的技能、知识绝大部分以不可编码的知识资产形态存在,难以形成正式知识产权,进而出现独占性机制在集群企业知识资产治理中的缺位或失效(魏江和胡胜蓉,2007)。

子研究一旨在检验独占性视角下国家知识产权法律规制在集群情景下的治理效果。依据已有文献,通过理论推演、模型构建、结构方程建模、多元线性回归分析(通过 cluster 命令稳健标准误)等方法,检验集群情境下企业通过产权保护治理知识资产的作用效果。

子问题二:集群情境下,企业知识资产治理是什么?

当基于传统"独占性"视角的知识资产治理机制不能很好地解释集群情境下企业知识资产治理困境时,迫切需要新的理论或者范式来解析这个难题,探索适应和推动产业集群转型升级所需要的知识资产治理机制。

　　子研究二旨在打开"集群企业知识资产治理"这一构念,针对集群情境下知识资产的特征和集群层面新的内生治理制度,基于扎根理论进行探索式多案例研究,回答"集群企业知识资产治理是什么"这一问题。通过对案例"过程"的充分讨论,提出集群情境下企业知识资产治理的概念与内涵,识别集群企业知识资产治理的维度,并分析集群企业知识资产治理的若干维度影响企业创新意愿和模仿行为的作用机制与理论内涵。

　　子问题三:静态视角下,集群企业知识资产治理是如何发挥作用的?

　　制度理论假设制度场域中的法律强制规则与社会文化规范是约束组织和个人行为的一种常识(Meyer 和 Rowan,1977),当行动者嵌入某个制度场域中时,由于受到来自管制机构的强制压力、专业机构的规范压力以及成功同行企业的模仿压力的影响和约束(Meyer 和 Rowan,1977;Suchman,1995;Scott,2001;Yiu 和 Makino,2002;Peng 等,2008;Menguc 等,2010),组织会采取被动默许战略或主动妥协、避免、对抗或控制战略获取合法性。

　　子研究三旨在检验集群企业知识资产治理是如何发挥作用的。依据已有文献,通过理论推演、模型构建、结构方程建模、多元线性回归分析(通过 cluster 命令稳健标准误)等方法,检验集群企业知识资产治理的作用效果,打开合法性压力这一中介机制。集群企业感知的合法性压力作为集群情境下,企业知识资产治理影响企业创新意愿和模仿行为的关键中介机制,揭示从制度建构到行为约束再到治理绩效提升的理论机制,分析集群企业知识资产治理提升企业创新意愿、减少企业模仿行为的过程机制和演化路径,为知识资产治理理论、制度理论和企业行为理论搭建对话的桥梁。

　　子问题四:动态视角下,集群企业知识资产治理机制涌现过程如何?

　　子研究四旨在探索集群情境下企业如何通过制度创业改变现行制度或者创造新制度,来应对知识资产治理所面临的制度缺失困境,回答"集群情境下企业知识资产治理机制是如何涌现的"这一问题。首先,本书响应魏江和胡胜蓉(2013)的主张,以制度理论为研究基础,采用纵向对比案例研究方法,通过对案例"过程"的充分讨论,提出集群情境下知识资产治理的制度创业过程,提炼出"合纵""连横"的能动性建构方式和集体行为推动监管形成的特征;其次,提出集群情境下企业知识资产治理的制度创业过程,通过主动构筑集群企业知识资产治理制度安排提高企业感知的"合法性压力"进而提升知识资产治理绩效的过程。

　　基于上述研究逻辑,本书的技术路线框架如图 1.1 所示。

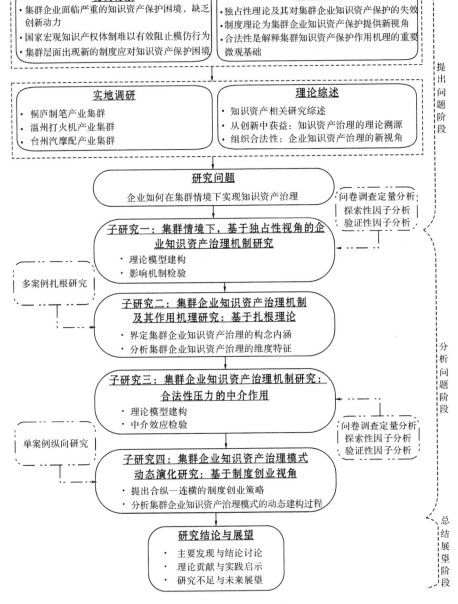

现实背景
- 集群企业面临严重的知识资产保护困境，缺乏创新动力
- 国家宏观知识产权体制难以有效阻止模仿行为
- 集群层面出现新的制度应对知识资产保护困境

理论背景
- 独占性理论及其对集群企业知识资产保护的失效
- 制度理论为集群企业知识资产保护提供新视角
- 合法性是解释集群知识资产保护作用机理的重要微观基础

实地调研
- 桐庐制笔产业集群
- 温州打火机产业集群
- 台州汽摩配产业集群

理论综述
- 知识资产相关研究综述
- 从创新中获益：知识资产治理的理论溯源
- 组织合法性：企业知识资产治理的新视角

研究问题
企业如何在集群情境下实现知识资产治理

问卷调查定量分析
探索性因子分析
验证性因子分析

子研究一：集群情境下，基于独占性视角的企业知识资产治理机制研究
- 理论模型建构
- 影响机制检验

多案例扎根研究

子研究二：集群企业知识资产治理机制及其作用机理研究：基于扎根理论
- 界定集群企业知识资产治理的构念内涵
- 分析集群企业知识资产治理的维度特征

子研究三：集群企业知识资产治理机制研究：合法性压力的中介作用
- 理论模型建构
- 中介效应检验

问卷调查定量分析
探索性因子分析
验证性因子分析

单案例纵向研究

子研究四：集群企业知识资产治理模式动态演化研究：基于制度创业视角
- 提出合纵—连横的制度创业策略
- 分析集群企业知识资产治理模式的动态建构过程

研究结论与展望
- 主要发现与结论讨论
- 理论贡献与实践启示
- 研究不足与未来展望

图 1.1　技术路线图

第二章 知识资产治理的研究概览

基于"创新企业如何在集群情境下实现知识资产治理?"这一研究问题,在理论综述部分,重点围绕三个部分展开:1)围绕企业知识资产,系统综述企业知识资产的内涵、分类及其特征,明确企业知识资产在本书中的理论边界;2)围绕企业知识资产治理,系统回溯其理论发展脉络,探讨独占性视角下,企业运用国家宏观知识产权制度安排在知识资产治理过程中的作用机理;3)基于制度理论,桥接独占性与合法性的研究视角,重新审视集群情境下企业知识资产治理的内涵与特征,探讨合法性压力在集群企业知识资产治理过程中的微观作用机理,制度创业在集群企业知识资产治理制度的形成机制。这三部分综述为探索集群企业知识资产治理提供理论基础。

第一节 知识资产

一、知识资产的内涵

知识资产作为企业获取竞争优势的特殊资产(Stewart 和 Losee,1994;Luoma 等,2011;Huggins 和 Weir,2013;Yitmen,2015),引起了经济学、管理学和社会学研究的广泛关注。关于知识资产内涵的界定,国内外学者和组织都有相关的阐述。制度经济学家首先提出知识资产一词,认为知识资产是一种动态的知识活动,而不是固定的资产形式(Galbraith,1969),然而,并没有赋予知识资产一个完整的定义。早期关于知识资产的研究倾向于分析企业员工知识能力水平和综合素质状况,强调人力资产在企业生存、发展过程中的重要性。例如,Stewart 和 Losee(1994)将知识资产界定为组织内每一个成员所拥有的、能够为组织创造市场竞争优势的所有知识的总和,包括教育、信息、专业知识、知识产权以及经验等,用于为组织产生价值。然而,这种观点具有一定的片面性,忽视了人力资产之外企业其他可编码与不可编码知识资产的存在意义。Edvinsson 和 Sullivan(1996)给出了知识资产定量化的界定,即企业物质资本和非物质资本的综合,是账面价值与市场价值的差值,包括人力资本和结构资本;Wilkins 等(1997)进一步明确知识资产的界定范围,即能够提高企业生产效率、带来市场价值的所有知识;在此基础上,Tao 等(2005)对知识资产作了更全面的界定,既包括受到法律保护的有形(tangible)资产,如专利、商标、商业秘密等,也包括植根于员工头脑或内嵌于企业的无形(intangible)资产,如核心技术诀窍、企业服务理念、企业销售渠道、企业产品生产流程等。知识资产的概念见表 2.1。

表 2.1　知识资产的概念

作者	概念
Stewart 和 Losee(1994)	是员工拥有的能够为企业带来市场竞争优势的一切知识的总和。
Brooking(1996)	是企业拥有的所有无形资产的总和,包括知识产权、基础结构、市场资产和人才资产等。
Edvinsson 和 Malone(1997)	是企业物质资本和非物质资本的合成,市场价值和账面价值的差距,包括:人力资本和结构资本。
Nahapiet 和 Ghoshal(1998)	是社会性集体知识和个体知识,包括:社会性集体显性知识、社会性集体隐性知识、个体显性知识、个体隐性知识等。
Granstrand(1999)	是企业所有的全部具有资产价值的非物质资源,包括:知识产权、企业内外部关系以及员工胜任力。
Teece(2001)	是企业拥有的所有无形资产的总和,既包括知识产权和胜任力,也包括顾客关系、品牌、声誉等无形资产。
Bueno 等(2003)	是企业所有,且能为企业创造财富的非账面无形资产,包括技术秘密、社会资本、人力资源和组织关系等。
Subramaniam 和 Youndt (2005)	是企业所有的、能够为企业带来竞争优势的所有知识的总和。

续表

作者	概念
Tao 等（2005）	既包括受法律保护的资产，如专利、版权、商标、域名、商业秘密等，也包括根植于员工头脑和企业组织中的技术诀窍及与产品和服务有关的生产流程和传递协议等。
Martínez-Torres（2006）	是企业财务报表中没有记录的无形资产。
Do 等（2008）	是能创造和支持组织内外部不同专门知识、经验和胜任能力的联结，并转化成价值的资产。
Hsu 和 Fang（2009）	是能为企业创造价值或竞争优势，实现组织目标的所有知识的总和，既包括知识产权，同时也包括企业文化、企业战略、关系网络的总体能力以及生产流程等。

资料来源：作者根据 Marr 等（2013）、Martín-de-Castro 等（2011）整理。

随着网络情境下企业知识资产研究的不断深入，其内涵也越来越多元化（见表 2.1）。Bontis 等（2000）在网络情境下提出，企业不仅要关注内部知识资产，而且还要关注外部关系性知识资产，如客户关系资产、销售渠道资源、合作伙伴资源、外部品牌资产、政府资产等。这种界定方式将企业内外部能够提升其竞争优势或为其创造实际价值的所有可编码或不可编码知识资产，都纳入企业知识资产的范畴，成为后续研究的基础（Hsu 和 Fang，2009；Martín-de-Castro 等，2011；Marr 等，2013）。因此，企业知识资产不仅包括人力资产，还包括企业核心竞争技术（Tao 等，2005；Do 等，2008）、制度文化（Granstrand，1999；Hsu 和 Fang，2009）、生产流程与管理模式（Hsu 和 Fang，2009）、版权专利（Teece，2001；Tao 等，2005）、企业外部关系资产（Hsu 和 Fang，2009）等重要的企业知识资产（Marr 等，2013）。

文献对知识资产构念的表述很多，如 intellectual property（Paallysaho 和 Kuusisto，2008）、intellectual assets（Hall，1989；Huggins 和 Weir，2013）、knowledge-based capital（OECD，2013）、intellectual capital（Edvinsson 和 Malone，1997；Goh，2000）、knowledge asset（Teece，1998；Teece，2000；Bontis，2001），其中 intellectual property、intellectual assets 和 intellectual capital 的使用较多。intellectual assets 强调知识资产作为生产要素投入能够帮助企业提升市场竞争力，获取更多经济利益的知识，包括企业自主知识产权、内部机密、核心技术、员工独特经验；intellectual capital 强调知识的价值属性，是对无形资产和 intellectual assets 概念的延伸，囊括了所有的无形知识

（OECD，2006），并以实际服务于生产、制造、销售等环节所产生的经济效益作为衡量依据（翁羽飞，2008；Lönnqvist 和 Mettänen，2011）；intellectual property 强调企业对知识的专属性，包括物质形态的知识资产以及非物质形态的知识资产，如信息、组织能力、市场竞争力等（OECD，2013）能够为企业创造经济价值和差异性竞争优势的知识（Bontis，2001；王萍和魏江，2009；孔小磊，2013）。目前，在企业知识资产研究领域，intellectual property 一词被普遍使用。对 intellectual property 的理解同样有狭义和广义之分，狭义指知识产权，是企业内部受法律保护可编码化的知识资产（Sullivan，2000；Davis 和 Harrison，2001），如专利、商标和版权等；而广义的理解延伸到了企业员工个人所拥有的隐性知识、市场诀窍和客户关系等（Andersen，2004；Blind 和 Thumm，2004），而治理手段也发展到时间领先、技术秘密以及持续创新等非法律手段。

鉴于以上学者们从不同角度的分析和本书的研究内容，本书认为广义层面的知识产权概念对本书借鉴意义更强，它与知识资产、智力资本对企业知识资产构念界定的边界属性不同，它既涵盖了知识资产对企业组织的价值属性，也强调了企业对知识资产的专有属性，更有别于狭义的受法律保护的知识产权概念。广义层面的知识产权涵盖了在集群网络情境下能够给企业带来经济价值和市场竞争优势的所有知识，更符合本书集群情境下企业知识资产治理的实际情况。基于上述分析，本书涉及的知识资产被界定为：企业所有的、能够为企业带来经济价值或增强其市场竞争力的所有知识的总和，既包括受国家司法保护的企业专利、商标、版权等，也包括企业核心技术、客户资源、营销渠道、社会关系等隐性知识。

二、知识资产的分类

知识资产可以从不同视角分类，一般使用列举的方法，包括发明、创意、设计、计算机程序、期刊著作等。其中，知识与能力知识产权的重要性最为突出。此外，顾客资源、合作伙伴、企业品牌、声誉等，也属于知识资产（Teece，2002）。Brooking（1996）将知识资产分为四种类型：一是人力资产，二是基础结构资产，三是知识产权资产，四是市场资产。其中，人力资产聚焦于个人能力，涵盖了员工的管理能力、技能经验、学习能力等内嵌于个人的不可编码的知识资产；基础结构资产聚焦于组织结构，包括工作程序、管理理念、制度文化、组织结构、信息系统等嵌入企业组织的知识资产；知识产权资产聚焦于核心技术，涵盖了专利、商标、版权等可编码的知识资产；市场资产聚焦于外部关系，涵盖了品牌声誉、客户资源、政府资源等。

Edvinsson 和 Malone(1997)提出知识资产二分法,借鉴"无形资产负债表"和"平衡计分卡",结合 Skandia 公司的实践,创建 Skandia 知识资产导航模型(Skandia navigator),并将知识资产划分为两种类型:一种是人力资产;另外一种则是结构资产。其中,人力资产主要指的是企业内部内隐的不可编码的知识资产,包括企业管理技能、知识经验、学习能力等,以人为依附主体,会随着人员的流动而迁移;结构资产特指不依附于个人而存在的知识资产,包括组织结构、软硬件系统、计算机数据库、专利版权、企业声誉、客户关系、政府资源等。

Stewart(1997)提出知识资产的 H—S—C 结构,即人力资产、结构资产和关系资产的三分法(见表 2.2),是目前国内外对知识资产分类的主流观点(Subramaniam 和 Youndt,2005;Martínez-Torres,2006;Hsu 和 Fang,2009;Abdulai 等,2012;Kianto 等,2014;Yitmen,2015)。其中,人力资产与前文论述相似,强调内嵌于企业内部员工本身的知识资产,包括员工的知识水平、经验能力等,是企业价值创造与增值的基础;结构资产强调组织惯例,涵盖了内嵌于企业的除人力资产之外的所有知识资产,包括专利商标、营业执照、制度文化、组织结构、管理模式、运营流程等,是企业价值创造与增值的内部环境支持与保障;关系资产强调外部关系,涵盖了企业声誉、政府资源、公共关系等,是企业用以开展业务的与人和组织之间关系的价值,是以非货币形式存在的资本,是企业价值创造与增值的外部保障(Edvinsson 和 Malone,1997;Yitmen,2015)。

表 2.2　知识资产分类及特征

类别	本质	范围	特征	内容	编码难度
人力资产	人的知识	内部的,存在于员工头脑中的	是组织中的员工知识的存量,构成了知识资产的基础。	既包括员工的价值观、态度和能力,也包括员工和管理者在工作中的诀窍、经验和才能。	中
结构资产	组织惯例	与内部组织关联	是企业内部除人力资本外的知识库。	既包括企业的专利、执照、商标等,也包括制度、文化、数据库、生产程序等。	低

续表

类别	本质	范围	特征	内容	编码难度
关系资产	市场关系	与外部组织关联	是企业用以开展业务的与人和组织之间关系的价值，是以非货币形式存在的资本。	既包括与顾客、供应商、政府、竞争对手以及社群的关系，也包括企业的形象、产品声誉以及顾客满意度等。	高

资料来源：根据 Stewart(2003)、Abdulai 等(2012)、Edvinsson(2013)、Kianto 等(2014)整理。

三、知识资产的特征

知识资产特征包括以下两点。

一是收益性特征。知识资产在增强企业市场竞争力、增加企业经济利润过程中，发挥着重大作用(Liebeskind，1999)。知识资产作为企业资产的重要组成部分，既可以通过授权、买卖、交换、赠予等方式为企业创造价值(Ishan 和 Noordin，2015)，也可以在市场交换过程中帮助企业获取声誉，增强市场竞争力、稳固市场地位、提升议价能力等(Sullivan，2000)。

二是外部性特征。很多经济学家都针对知识资产的特征展开了分析，并且提出了知识资产本身的非竞争性和不完全排他性特征(Nelson，1959；Arrow，1962；Romer，1994)。换言之，个体创造出来的新知识资产，并非仅仅只有创造者个人可以使用，也很有可能被其他人或者组织所用，通常称之为"知识溢出"，适当的知识溢出能够给接收者带来潜在的知识再创新机会，也可以给溢出双方带来合作的可能；然而，知识溢出也势必会带来"搭便车"的可能，使知识资产所有者面临被模仿的问题，恶意的模仿会损害创新者的利益(Levin，1998；Kaiser，2002)。创新成果推出市场不久，同行竞争者就会通过简单仿制、低成本抄袭进入市场，创新企业不但难以获得相应的知识资产回报，甚至还会出现"创新找死"的尴尬局面(孔小磊，2013)，创新企业的研发热情难以维系(Teece，2000)。知识资产的外部性特征与收益性特征给同行竞争对手带来了极大的模仿动力与可能性。由于知识资产载体成本较低，竞争对手可以很容易低价复制(Teece 和 Pisano，1994；Edvinsson 和 Sullivan，1996)。仿冒产品的出现导致市场上产品同质化严重，容易引发恶性竞争，损害知识资产创作者的利益(Mcdonald 和 Roberts，1994；Chow 和 MaryFernandez 等，2003)，削弱企业研发新产品的积极性(Teece，2000)。因此，如何通过一系列治理措施增加知识资产存量、减少知识资产溢出带来的恶意模仿、保持持续市场竞争优势、最大化知识资产价值，使企业真正实现从创新中获益，成为企业生存发展战略中的重要一环。

第二节　从创新中获益

随着技术创新不断发展，法学、经济学和社会学领域的研究对知识资产治理的探讨早已有之，知识资产治理理论的发展脉络也随着技术创新的不断迭代而不断发展壮大，从企业依托国家司法程序治理模仿行为实现对知识的垄断，到运用隔离手段提高知识资产的泄露、模仿障碍（Peteraf，1993；魏江和胡胜蓉，2007），再到集群情境下，基于多元治理主体的知识资产治理规制的治理作用（魏江和孔小磊等，2010），知识资产治理的理论不断丰富和发展。

一、从创新中获益

什么决定了创新者能够获取价值的份额？ 自 Schumpeter（1943）提出创新的重要性以来一直被研究者们广泛关注，而"从创新中获益"框架的提出，构建了 Schumpeter 企业创新理论的基石（Winter，2006），知识资产、创新成果的保护制度（如知识产权保护制度），正是以 PFI 框架这样的创新经济学理论为支撑。

Teece（1986）首次提出的"从创新中获益"框架成为企业创新经济理论的重要里程碑。该框架有三块基石：独占性制度、主导性设计范式和互补性资产。其中，独占性制度是指除企业和市场结构外，能使创新者从创新中获益的环境因素，包括技术本身的特质（产品、过程、缄默性和被编码等）和制度手段（专利、版权和交易秘密等）。主导设计范式源于 Abernathy 和 Utterback（1978）提出的技术间竞争出现主导范式的过程，在主导设计出现前后，学习、外部性因素会影响从创新中获益。互补性资产则是产生于一般资产、专有资产和共有资产之上的，能协同贡献于创新价值获取的特定资产。Teece（1986）进而分析了独占性制度、主导设计和互补性资产共同作用于创新价值获取的分析框架。20 年后，Teece（2006）对该框架进行了修正，从互补性创新、支持性基础设施、能力、决策框架、供应链、标准和网络效应、多发明许可期权（multi-invention licensing option）、无形资产和知识管理、商业模式等多个方面进行进一步讨论和探索，深化了从创新中获益理论。经过将近 30 年的探索，从创新中获益理论取得了显著进展，突出反映在以下方面：(1)基于产业基础观视角，认为产业结构会影响从创新中获益(Pisano 和 Teece，2007)，如 Jacobides 等(2006)探索了产业架构如何影响价值创造和获取；(2)基于交易成本理论视角，认为从创新中获益框架的互补性资产为拓展这个理论提供了思路(Teece，2010)；(3)基于资源观视角提出了互补性资产，为企业资源决策和战略抉择如何影响从创新中获益，提供了有力的解释(Teece，2006)。

以上是组织战略层面的理论贡献。近年来，出现了从创新中获益框架在创新保护制度设计中的研究进展。如 Dhanasai 和 Parkhe(2006)基于创新网络视角，考虑到网络中知识流动促进价值创造，而这些价值的分配往往面临复杂的搭便车和机会主义风险，因此，构建信任、程序公平、联合资产所有(joint asset Ownership)等机制对企业在创新网络中获益十分必要(Dhanasai 和 Parkhe，2006)。Lichtenthaler(2011)提出，在开放创新情境下，组织边界内外部的过程互补、技术管理和创新管理的互补以及独占性机制设计十分必要。

二、独占性理论的发展脉络

"从创新中获益"不仅仅关乎如何创新，也决定了如何持续独占创新所创造的价值。Schumpeter(1950)首次提出"独占性"一词，认为应该赋予企业对知识资产创新一定程度的专有属性，也即垄断权力，维护创新者对获取知识资产创新投入有效回报的稳定预期(Schumpeter，1950)。显然，创新独占性的研究是 Teece(1986，2006)的从创新中获益框架的具体化。

独占性体制是保障创新主体获得知识资产(创新)价值回报的外部法律规制制度安排的总和(Martinez-Piva，2009)。关于知识资产治理的早期研究重点聚焦于企业外部制度环境，考察知识产权法律制度对企业知识资产治理的影响机制。Teece(1986)首先提出独占性体制的概念，并指出独占性体制是创新的外部环境因素，由法律和工具性制度和技术属性等外生变量决定，具有阻止知识资产(创新)被模仿的能力。随后的研究进一步提出，企业知识资产的模仿难易程度会受到知识产权法律体制和知识属性的影响(Teece，2006)：在特定行业或具体情境下，企业可以依托独占性体制，通过专利、版权、商标等法律手段强化企业对知识资产的专有性和垄断权，以司法权威增加知识资产的模仿难度(Hurmelinna-Laukkanen 和 Puumalainen，2007；Samaniego，2013)；而知识的可编码化程度也同样影响知识资产的模仿难度，知识资产的可编码化程度(显性程度)越高，就越容易被表达、描述、剽窃、模仿、转移就越容易(Teece，2006；Päällysaho 和 Kuusisto，2011)。但随着知识产权类型的不断增多,独占性体制对于知识资产治理的失效或缺位问题也越发明显(魏江和胡胜蓉,2007):第一,法律的普适性特征要求法律规制制度安排对于所有产业的知识资产治理无差异(Mazzoleni 和 Nelson,2016),这就忽视了不同产业的知识属性、产业结构等特征所带来的知识资产治理需求的不同(Andersen,2004),导致传统知识产权法律的效力对不同产业存在较大的差异;第二,知识产权存在诉讼费用高、立案周期长、搜证难度大等问题(Fauchart 和 von Hippel,2008),难以有效应对迅速变化的市场需求和不断缩短的产品生命周期等情况(Levin,1986),难以保证知识资产专有性;第三,知识产权法律的设立并不能保证所有人会遵守(Agarwal 等,2009),企业对于创新知识资产的独占性效果也就大打折扣(Martinez-Piva,2009)。

随着企业快速发展与网络情景嵌入,企业知识资产治理机制也开始由外生的环境变量逐步向内生的战略选择拓展。新涌现出的知识资产治理机制,已不再局限于对外部制度环境的依赖,而是成为企业主动开展知识资产治理的战略选择,也不再狭隘于对企业知识资产的隔离、独占,增加了联结机制的内容,使得企业知识资产(创新成果)可以在一定范围内有效共享、共创、共赢。Levin 等(1986)在原有专利保护企业知识资产的基础上,引入商业秘密、学习曲线等层面的内容(Levin,1986),并发现新涌现的独占性机制的有效性受到企业规模、知识性质和产业技术特性等诸多因素的影响(Neuhäusler,2012),如对于制造业的知识资产创新而言,虽然采用专利来保护知识资产的有效性要稍优于商业秘密,但是时间领先与学习曲线仍然是制造业知识资产治理最有效的手段。Cohen 等(2000)以美国制造企业为对象展开分析调查(CMS 调查)并得出结论:制造行业中的创新独占机制主要包括以下三种:一是专利,二是商业秘密,三是时间领先与互补能力(Cohen 等,2000)。专利除了在一些特殊行业(如医药品、生物医疗器械以及特殊用途机器行业等)作为企业知识资产治理的有效手段被广泛应用之外,在其他绝大多数行业中使用情况欠佳,而商业秘密和时间领先则几乎在所有行业中都被认为是最有效的知识资产治理手段(Päällysaho 和 Kuusisto,2011;Neuhäusler,2012)。Hurmelinna-Laukkanen 和 Puumalainen(2007)以 299 家芬兰企业为研究对象,对企业知识资产治理手段进行了有效性检验、策略补充和机制归纳,形成一整套较完整的企业知识资产治理框架,包括人力资源管理、知识隐性、技术手段(如数据加密、访问权限等)、知识产权制度(如专利、版权、商标等)、契约和劳动法以及时间领先(如市场进入、持续改进)等(Hurmelinna-Laukkanen 和 Puumalainen,2007)。在此基础上,学者们围绕知识资产治理展开更深入的质性探讨、定量检验、规范分析和创新调查等，系统梳理了企业知识资产治理策略，最常见的分类方法是基于是否依赖于正式法律，有学者据此将企业知识资产独占性机制分为正式机制（专利、版权、商标等）和非正式战略性机制（复杂设计、时间领先等）两种类型（Faria 和 Sofka，2008），也有学者在此基础上将非正式机制分为半正式和非正式机制（Hurmelinna-Laukkanen 和 Puumalainen，2007；Luoma 等，2011）（见图 2.1）。

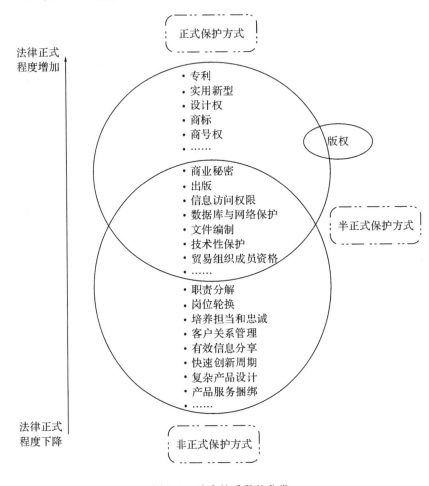

图 2.1　独占性手段的分类

资料来源：根据 Paallysaho 和 Kuusisto(2011)整理。

三、集群情境下,基于独占性视角的知识资产治理研究

传统知识资产治理逻辑是以建立创新成果(知识资产)的独占性为原则,这种治理机制是建立在"隔离机制"基础上,相关研究大多在宏观体制和微观企业层面展开,基于"个体创新"或"封闭式创新"情境,保护手段主要为利用技术本身的特质(产品、过程、缄默性和被编码等)和制度手段(专利、商标、版权等)。而随着集群网络研究的逐步深入,学者们发现集群内关联企业具有地理、制度、认知上的高度邻近性(Boschma,2005),加之集群内各类人员的高频流动性,使得传统独占性机制无法有效避免技术模仿、侵犯知识产权的行为(Davis,2004),更加严重的是,非正式集体学习的存在导致企业知识、技能的快速溢出,而溢出的知识、技能绝大部分以不可编码的知识资产形态存在,难以形成正式知识产权,进而导致企业知识资产治理问题在集群层面与微观层面有很大的不同,现有独占性理论难以解决集群企业收益独占的问题,魏江等(2007)将其称为独占性机制在集群企业知识资产治理中的缺位和失效。

第三节　组织合法性

North(1990)认为在经济社会发展过程中,起决定性作用的并非技术性因素,而是制度性因素(包括正式制度和非正式制度),并将其定义为"由社会行动者(人类)设计并通过社会性建构,用于约束社会行动者行为的规则体系",包括规制、规范和认知三个维度(Scott,2003)。

一、制度理论:集群企业知识资产治理的理论基础

企业作为一种微观的制度安排,在知识资产治理过程中发挥了重要作用。张强(2005)和邢定银(2006)认为,企业的知识资产是关于知识要素使用权的制度安排结果,是企业内部的制度性安排,知识资产的形成受到了国家制度、社会制度、企业内部制度的共同影响。当知识资产在内外部制度的作用下产生后,企业通过适当的组织设计和制度安排,可以形成一种"隔离机制"(Rumelt,2005),从而确保了知识资产的专用性,并更好地从中获利。Liebeskind(1996)利用交易成本理论,定义了企业的三种制度能力:激励相容能力,即将企业内各个利益相关者联合起来,使大家具有共同的激励,减少机

会主义行为和知识交易的成本；雇佣能力，即通过职位设计和对员工行为的规范，加强对员工的控制；重组能力，即通过增加对员工的长期激励，减少其流动性。Liebeskind(1996)还指出，与市场机制相比，这三种制度能力能够更好地保护企业的知识资产(Liebeskind,1996)。

宏观制度环境影响企业的知识管理和创新策略。Lu等(2008)分析了宏观制度因素在知识资产管理和创新过程中所扮演的三种角色。一是合法性，即知识必须适应其所在的制度环境，满足制度的要求。按照Suchman(1995)对合法性的定义，组织的产出、目标、行动等都必须和制度相适应来获得合法性，所以组织的知识资产也必须被社会的规制、规范和认知所接受。二是制度依赖性。知识往往反映了企业对于制度系统(如国家、监管当局、传统信仰和社区)的运行以及制度规则设计缘由的理解。因此，在不同的国家、文化背景下，企业必须给予制度因素特别关注，并据此构建、开发和维护其知识资产。三是知识创造、传播和转移的有效性和效率部分取决于制度基础。正如知识资产的盗版现象在亚洲猖獗，是因为缺乏制定和/或执行强有力的法律保护知识资产(Hill,2007)。

中观层次出现了新的制度规则和社会规范，通过合法性机制来约束组织和个人的行为(Meyer和Rowan,1977)。当法律不能有效保护产权时，有研究基于正式契约，讨论私人协议(契约)在满足产权所有者专有性、排他性需求时的作用机理(Dixit,2009)，如不泄密协议、竞业禁止协议、不竞争协议(Hertzfeld等,2006)均成为知识产权法律的重要补充，共同构成企业外部的知识资产治理制度；也有研究基于非正式契约，在一个系统中，通过信任关系(Bernstein,2016)、第三方(Howells,2006)、行业规范(Fauchart和von Hippel,2008)、声誉机制(Howells,2006;Provan和Kenis,2007;von Hippel,2007)等协调和管制活动，抑制成员企业占用其他成员的知识资产和创新成果等机会主义行为(Kenis和Provan,2006)。

综上，知识资产治理主体不仅是企业本身，还可以是上下游企业、联盟或社群、第三方机构等，而知识资产治理体系不仅包括正式司法制度，还包括一系列具有场域特征的正式、非正式制度安排。

二、合法性：集群企业知识资产治理的微观机制

制度理论中合法性是连接组织行为和环境的桥梁(Hannan和Freeman,1989;Suddaby和Greenwood,2005)。合法性研究源于制度理论(Meyer和Rowan,1977)，并由Weber(1958)首先引入组织研究，强调了组织行为、结构

与制度规则之间的一致性。此后,Parsons(1960)针对合法性来源指出:合法性不应狭窄于使组织行为、结构一致于规制系统,还应一致于所嵌入社会情境中共享的或普遍的价值观、文化规范、社会信仰等。新制度主义对合法性的概念做了进一步扩展,强调社会认知的重要性,提出在不确定性环境下,人的决策行为会受到诸多方面因素的影响,往往会依据组织行为、结构与个人价值观和社会认知的一致性,来判断组织的价值和可接受程度。因此,合法性成了连接组织行为和环境的桥梁,嵌入在制度场域内,企业感知外部环境预期并改变和决定企业战略行为,迫使其形态、结构或行为与场域规则、规范、社会理念或文化等保持一致(Meyer 和 Rowan,1977;Suchman,1995;Scott,2001;Peng 和 Wang 等,2008;Menguc 等,2010)。

合法性的内涵(见表 2.3)。Parsons(1960)将合法性定义为嵌入特定场域内组织的行为与场域系统中可接受的行为准则之间的一致性。在此基础上,合法性研究得到了资源依赖、组织文化和组织生态等理论的支持,其中,Scott(1995)和 Suchman(1995)的研究为合法性的理论发展确立了里程碑。Scott(1995)认为组织合法性反映企业文化对齐(cultural alignment)、规范支持(normative support)和一致于相关法律法规(consonance with relevant rules or laws)的一个状态,可以划分为规制合法性、规范合法性和认知合法性。Suchman(1995)则给了组织合法性一个更具包容性的定义,即在某一包含标准、价值观、信仰和定义的社会建构体系中,一个实体的行为被认为是有意义的(desirable)、合适的(proper)或恰当的(appropriate)一种普遍性感知或假设(a generalizes perception or asumption),这一研究观点在一定意义上强调了观众的普遍感知与假设对于企业实体行为的压力作用。以上两个界定是目前国内外合法性研究最广泛采纳的内涵界定。

合法性的前因。基于制度理论这一理论渊源,资源—制度视角、文化—制度视角与生态—制度视角均为合法性的前因研究提供了思路。Meyer 和 Rowan(1977)首先将合法性和资源进行了关联,认为两者的联系来自对组织有效性和制度权威的遵从,组织规模、组织多元化水平等因素是合法性的前因(Meyer 和 Rowan,1977)。Meyer 和 Scott(1983)进一步强调了文化对组织支持的程度给合法性带来的影响,文化作为认知层面的合法性前因,可以一定程度上解释组织的存在、运行和权限(Meyer 和 Scott,1983)。Dacin 等(2007)进一步将合法性的讨论拓展到了更广的范围,基于新创企业研究提出内部合法性和外部合法性对组织生存同样重要,因而慈善捐赠、战略联盟等因素也成为合法性的重要前因。

表 2.3　合法性的内涵

研究者	内涵
Parsons(1960)	是一种价值观方面的评判,体现在组织行为所呈现的社会价值观与社会系统中可接受的价值观之间的一致性。
Dowling 和 Pfeffer(1975)	是一种文化一致性的评估,体现在组织行为要与整个社会行为准则、文化保持一致,并首次提出同辈压力(peer pressure)。
Pfeffer(1981)	是一种期望一致性的评估,即组织开展制度环境所期望的、可接受的行为活动就被评估为具有合法性。
Meyer 和 Scott(1985)	是一种行为一致性的评估,提出组织实体的产生与发展是技术环境和制度环境共塑的产物,其行为受到制度环境的影响。
Suchman(1995)	是一种普遍性评估,而非对具体事务的评价,内涵的界定更具包容性,即一个实体在由标准、价值观、信念和定义建构的社会体系内,其行为被认为是有意义的、适合的或恰当的一种普遍性感知或假设。
Deephouse(1996)	强调观众的评价,即观众(audience)对组织行为或结构的支持和认可(endorsement)的状态。
Zimmerman 和 Zeitz(2002)	基于新创企业,强调其行为被利益相关者认为是合意的、合适的和恰当的。
Scott(2008)	是一种对匹配度的评估,即组织行为或结构与所处制度环境法律法规的匹配程度,或与规范性支持的匹配程度,或与文化、认知框架的匹配程度。
Tolbert 等(2011)	一个新创企业具有合法性,那么它的结构、业务和行为必须能够与他所处环境的普遍制度相一致。

资料来源:根据 Zimmerman 和 Zeitz(2002)、Bitektine(2011)整理。

合法性的后果。基于以上理论视角,学者们对于合法性后果的研究都集中在合法性和组织绩效的关系之上。第一类观点认为合法性可以提高组织绩效。Zimmerman 和 Zeitz(2002)基于资源—制度视角,认为合法性可以促进企业的资源整合,促进新创企业的组织成长。Kumar 和 Das(2007)基于生态—制度视角,认为在联盟中的合法性可以促进成员之间的合作行为,形成指导各个组织行动的联盟职责框架,从而降低成员组织间的交易成本,有利于成员组织的绩效与发展。第二类观点认为合法性不利于组织绩效。Oliver(1997)指出,合法性导向会引导组织基于社会正当性的规范理性做出决策,而并非基于盈利考虑的经济理性做出决策。Barreto 和 Fuller(2006)也发现,合法性驱动之下,企业倾向于对合法性强的组织进行模仿,这种模仿对组织的盈利有负面的影响。第三类观点认为合法性与组织绩效之间并不呈现线性关系。Shane 和 Foo(1999)提出环境维度和时间维度可能改变合法性与绩效的关系。而 Forstenlechner 和 Mellahi(2011)则提出适度的战略相似性与绩效存在正相关关系,挑战了传统制度理论中认为的组织间相对同质性对组织绩效的正向作用。

合法性的获取机制。传统的制度理论认为,组织通过适应和遵从来自管制机构的强制压力、来自专业化过程的规范压力以及来自不确定环境的模仿压力,采纳与制度场域相容的组织行为与结构特征,进而获得合法性(Powell 和 Dimaggio,1983);不同于遵从合法性研究中相对被动的思路,有学者基于战略视角,认为合法性是一种重要的资源,可以通过操控相关群体受众的社会认知,从而帮助企业组织获取合法性,因此,有学者提出遵从、选择和操控三种策略(Suchman,1995)。基于此,Zimmerman 和 Zeitz(2002)进一步提出企业可以通过能动的创造策略(creation strategy),即通过创造新制度场域规则,如文化、信仰、标准和价值观等,使自身行为与新创制度情境相一致,从而获取利益相关者的支持。遵从、选择、操控、创造共同构成了企业获取组织合法性的重要机制,详见表 2.4。

合法性门槛被认为是一个组织在制度域中生存所应跨越的合法性底线(Zimmerman 和 Zeitz,2002;Rutherford 和 Buller,2007;Turcan,2013;Fischer 等,2016)。Zimmerman 和 Zeitz(2002)首次提出合法性门槛,并认为作为一个二分变量,合法性门槛是组织在制度域中生存的转折点,低于这个门槛组织就会面临合法性缺失的危机,只有跨越了这个门槛,组织才可以在制度域中获取合法性和更多的资源(Rutherford 和 Buller,2007);近期也有学者提出,在不断变化的制度环境中,合法性门槛是一个过程量,进而导致合法性的建构和再建构(Turcan,2013;Fischer 等,2016)。

表 2.4　合法性的获取机制

战略	定义	特点	备注
遵从 (conformance)	指企业对既有场域制度的服从。	新创企业由于技术资源、市场位势等限制,可选择和实施的策略空间较小,被动遵从是常用的合法性策略。	遵纪守法:新创企业服从国家强制力,遵守对其行为具有约束力的法律法规,照章办事,以获取政府认可。
选择 (selection)	指企业选择有利于其生存的制度场域(Suchman, 1995;Scott,2001)。	选择策略比遵从策略更具能动性、战略性。	企业选址:如果企业从事的技术活动属于新兴活动或不为人所知,企业通常选择选址在大量从事相关技术活动的企业群落中,如新创软件企业选择中关村等。
操纵 (manipulation)	指企业操纵场域制度以培育公众支持,特别是为企业量身定做的特定认知(Suchman,1995)。	操纵策略比遵从策略、选择策略更具能动性、战略性。	企业引导观众的价值判断:公开财务信息,引导公众转变认为公司在最初发行股票时就会产生利润的观念。
创造 (creation)	指企业创造场域新制度,如产业标准、文化信仰和商业模式、同行行规等。	创造策略在新兴产业的初始期或传统产业的改革期尤其明显。	企业创造新的商业活动、模式或营销逻辑,如亚马逊开创通过网络营销方式销售书籍的做法等。

资料来源:根据 Zimmerman 和 Zeitz(2002)整理。

合法性压力被理解为企业感知外部环境预期并改变和决定企业战略行为,促使企业的形态、结构或行为变得合理、可接受和易获得支持的规则、规范、社会理念或文化的作用力(Meyer 和 Rowan,1977;Suchman,1995;Scott,2001;Yiu 和 Makino,2002;Peng 和 Wang 等,2008;Menguc 和 Auh 等,2010),其来源既包括关键利益者,如监管机构、专业组织、顾客、同行企业等,也涉及更为宽泛、更为抽象、难以明确压力来源的市场和非市场因素,如势力、模板、脚本、文化框架、社会事实和共享意义系统等(Greenwood 和 Hinings,1996;Delmas 和 Toffel,2008)。内嵌于特定制度场域,企业行为并非总是追求短期收益的"效率型驱动",必然会受到合法性压力的塑造和影响(Kostova和 Zaheer,1999),企业行为只有与场域规则、规范、社会理念或文化等保持一致,才能获得社会的广泛认可和合法性,企业才能在制度场域内生存,实现自身可持续、健康发展(Meyer 和 Rowan,1977;Delgado-Ceballos 和 Aragón-Correa 等,2012;Berrone 等,2013)。合法性压力通常被分为三类(Powell 和 Dimaggio,1983;Teo 等,2003;Liu 等,2010;Boutinot 和 Mangematin,2013;Cao 等,2014;Li 等,2017):强制压力是组织外源性提供者(exogenous providers)或具有权威、强制力的重要机构(如风险投资家、银行或政府机构)施加给企业组织的一种强制力,迫使企业组织采用某种结构或行为模式,若组织不顺从或者违反这种强迫,就会受到相应的惩罚;规范压力是高校、行业专家、专业咨询机构等在企业专业知识的形成及推广过程中施加的压力,迫使其与场域共享观念或者共享的思维方式趋于相同;模仿压力是不确定性环境下,获得成功的同行企业施于目标企业的压力,迫使目标企业模仿其成功实践或组织结构。

合法性研究的理论机制。合法性研究主要基于战略和制度两大视角(Suchman,1995):一部分研究是基于战略管理的研究传统,立足于组织向外看(Elsbach,1994),认为合法性是一种资源,企业组织可以能动性、有目的地操控可激发人们想象的启发式属性(Heuristic Attribute)以获取社会的支持(Dowling 和 Pfeffer,1975;Ashforth 和 Gibbs,1990;Kahneman,2011;Beelitz 和 Merkldavies,2012);另一部分研究是遵循原有制度理论的研究传统,这类研究一般采取超然的立场,从宏观制度层面强调规则、规范、社会理念或文化的作用力,或从中观层面探讨区域制度变革、行业技术动荡、产业结构动态所带来的规则、规范、社会理念或文化的作用力,并不是单个组织可控的(Meyer 和 Rowan,1977;Meyer 和 Scott,1983;Powell 和 Dimaggio,1983;Zucker,1987;DiMaggio 和 Powell,1991)。

以上两个研究视角区别在于以下两点:一是研究探讨角度不同。基于战略管理视角,研究者是以组织管理者身份由组织内向外看(Elsbach,1994),探讨管理者如何通过一系列的行动,证明组织行为、结构以及惯例与社会规则、规范、社会理念或文化相一致(Elsbach,1994;Beelitz 和 Merkldavies,2012);而基于制度视角,研究者则是以观众的身份向组织内看(Elsbach,1994),探讨作为观众感知的组织行为、结构以及惯例与社会规则、规范、社会理念或文化相匹配的程度(Beelitz 和 Merkldavies,2012)。二是研究探讨的态度不同。基于战略管理视角将合法性看作企业组织拥有的一种能够带来互补资源、良好绩效和竞争优势（Dowling 和 Pfeffer，1975；Ashforth 和 Gibbs，1990；Suchman，1995），且可以被主动操控的关键性资源（Zimmerman 和 Zeitz，2002），获取合法性的过程往往是一个积极作为的过程；而基于制度视角，研究者讨论合法性时把企业组织面对场域规则、规范、社会理念或文化的作用力被动同构，以获取观众的认可与信赖，进而把获得合法性、赢得生存的机会看作理所应当（Meyer 和 Rowan，1977；Meyer 和 Scott，1983；Powell 和 Dimaggio，1983），获取合法性的过程是个相对被动的同构、适应过程。

然而，这两个视角的文献往往相互渗透且难以被完全割裂开来（Suchman，1995）。在企业组织的生存、发展过程中，既会基于效率驱动面临战略性运营的挑战，也会基于合法性驱动面临外部场域的合法性压力。因此，企业的行为不能一味地被动遵从合法性压力而同构于所处场域制度环境；也不能盲目地追求效率，过度开展战略性活动，而忽视外部制度场域的评估影响。什么是改变企业组织自身，同构于场域合法性压力，以获取场域观众更大程度的支持与认可，还是能动变革所处场域的合法性压力，这涉及影响场域其他企业组织行为与认知（Zimmerman 和 Zeitz，2002），以启发、引导场域观众的支持与认可，两种策略的选择受到场域制度环境的不确定性、场域与企业价值取向的一致性程度、企业主体在场域内的位势以及场域原有法律规制强制实施的力度等诸多因素的影响（Oliver，1991）。

三、制度创业：集群企业知识资产治理制度的形成机制

制度理论假设制度规则和社会规范是一种常识，通过合法性机制来约束组织和个人的行为（Meyer 和 Rowan，1977）。嵌入特定制度场域，企业组织会受到来自管制机构的强制压力、专业机构的规范压力以及成功同行企业的模仿压力的影响和约束，而趋向"同构"；然而，企业在面对合法性压力时，是否可以反作用于制度本身，推动与企业行为相一致的合法性压力重构，从而实现合法性的获取？在 Eisenstadt（1980）研究的基础上，DiMaggio（1988）提出制度创业，将行动主体的能动性纳入制度分析当中，以解决上述"嵌入能动性悖论"问题，探索行动者在面临制度倾向于保持不变的压力下，如何促进新制度的产生（Holm，1995；Seo 和 Creed，2002）。制度创业强调，由于预见到改变现有场域制度或创造新场域制度所蕴含的潜在盈利机会，企业组织会通过主动创造、推广的方式使其行为获得普遍支持并接受所需要的强制规则、社会规范、文化信念或行为模式等，进而获取合法性并从中创造和利用盈利机会（DiMaggio，1988；Rao 等，2000；Maguire 等，2004）。

早期制度创业研究重点关注的是组织个体行为或特征对场域制度重构的作用。Oliver(1991)对制度创业过程中组织策略做了重要发展(Oliver,1991),后续学者在此基础上做了进一步完善,如怎样的行动者会成为制度创业者(Greenwood 等,2002)、制度创业涉及哪些关键要素(Maguire 和 Hardy 等,2004)、哪些因素影响制度创业(Hargadon 和 Douglas,2001;Kostova 和 Roth,2002)等,其中关于如何通过个体组织的战略行为创造场域合法性的研究最多(Suchman,1995;Zimmerman 和 Zeitz,2002),如企业社会责任(corporate social responsibility,CSR)行为(Bowen 等,2010)、跨国经营行为(Gifford 等,2010)、战略联盟行为(Dacin 等,2007)和创业行为(Tornikoski 和 Newbert,2007)等。

近期制度创业研究开始关注网络层面集体行动对场域制度重构的作用(Rao 等,2000;Lounsbury 和 Crumley,2007;Canales,2017),强调制度创业可以是一个涉及不同类别、不同层次、不同数量的行为主体,通过正式或非正式、协调或非协调方式开展活动的集体现象。Miles 和 Cameron(1982)在对美国烟草公司的案例分析中发现,美国六大烟草公司为了应对"反吸烟运动"对其商业行为所带来的合法性丧失的威胁,通过集体协调的行动方式创造新组织开展集体行动,并使之获得新的可能意义与身份,如联合组建政治战略委员会、联合雇佣说客在一定程度上引导政府的立法活动(如抵制政府通过对于烟草商业活动的禁止性或处罚性法律条文),联合组建烟草研究会来推动科研活动以应对外科医生协会把吸烟与癌症联系起来的行为等;此外,制度创业也可通过非协调性的集体行动开展,这种情况下制度创业是大量拥有不同程度、不同数量、不同类型资源的行为主体能动性、发散性制度创业活动的累积(Holm,1995;Lounsbury 和 Crumley,2007),Dorado(2005)将这种网络层面上非协调的集体行动称为"制度共担"。

第四节　评　述

综上,当前研究存在许多不足,一是对于集群企业知识资产治理的相关研究大多仍聚焦于独占性机制,针对集群特征开展知识资产治理的讨论尚待深入,且现有基于"独占体制"和"隔离机制"的知识资产治理机制难以有效解决集群企业收益独占的问题,迫切需要新的理论或范式来解析这个难题;二是集群内本地化的知识资产治理制度的形成,有效补充了专利等国家产权制度的缺位与失效，成功规范了集群企业的生产、创新行为，但这些有效尝试目前仍然比较零散，有必要对其进行系统化和理论化的深入探讨，以探索集群企业合理、有效的知识资产治理机制及其对本地化制度设计本身的影响，即"制度从何而来"，现有的制度研究也没有给出较合理的解释（Greenwood 和 Suddaby 等，2002）；三是目前制度理论的研究开始将目光投向场域层次，强调组织与环境的互动关系，然而却过于强调自上而下的制度化过程导致组织在跨越合法性门槛时的趋同现象，忽略了微观组织对于推动场域合法性门槛的建构作用，及其对制度本身变化的影响。

　　本书将围绕"创新企业如何在集群情境下实现知识资产治理"这一研究问题展开讨论，旨在构建集群企业知识资产治理的理论构架，打开集群企业知识资产治理及其对绩效的作用机制。

第三章　基于独占性视角的知识资产治理

集群情境下,随着信息传播路径的扁平化和知识溢出的低成本,成员企业在享受集群内由于地理、制度和认知上的高度邻近性而产生的知识溢出的外部经济性和低交易成本时(Boschma,2005),多样化的知识互动(链式生产、合作研发等)和频繁化的人员流动也加剧了"搭便车"行为和模仿侵权问题,创新成果推出市场不久,同行竞争者就会通过简单仿制、低成本抄袭进入市场,创新企业不但难以获得相应的知识资产回报,甚至还会出现"创新找死"的尴尬局面(孔小磊,2013),创新企业的研发热情难以维系,最终也会放弃创新走向模仿,整个集群陷入"近墨者黑"的恶性循环。因此,如何有效地开展知识资产治理,减少企业模仿行为、增强企业创新意愿成为产业集群转型发展必须解决的现实问题。

第二章概览发现,目前关于知识资产治理的研究大多仍聚焦于独占性视角,试图从微观企业和宏观制度层面寻找知识资产治理的途径(Keupp 等,2010),且在网络开放式创新情境下,产权保护的研究与实践受到越来越多的关注(Candelin-Palmqvist 等,2012)。那么,集群情境下,企业基于独占性视角的知识资产治理机制,即产权保护机制对于减少模仿行为、提高创新意愿的治理效果如何? 现有的独占性视角是否能够有效解决集群企业的模仿侵权问题? 是否能够有效增强企业创新意愿?

基于此,本章将通过变量设置与测量、问卷小样本测试、大样本问卷调查与数据收集、描述性统计、信度和效度检验、相关分析和多元回归分析等方法,检验集群情境下,基于独占性视角,企业依托国家法律规制开展知识资产治理在企业知识资产治理过程中的效果。

第一节　独占性机制与知识资产治理

独占性（appropriability）的早期研究主要以知识产权保护理论为基础，到20世纪80年代中期，受资源观、从创新中获益等理论的影响，独占性研究视角被不断丰富和完善。当前对于独占性的研究主要基于独占性体制、隔离机制和从创新中获益三个视角展开。第一，基于独占性体制的研究，大多从外部体制出发考察外部环境，重点探讨知识产权制度对创新激励和技术发展的有效性（Mazzoleni 和 Nelson，1998），探索了知识产权体制对技术和社会发展的正反向影响，如专利（Mazzoleni 和 Nelson，1998）、商标（Landes 和 Posner，1987）、版权（Shapiro 和 Varian 等，1999）、商业秘密（Cohen 等，2000）等外生法律规制使机制可以在特定行业或具体情境下治理企业的知识资产（创新）不被竞争者模仿（Hurmelinna-Laukkanen 和 Puumalainen，2007）；第二，基于隔离机制的研究，从资源性质出发，研究阻止模仿的经济力量，如 Barney（1991）认为，企业在资源基础上通过形成异质性能力获取经济租金，但由于竞争和模仿的存在，为避免经济租金在竞争中消散，需要隔离机制去限制异质性竞争优势被模仿或被削弱，包括消费者和生产者学习、因果模糊性、独特资源、专门化资产、嵌入团队的技能、产权等（胡胜蓉，2013）；第三，基于从创新中获益理论的研究，与独占性体制关注外部环境、隔离机制关注异质性资源所形成的模仿障碍不同，基于从创新中获益理论视角的研究更加强调企业保护和独占他们创新回报的行为与能力，包括产权保护、技术秘密、时间领先、持续创新、人力资源管理等（Levin 等，1987），并发现这些独占性机制的有效性受到规模、知识性质和产业技术特性等诸多因素的影响（Neuhäusler，2012）。

知识产权保护制度作为一种正式契约（Veer 等，2016），是国家以制度形式约束知识资产（创新）创造者与其他利益相关者之间创新生产、交易等活动的特殊契约（Gallié 和 Legros，2012；Laursen 和 Salter，2014；Veer 等，2016）。在网络开放式创新情境下，产权保护的研究与实践受到越来越多的关注（Candelin-Palmqvist 等，2012）。现有关于企业通过产权保护手段治理知识资产的研究主要围绕知识产权有效性展开，包括商标、专利、版权等正式知识产权制度规制的治理边界、强度与时效（Anderson，2004；Hopenhayn 和 Mitchell，2010），以及不同国家地区、产业特征下知识产权制度设计合理的合理性和有效性（Cohen 等，2002；Hanel，2006）等。

一、产权保护与减少模仿行为

产权保护是企业通过知识产权法律赋予其对新创知识资产在一定时间、一定范围内的专有性权力（de Saint-Georges 和 van Pottelsberghe de la Potterie，2013；Belderbos 等，2014；Haeussler 等，2014；Veer 等，2016），为企业创新和知识交流提供安全保障。

一方面，产权保护提高了企业知识资产的"溢出"门槛。企业通过获取国家知识产权法律规制赋予其对知识资产的垄断权（Fauchart 和 von Hippel，2008）和专用性（Teece，1986），特别是在高技术行业（Candelin-Palmqvist 和 Sandberg 等，2012）和创新、生产合作网络中（Laursen 和 Salter，2014），产权保护可以帮助企业明确知识资产的归属，对规避"搭便车"行为、提高合作效率更有价值（Belderbos 等，2014）。研究表明，随着法律制度的不断完善，越来越多的企业通过法律手段来保护知识资产创新，尤其是在欧美等发达国家（Bader，2007；Henttonen 等．，2016）；同时，版权和商标的应用也更加广泛（Miles 等，2000）。

另一方面，产权保护明确对模仿侵权行为的规制惩罚。对于已侵权企业，可以使用诉讼手段来处罚侵权企业并获取经济赔偿（Veer 等，2016），保护其创新竞争优势免于被模仿（González-Álvarez 和 Nieto-Antolín，2007；Hurmelinna Laukkanen 和 Puumalainen，2007；Czarnitzki 等，2015），抑制集群情境下企业生产、创新互动过程中机会主义的可能性，减少模仿行为，使集群企业更好地参与生产与创新（Henttonen 等，2015）。

因此，提出以下假设。

H1a：产权保护对减少模仿行为具有正向影响。

二、产权保护与提高创新意愿

知识产权法律规制为企业创新和知识交流提供安全保障，降低企业创新和合作生产、研发过程中的不确定性，提高产生有价值的知识资产创新的机会（Gans 和 Stern，2003），使得企业更有意愿增加创新投入以及开展合作研发（Henttonen 等，2015；Agostini 等，2017）。

一方面，知识产权法律规制赋予创新者的专用性越高，企业通过产权保护获得专利授权后，获取高额知识资产商业化收益（Reitzig 和 Puranam，2009）与许可费用（Arora 和 Ceccagnoli，2006；Hurmelinna Laukkanen 和

Puumalainen，2007)的可能性就越大，越能激励知识资产所有者开展创新活动、增加创新投入，提高知识资产创新的差异化程度和产品质量，增加其知识资产创新的市场势力，对企业创新和技术进步产生积极影响（Kanwar 和 Evenson，2003；Belderbos 等，2014)。

另一方面，专利证书、商标等作为企业声誉和质量的标志，在对企业技术秘密、品牌、名称等实施治理的同时，也加强了企业创新形象的"可见性"和"识别度"（Gotsch 和 Hipp，2012；Haeussler 等，2014)，从而提升企业的影响力和声誉，强化企业的品牌效应，进而带来更多的顾客口碑和市场机遇，使企业更有意愿加大新知识资产的研发投入。研究表明，随着法律制度的不断完善，越来越多的企业开始通过法律手段来保护创新，尤其是在欧美等发达国家（Henttonen 等，2015)。

因此，提出以下假设。

H1b：产权保护对提高创新意愿具有正向影响。

三、独占性机制的实证模型建构

本章提出集群情境下，产权保护对减少模仿行为和提高创新意愿的影响。如图 3.1 所示，产权保护对减少模仿行为和提高创新意愿具有正向影响作用。

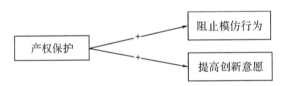

图 3.1　独占性机制的实证模型

资料来源：作者自行绘制。

第二节　知识资产独占性治理效果分析

一、问卷设计

由于本章假设模型中因变量（提高创新意愿、减少模仿行为）是不可直接测量的潜变量,需要用观察变量来进行间接测量。本书采用问卷题项方式测量研究构念,根据 Dunn 等(1994)对问卷开发的建议,本章的问卷设计包含以下五个步骤。

基于扎根研究与已有文献量表"回译"形成问卷初稿。本章假设模型中的因变量(集群企业创新意愿、模仿行为)来自英文文献中的成熟量表,为确保测量的效度和信度,对英文量表采用"回译"的方法,以确保题项含义的准确性,先将已有的成熟量表翻译成中文,通过朋友关系邀请一位英语专业的博士研究生翻译成英文,并与先前的引文文献中的问卷题项进行比对,据此开展中文问卷量表题项的修正工作,在合乎中文常用语境、确保通俗易懂的前提下,准确反映原文文献量表题项的原意。循环往复,通过"回译"不断修正问卷,形成问卷初稿。

基于研究相关领域专家学者的意见进行问卷修正。本书分别邀请浙江大学、香港城市大学长期致力于集群治理、技术创新、知识产权战略等相关研究领域的三位教授,针对问卷初稿在理论构念层面对内容效度进行审查。对问卷初稿中一些题项的设置与表达,三位教授均分别提出了修改建议,据此对问卷初稿的文字表达和题项结构进行二次修正,形成问卷二稿。

基于对集群企业知识资产治理活动参与主体的访谈进行问卷再修正。依托绍兴市产业发展规划项目调研的契机,随机抽取 20 家企业进行访谈、试填。试填人员对第二稿问卷的内容表达和题项设置提供了若干建设性意见,尤其是如何更通俗、清晰、易懂地表达集群情境下企业知识资产治理的主体特征及其治理过程。根据访谈、试填的结果对问卷进行再修正,确保量表的信度与效度。

基于小样本测试进行问卷优化。经过"回译"和上述两轮修正,本书通过探索性因子分析与信度检验,对问卷量表又进行了小样本测试(详见 3.2.3 小样本测试一节的说明),根据信效度检验剔除部分题项,形成调查问卷终稿。

基于事前设计与事后检验规避共同方法偏差。为减少单一被试者带来的共同方法偏差,遵照 Podsakoff 等(2003)的建议,本书针对事前研究设计和事后统计分析均采取相应处理方法,以降低各个环节存在的共同方法偏差问题(Podsakoff 等,2003)。首先,在问卷设计上,为降低共同方法偏差,对同一变量采用主观评判与客观数据相结合、反向题项等方式,如产权保护构念,既要求被试者直接填写企业过去三年专利申请的客观数据,同时设计主观选项(企业通过申请专利制度保护自有技术的程度),便于交叉验证;其次,在问卷发放中,依托地方行政部门或行业协会,采用匿名调查,并告知被试者不对企业进行个案研究，且问卷结果无对错之分，只用于学术研究，以此提高企业完成问卷的质量，减小社会称许性偏差；最后，在数据检验上，通过 Harman 单因子检验来分析共同方法偏差的严重程度（详见 3.3.2 节检验过程）。结果表明，共同方法偏差问题可以忽略。

二、变量测量

实证模型中所涉及的变量包括因变量（集群企业创新意愿、模仿行为）、自变量（产权保护）及相关控制变量。在量表计分方式方面，有关研究发现中国文化与中国人的性格特征会影响其打分倾向（周泯非，2011），当问卷采用 5 分或 7 分量表时，受测者往往趋向于选择中间分数。本书在问卷二稿形成过程中，尝试采用 5 分量表进行预试，也遇到了这种情况。为此，本书最终采用 Likert 4 分量表进行强迫区分选择，数字评分 1、2、3、4 依次表示从低符合程度（同意度）到高符合程度（同意度）（Ho 等，1999）。基于实证模型设定与量表开发，每个潜变量各自同时涵盖多个下属子变量，也均无法直接获取二手数据，故均采用 Likert 4 分量表打分法予以施测，下文将分别具体说明。

因变量设置及其测度

如前文所述，本书概念模型中的自变量可分为"提高创新意愿"与"减少模仿行为"。目前对企业知识资产治理的研究中，大多未涉及对集群企业知识资产治理绩效的测量，我们参考有关制造业创新独占性与组织合法性的现有研究，设计集群企业知识资产治理绩效的题项。在创新独占性研究中，学者们主要从建立模仿障碍（如提高模仿成本和时间）、提高短期价值和长期价值来测量治理绩效（Levin 等，1987；Hurmelinna-Laukkanen 和 Puumalainen，2007）；在此基础上，孔小磊（2013）基于集群情境，将短期价值和长期价值归并为独占收益。在组织合法性研究中，已有文献的理论逻辑是企业感知场域制度（如法律法规、文化期待和观念习俗等）所构成的人们广为接受的合法性压力，更有意愿去改变或决定其行为，促使企业行为获得场域内规制、规范和社会认知的支持（Teo 等，2003；Khalifa 和 Davison，2006；Liu 等，2010；Elangovan，2016）。

基于以上文献，结合案例实际，本书从减少模仿行为和提高创新意愿两方面测量治理绩效，共设 9 个测量项目。其中，集群企业创新意愿的测量结合扎根研究结果并参考企业合法化手段相关研究（Teo 等，2003；Khalifa 和 Davison，2006；Liu 等，2010；Elangovan，2016）进行设计；模仿行为的测量则根据制造业中治理绩效量表（Levin 等，1987；Harabi，1995；Cohen 等，2000；

Blind 等,2006)设计问卷题项。

自变量设置及其测度

"产权保护"是集群情境下,企业通过获取专利、版权、商标等法律赋予知识资产的所有权,基于国家知识产权相关法律赋予产权所有者的强制力,确保授权人对知识资产的独占隔离。其核心逻辑是集群企业对商标法、著作权法、专利法等独占性正式制度安排的集体遵从。本书的"产权保护"是企业依据国家知识产权制度治理知识资产的行为,而不是企业外部制度环境。测量产权保护之下的具体独占性手段,包括专利、版权和商标,在现有创新调查或实证研究中被测量过,通常采用 4 分、5 分或 7 分量表询问被试者对独占性手段有效程度的感知[如 Yale and Carnegie Mellon Surveys、Cockbum 和 Griliches (1987)、Levin(1987)、Cohen 等(2000)等],也有研究询问被试者所感知的独占性手段的重要程度[如英国创新调查、SI4S 创新调查、魏江和胡胜蓉(2007)、Neuhausler(2012)、Laursen 等(2013)等]。但是对有效程度的感知隐含了对治理绩效的测量,访谈中也发现,企业虽感知到某些独占性手段很重要,但并不代表企业一定会去使用。因此,为了更好地测量"产权保护",问卷请被试者直接填写了企业过去三年的专利(版权、商标等)申请量,尽可能有效诠释企业采取"产权保护"手段治理知识资产的程度。

控制变量设置及其测度

根据已有研究,为了更精确地剖析自变量对因变量的解释程度,除上述变量外,需对可能影响企业创新意愿和模仿行为的变量进行控制,共纳入以下 2 类变量。

企业层面控制变量:企业规模、企业年龄、企业收入。随着企业规模、企业年龄、企业收入的变化,其知识资产治理方式的选择及其效果也会有所不同。首先,由于知识产权获取、维持以及侵权诉讼的成本差异,大型企业使用产权保护的效果优于小企业(Hanel,2006;Laursen 和 Salter,2014);其次,随着企业规模、企业年龄、企业收入的增加,其资金、技术实力雄厚,能够以适度的层级化推动社群规范的有效实施,达到知识资产的有效治理,促进企业间知识共享、流动和整合等创新活动的开展;同样,大型企业、年收入高的企业往往对加快地方经济增长、促进转型升级具有重要作用,更容易获得地方政府支持,达到治理的效果。当然,大型企业的战略选择也会影响企业创新与模仿的意愿,如大型企业更偏向于自主创新战略(Levin 等,1987;Cohen 等,2000;Galende,2006)。总之,集群情境下,企业规模、企业年龄、企业收入均会对企业知识资产治理效果产生积极影响,为精确分析自变量与因变量的关系,本文将依据

Ritala 等人(2015)的建议将企业规模作为控制变量，并使用企业人数(300 人及以下、301～1000 人、1001 人及以上 3 个范围)和企业年龄(LN 值)表征企业规模(Ritala 等,2015)，将企业年龄即成立年限(ln 值)作为控制变量，将企业收入(万元)作为控制变量。

产业层面控制变量：产业类型。产业类型会影响企业知识资产治理方式的选择及其效果(Laursen 和 Salter,2014)。不同产业具有不同技术属性，有的产业技术门槛低、创新可视化程度高、产品容易模仿(González-Álvarez 和 Nieto-Antolín,2007)；有的产业技术快速迭代、产品定制化程度高。在不同产业中，企业使用不同的知识资产治理手段，其效果也会有显著差异(Belderbos 等,2014)。为此，本书选择企业主要业务所属产业类型作为控制变量，并转化为虚拟变量进行统计分析。首先，根据《国民经济行业分类》(GB/4754-2011)所提供的标准对样本企业所处产业进行分类；其次，参考 OECD 2011 年关于制造业技术划分标准，将企业主要业务所属产业类型划分为两类，使用一个哑变量表示，对于制药、新材料、电子信息或机械制造业等高技术水平产业赋值为 1，对于纺织、皮革、五金等低技术水平产业赋值为 0，0→1 表示产业技术水平由低到高。

三、小样本测试

在正式大样本问卷调查前进行了小样本测试，以检验问卷量表的信度和效度。本书小样本测试于 2017 年 1 月份抓住绍兴市产业发展规划项目调研的契机，在绍兴市制造业企业中展开。在此过程中，共发放测试问卷计 150 份，回收问卷 140 份，剔除 9 份无效问卷，最后获得有效问卷 131 份，占回收问卷总数的 87.33%，满足了小样本测试要求。

通过小样本测试进行探索性因子分析，对因变量进行效度检验，判断因变量维度划分是否有效、合理；此外，本书进一步通过信度分析判断测量量表的可靠程度。首先，运用 SPSS20.0 软件，进行探索性因子分析，输出 KMO (Kaiser-Meyer-Olkin)和 Bartlett 检验、解释方差、旋转成分矩阵、可靠性统计量等结果，根据各统计量的参考值进行分析。如表 3.1 所示，因变量的 KMO 值为 0.846，大于 0.700，且 Bartlett 球体检验统计值显著异于 0，适合进行因子分析。本书选择"主成分"进行因子抽取，采用基于特征值大于 1 的抽取规则，因子旋转方法采用"最大方差法"输出旋转解，最大收敛性迭代次数为 25 次。如表 3.2 所示，7 个因变量的题项旋转后聚成 2 个因子，累积解释总变异量的 79.975%。观察各题项在因子上的载荷，可以发现在所有因子的载荷均大于 0.5 的同时,题项 AI1 出现交叉载荷现象。

表 3.1 问卷测量因变量的 KMO 和 Bartlett 的检验（N=131）

Kaiser-Meyer-Olkin 样本充分性检验		0.846
Bartlett 的球形度检验	近似卡方	705.460
	df	21.000
	Sig.	0.000

资料来源:本书分析得出。

表 3.2 问卷测量因变量的描述性统计与探索性因子分析结果（N=131）

题项	描述性统计		因子载荷	
	均值	标准差	模仿行为	创新意愿
AI1	3.679	0.611	*0.504*	*0.632*
AI2	3.641	0.583	0.389	**0.822**
AI3	3.458	0.704	0.195	**0.85**
AI4	3.618	0.601	0.363	**0.801**
CB1	3.527	0.672	**0.833**	0.377
CB2	3.473	0.683	**0.871**	0.351
CB3	3.389	0.75	**0.892**	0.268
解释方差			40.328%	39.647%
累计解释方差			40.328%	79.975%

注:KMO 值为 0.846,Bartlett's test of sphericity 显著（$p<0.001$）,累计解释方差 79.975%。
资料来源:本书分析得出。

根据陈晓萍等(2008)的建议,删除哪个测量项目,然后再进行探索性因子分析。结果显示因变量的 KMO 值为 0.835,大于 0.700,且 Bartlett 球体检验统计值显著异于 0(见表 3.3),适合进行因子分析。

表 3.3 问卷测量因变量的 KMO 和 Bartlett 的检验（N=131）

Kaiser-Meyer-Olkin 样本充分性检验		0.835
Bartlett 的球形度检验	近似卡方	586.309
	df	15.000
	Sig.	0.000

资料来源:本书分析得出。

如表 3.4 所示，剩余 6 个题项旋转后仍聚成 2 个因子，累积解释总变异量的 83.420%。观察各题项在因子上的载荷，可以发现所有因子的载荷均大于 0.815，多重共线性的可能性很小。通过因子分析所聚得的 2 个因子分别是提高创新意愿和减少模仿行为。通过探索性因子分析，本书建立起自变量的两个维度，这两个维度的结构与理论结构相近，说明量表具有建构效度（吴明隆，2003）。

表 3.4　问卷测量因变量的描述性统计与探索性因子分析结果（N=131）

题项	描述性统计		因子载荷	
	均值	标准差	模仿行为	创新意愿
AI1	3.640	0.583	0.399	**0.807**
AI2	3.460	0.704	0.207	**0.862**
AI3	3.620	0.601	0.374	**0.815**
CB1	3.530	0.672	**0.840**	0.391
CB2	3.470	0.683	**0.875**	0.344
CB3	3.390	0.75	**0.895**	0.250
解释方差			43.566%	39.854%
累计解释方差			43.566%	83.420%

注：KMO 值为 0.835，Bartlett's test of sphericity 显著（$p<0.001$），累计解释方差 83.420%。
资料来源：本书分析得出。

接下来进行信度检验，如表 3.5 所示，提高创新意愿与减少模仿行为的 Cronbach's α 系数均大于 0.8，题项校正项总相关系数大于 0.35，说明提高创新意愿与减少模仿行为两个维度各题项之间具有较好的内部一致性。

表 3.5　问卷测量因变量的信度统计结果（N=131）

题项	校正项总相关系数	项已删除的 Cronbach's Alpha 值	Cronbach's α 系数
AI1	0.774	0.784	
AI2	0.705	0.856	0.863
AI3	0.762	0.791	
CB1	0.836	0.892	
CB2	0.858	0.874	0.922
CB3	0.835	0.895	

首先,本部分综合运用 SPSS20.0、AMOS18.0 等软件,输出探索性因子分析、信度分析和验证性因子分析结果,根据各统计量的参考值考察研究问卷的信度和效度,简化数据结构,形成进入回归模型的各个因子;其次,运用STATA12.0,通过描述性统计分析计算各变量的均值和标准差,探索各因子间相关关系;最后,运用 STATA12.0,通过多元回归分析检验理论假设,采用cluster 稳健标准误。

四、样本数据

样本选取

关于集群样本选择,从产业所属行业类型来看,问卷样本覆盖大部分传统制造产业(纺织、机械加工、五金、服装、模具等)和高新技术产业(电子信息、智能制造、软件等)。从产业所属地域来看,我国产业集群主要集中在江苏、浙江、广东等沿海地区(魏江和顾强,2009),本书在此基础上增加河南、湖北以反映中部地区集群现状以及北京以反映东部地区集群现状。

关于企业样本选择,应与本书主题集群企业知识资产治理研究相关:首先,立足本书的关键情境,要求所选企业必须是制造业集群中的企业;其次,产业属性必须为制造业企业,包括制药、新材料、电子信息或机械制造业等高技术水平企业以及纺织、皮革、五金等低技术水平企业,但不包括服务业;最后,由于知识资产的创造、开发、小试和产业化均需要一定时限的 R&D 投入,所以样本企业的选择至少经营一段时间,且有一定的研发投入。根据以上原则,设定样本企业筛选条件为:(1)样本企业必须为制造业集群中从事制造业活动的企业;(2)样本企业至少正式成立并正常运营 3 年以上;(3)样本企业必须具有至少 3 年的研发投入。

数据收集

首先,依托团队课题项目,直接联系调研企业或者之前调研过的集群企业,综合运用实地访谈填写、问卷邮件寄送、网络问卷发放等方式,发送调研问卷,现场访谈发放保证了问卷填写和回收的有效性;其次,依托社会网络关系,借助老师、同学、朋友或亲属关系,依托当地政府部门、行业协会、银行或供应链关系帮助发放和回收问卷,从而保证样本数量能满足统计分析要求;最后,确保问卷填写质量,本书要求问卷填写者需对企业知识资产治理现状具有清晰的认识,以提高问卷的填写质量,建议问卷填写者为企业高管或熟悉企业知识资产治理现状的中层管理者(如分管研发工作的副总经理或知识产权管理部门负责人等)。

表 3.6　样本基本特征的分布情况统计($N＝526$)

类别	企业特征	样本数(个)	百分比(%)
企业规模	300 及以下	234	44.50
	301～1000	203	38.60
	1001 及以上	89	16.90
企业年龄	5 年以下	32	6.08
	6—10 年	132	25.10
	11—20 年	288	54.75
	21 年以上	74	14.07
产业分类	高技术企业	108	20.53
	低技术企业	418	79.47
地区分类	中部地区	143	27.19
	东部地区	268	50.95
	南部地区	115	21.86

本书调查问卷发放时间为 2017 年 1 月—2017 年 9 月,历时 9 个月,通过网络、邮寄等方式发放调查问卷共计 750 份,实际回收问卷 572 份,剔除无效问卷(没有填写完整与非正常性填答等)46 份,最终得到有效问卷 526 份,占总回收问卷的 70.1%。表 3.6 简要描述了样本基本特征的分布情况统计,企业规模以中小企业居多,占总样本的 44.50%,其他的集中在 301～1000 人区域,占总样本的 38.60%;企业年龄以 11—20 年为主,占总样本的 54.75%,其他的集中在 6—10 年区域,占总样本的 25.10%;企业所属行业类型以低技术企业为主,占总数的 79.47%;样本来源涵盖东南沿海地区及中部地区部分城市,基于数据的可得性,东部地区相对较多,占总样本的 50.95%。

变量描述性统计

本章节研究所涉及的控制变量、因变量及自变量的均值、标准差、偏度、峰度及这些变量之间的 Pearson 相关系数如表 3.7 所示。各变量的均值在1.950 至 3.405 之间,各变量的标准差在 0.579 至 1.283 之间,各变量之间均为正相关,相关系数值均小于 0.6,可以推测出各变量之间存在相关性,但不存在多重共线性。回归分析要求样本服从正态分布。本书借鉴 Kfine(1998)的观点,即当偏度的绝对值小于 3,峰度的绝对值小于 10 时,可以认为数据服从正态分布。由表 3.7 可以看出,本书所有变量偏度绝对值均未超过 1.463,峰度绝对值均未超过 2.446,由此认为正式调研收集的数据服从正态分布。

表 3.7　本书主要变量的描述性统计($N=526$)

	变量	均值	标准差	偏度	峰度	1	2	3	4	5	6	7
1	企业人数	2.724	0.734	0.483	−1.020	1.000						
2	销售额	8.790	2.065	0.594	2.069	0.509**	1.000					
3	产业分类	0.795	0.404	−1.463	0.141	0.066	0.018	1.000				
4	年限(ln)	2.570	0.550	0.062	0.860	0.403**	0.415**	0.038	1.000			
5	产权保护	1.950	1.283	0.674	2.446	0.309**	0.320**	0.121**	0.197**	1.000		
6	模仿行为	3.378	0.592	−0.715	−0.306	0.037	0.116**	0.123**	0.079	0.098*	1.000	
7	创新意愿	3.405	0.579	−0.712	−0.229	0.014	0.111*	0.090*	0.024	0.112**	0.586**	1.000

＊＊. 在 0.01 水平(双侧)上显著相关。

＊. 在 0.05 水平(双侧)上显著相关。

资料来源:本书分析得出。

五、信度和效度检验

关于信度检验

本书采用修正后的项目总相关系数方法(corrected-item total correlation)调整问卷中因变量、自变量和中介变量的测量题项,同时,通过 Cronbach's α 系数进一步检验问卷中各变量测量题项的信度(Churchill 和 Peter,1984)。

关于效度检验

由于本书的变量测量题项融合了实地调研材料与已有文献研究成果,为了提高问卷的内容效度,在最终确认问卷之前,本书还咨询了浙江大学、香港城市大学长期致力于集群治理、技术创新、知识产权战略等相关研究领域的三位专家教授,并通过小样本测试对问卷题项的部分提法与内容进行修正。针对各构念的收敛效度和区分效度检验,本书主要通过探索性因子分析和验证性因子分析相结合的方法进行:使用 SPSS 20.0 软件,对问卷中因变量的测量题项做探索性因子分析,检验问卷量表各测量维度的划分;使用 AMOS 18.0 软件,对问卷各变量测量题项进行验证性因子分析,对照各统计量的参考值检验各构念的区分效度和收敛效度。

因变量探索性因子分析。首先，进行 KMO 样本充分性检验和 Bartlett 的球形度检验，以确保探索性因子分析的有效性。根据各统计量的参考值，认为 KMO 在 0.700 以上、Bartlett 球形度检验显著时，适合做因子分析（马庆国，2002）。

经检验，各项指标结果如表 3.8 所示，KMO 值为 0.891，大于参考值 0.700；表中 Bartlett 球形度检验结果表现出较高的显著性，因此，样本适合进行探索性因子分析。

表 3.8　问卷测量因变量的 KMO 和 Bartlett 的检验（$N=526$）

Kaiser-Meyer-Olkin 样本充分性检验		0.891
Bartlett 的球形度检验	近似卡方	1984.081
	df	45.000
	Sig.	0.000

资料来源：本书分析得出。

聚合效度反映了变量各测量题项间的一致度。当标准化因子载荷高于最低临界水平 0.500 时，表明测量指标一半的方差（因子载荷的平方）可以归于对应因子，说明同一构念内的指标聚合效度较好（Fornell 和 Larcker，1981；吴明隆，2013）。本书选择主成分方法开展公因子抽取，并基于特征值大于 1 的抽取原则，采用最大方差法输出旋转解，最大收敛性迭代次数为 25 次。表 3.9 展示了对自变量进行探索性因子分析的结果。6 个题项析出 2 个因子，解释总变异量的 69.539%。其中，最小因子载荷为 0.695，大于 0.5，说明所提取的因子具有较好的聚合效度。各因子的 Cronbach's α 系数都达到 Nunnally（1978）建议的标准，其中创新意愿为 0.773，模仿行为为 0.775，显示了很好的内部一致性信度。

表 3.9　问卷测量因变量的描述性统计与探索性因子分析结果（$N=526$）

变量	描述性统计		因子载荷	
	均值	标准差	创新意愿	模仿行为
AI1	3.420	0.690	**0.751**	0.336
AI2	3.330	0.718	**0.854**	0.143
AI3	3.460	0.686	**0.753**	0.271

续表

变量	描述性统计		因子载荷	
	均值	标准差	创新意愿	模仿行为
CB1	3.440	0.698	0.117	**0.857**
CB2	3.350	0.724	0.305	**0.790**
CB3	3.340	0.715	0.398	**0.695**
Cronbach's α 系数			0.773	0.775
解释方差			35.415%	34.125%
累计解释方差			35.415%	69.539%

注:KMO 值为 0.844,Bartlett's test of sphericity 显著($p<0.001$),累计解释方差 69.539%

资料来源:本书分析得出。

区分效度反映了不同变量间的区分度。当变量内测量指标的平均方差提取值(average variance extracted,AVE)的平方根大于该变量与其他变量间的相关系数时,表明该变量与其他变量间具有良好的区分效度(Fornell 和 Larcker,1981)。表 3.10 描述性统计表中对角线上变量的 AVE 值的平方根均大于此变量与其他变量的相关系数,表明以量表测量的变量间具有区分效度。

表 3.10　变量描述性统计、相关系数及 AVE 平方根矩阵($N=526$)

	变量	均值	标准差	偏度	峰度	1	2	3
1	产权保护	1.950	1.283	0.674	2.446	\		
2	模仿行为	3.378	0.592	−0.715	−0.306	0.098*	*0.728*	
3	创新意愿	3.405	0.579	−0.712	−0.229	0.112**	0.586**	*0.731*

注:对角线上数据为 AVE 的平方根,对角线下的数据为变量之间的 Pearson 相关系数;

**.在.01 水平(双侧)上显著相关。*.在 0.05 水平(双侧)上显著相关。

资料来源:本书分析得出。

本书用 Cronbach's α 系数来考察各变量测量的内部一致性,与此同时,本书还考察各变量的组合信度(composite reliability,CR),根据 Nunnally (1978)的建议,当 Cronbach's α 系数与组合信度的值大于 0.700 时,量表信度被认为可以接受。从表 3.11 信度与效度指标一览表可以看出,本章节各变量的 Cronbach's α 系数值均在 0.745 以上,大于参考值,呈现出较高的内部一致性。此外,本书各变量的组合信度值也均在 0.772 以上,表明各变量的组合信度也很可靠。

表 3.11　变量的信度与效度指标一览表(N＝526)

测量构念	Cronbach's α 系数	组合信度	最小因子载荷	$\sqrt{AVE}$
创新意愿	0.772	0.772	0.695	0.728
模仿行为	0.745	0.774	0.751	0.731
参考值	＞0.7	＞0.7	＞0.5	

资料来源:本书分析得出。

因变量验证性因子分析。在探索未知构念维度时,探索性因子分析优势明显,而要对构念模型提供有效检验和拟合指标时,就要进行验证性因子分析(Church 和 Burke,1994)。基于相关研究理论和具体的限制,验证性因子分析能够有效促进理论与测量相互融合(Mcdonald 和 Marsh,1990)。基于此,本书通过验证性因子分析对探索性因子分析得到的因变量两维度进行进一步验证。

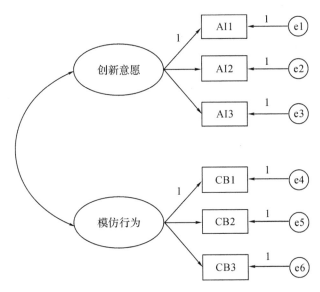

图 3.2　因变量构念一阶验证性因子分析测量模型
资料来源:作者自行绘制。

因变量构念一阶验证性因子分析结果如图 3.2 和表 3.12 所示。所有题项都对应假设的因子,题项的标准化因子载荷都高于有关研究所建议的最低临界水平 0.500，而且在 $p<0.001$ 水平上显著，显示了较高的聚合效度。

表 3.12 因变量构念一阶验证性因子分析路径系数估计（$N=526$）

	路径		非标准化路径	标准化路径	S.E.	C.R.	P
AI1	←	创新意愿	1	0.750			
AI2	←	创新意愿	1.025	0.740	0.072	14.200	＊＊＊
AI3	←	创新意愿	0.919	0.693	0.064	14.378	＊＊＊
CB1	←	模仿行为	1	0.671			
CB2	←	模仿行为	1.221	0.789	0.088	13.856	＊＊＊
CB3	←	模仿行为	1.113	0.729	0.083	13.396	＊＊＊

资料来源：本书分析得出。

拟合结果如表 3.13 所示，其中 $\chi^2(8)=9.383$，$p<0.01$；$\chi^2/df=1.563$；GFI$=0.994$；RMSEA$=0.033$；AGFI$=0.980$；NFI$=0.911$；IFI$=0.997$；CFI$=0.997$。结果表明这一测量具有很好的拟合效度。

表 3.13 因变量构念的一阶验证性因子分析拟合指标（$N=526$）

测量模型	绝对拟合指数				相对拟合指数		
	χ^2/df	RMSEA	GFI	AGFI	NFI	IFI	CFI
因变量模型	1.563	0.033	0.944	0.980	0.911	0.997	0.997
参考值	0-2	<0.08	>0.85	>0.85	>0.90	>0.90	>0.90

资料来源：本书分析得出。

六、实证检验

多元线性回归过程中的三大问题检验

在进行多元线性回归检验理论模型之前，首先需要对异方差、序列相关以及多重共线性等问题进行检验和控制，只有在这三大问题不存在或可接受的前提下，使用多元线性回归模型得到的结果才具有相对的稳定性和可靠性（马庆国，2002）。

异方差问题诊断。异方差问题源于随机误差项具有的不同的方差，也即随着自变量的变化，因变量的方差存在明显的变化趋势，会影响到估计量的有效性。本书通过观察模型残差项的散点图进行判断，结果显示散点分布呈无序状，在一定程度上可以判定模型不存在异方差问题（此处图略）；此外，运用

STATA12.0软件通过 reg，vce(cluster clusterid)命令进一步稳健标准误，避免不同集群间的干扰项彼此独立，但同一集群所属企业间的干扰项彼此相关的问题。

序列相关问题诊断。序列相关主要源于回归模型的随机误差项之间存在相关性问题，会影响估计量的有效性。运用问卷获取的截面数据一般序列相关并不严重，本书仍采用 Durbin-Watson 值（DW 值）来进行判断，当 1.5＜DW 值＜2.5 时，理论模型就不存在序列相关问题。经检验（详见表 3.16、表 3.17），本书中所有回归模型的 1.858＜DW 值＜2.023，满足以上临界条件，在一定程度上可以判定模型不存在序列相关性。

多重共线性问题诊断。多重共线性问题主要源于理论模型中的多元自变量之间的高度相关性，进而出现各自对因变量的边际影响被相互削弱的问题。当模型中存在多重共线性问题时，模型方程的回归系数是不可靠的。本书采用方差膨胀因子（variance inflation factor，VIF 值）对多重共线性进行诊断（吴明隆，2010）。根据吴明隆（2010）的建议，当 0＜VIF＜10 且 0＜VIF 的均值＜2 时，判定研究模型的多重共线性问题不严重或可以接受。经检验（详见表 3.16、表 3.17），本书中所有回归模型 1.00＜VIF＜1.51 且 1.29＜VIF 均值＜1.30，满足以上两个条件，在一定程度上可以判定自变量之间的多重共线性问题可以忽略。

集群企业产权保护与减少模仿行为

表 3.14 给出了集群企业产权保护对减少模仿行为的回归结果。首先，模型 1a 将控制变量纳入模型，包括：企业年龄、企业规模、产业类型、销售收入等；接下来，模型 2a 将产权保护变量纳入模型，结果显示产权保护对减少模仿行为的影响并不显著（$\beta=0.028$，$p=0.146$）。因此，假设 1a 未得到支持。

表 3.14　集群企业产权保护对减少模仿行为的影响（$N=526$）

因变量＝减少模仿行为	模型 1a	模型 2a
企业年龄	0.0483	0.046
	(0.046)	(0.045)
企业人数	−0.041	−0.049
	(0.049)	(0.051)
产业类型	0.179*	0.170*
	(0.063)	(0.062)

续表

因变量＝减少模仿行为	模型 1a	模型 2a
销售收入	0.035 (0.021)	0.031 (0.021)
产权保护		0.028 (0.018)
常数项	2.918*** (0.193)	2.933*** (0.194)
R^2	0.016	0.034
ΔR^2		0.018
F 值	4.07**	3.14*
VIF 值	1.00～1.45	1.02～1.51
VIF 平均值	1.300	1.290
DW 值	2.019	2.023

注：*** $p<.001$；** $p<.01$；* $p<.05$；† $p<.10$
资料来源：本书分析得出。

集群企业产权保护与提高创新意愿

表 3.15 给出了集群企业产权保护对提高创新意愿的回归结果。模型 1b 首先进入企业年龄、规模、产业类型、销售收入等控制变量，模型 2b 纳入产权保护变量，结果显示产权保护对提高创新意愿具有显著正向影响（$\beta=0.040$，$p=0.035$）。因此，假设 1b 得到支持。

表 3.15　集群企业产权保护对提高创新意愿的影响（$N=526$）

因变量＝提高创新意愿	模型 1b	模型 2b
企业年龄	−0.017 (0.051)	−0.020 (0.049)
企业人数	−0.048 (0.050)	−0.060 (0.053)
产业类型	0.132* (0.057)	0.119† (0.057)

续表

因变量＝提高创新意愿	模型 1b	模型 2b
销售收入	0.041***	0.036**
	(0.010)	(0.009)
产权保护		0.040*
		(0.018)
常数项	3.112***	3.133***
	(0.184)	(0.187)
R^2	0.023	0.030
ΔR^2		0.007
F 值	7.69***	6.47**
VIF 最大值	1.00～1.45	1.02～1.51
VIF 平均值	1.300	1.290
DW 值	1.858	1.859

注：*** $p<.001$；** $p<.01$；* $p<.05$；†$p<.10$

资料来源：本书分析得出。

第三节　独占性治理机制缺位成因分析

本章通过变量设置与测量、问卷小样本测试、大样本问卷调查与数据收集、描述性统计、信度和效度检验、相关分析和多元回归分析等方法，对 526 份有效企业样本进行统计实证研究检验，由此发现，集群情境下，基于独占性视角的"产权保护"机制在企业知识资产治理过程中的作用效果有限。研究结果如表 3.16 所示，集群情境下，产权保护对于减少模仿行为的正向影响作用并不显著（假设 1a 并未获得支持），而对于提高创新意愿的正向影响作用虽然显著（假设 1b 获得支持），但影响作用强度较弱。

表 3.16　本章实证研究结果总结

	假设	检验结果
假设 1a	产权保护对减少模仿行为具有正向影响作用	不支持
假设 1b	产权保护对提高创新意愿具有正向影响作用	支持

资料来源:本书分析得出。

这一研究发现明显有别于传统基于独占性视角研究企业知识资产治理的文献。基于独占性视角研究企业知识资产治理的文献大多在宏观体制和微观企业层面展开(Keupp 等,2010),其基本逻辑是基于"从创新中获益(PFI)理论",强调企业通过专有性规制赋予知识资产所有者对于其知识资产的垄断权(Fauchart 和 von Hippel,2008),获取知识资产的独占性和不同程度的激励(González-Álvarez 和 Nieto-Antolín,2007)[如知识的可交易性(Hurmelinna-Laukkanen 和 Puumalainen,2007)、市场的可见性和识别度(Blind 等,2003;Gotsch 和 Hipp,2012)、企业形象和声誉(Maskus,2008;Aaker,2010)等],从而减少模仿行为、提高创新意愿。本文的原构思正是依托这一思路,认为基于独占性视角的"产权保护"是建立在"隔离机制"基础上,强调企业通过对知识资产本身的隔离保护达到防止竞争对手学习和模仿的效果,在企业知识资产治理过程中发挥重要的正向影响作用(Norman,2001;de Faria 和 Sofka,2010;Wadhwa 等,2011)。

一、集群情境下,基于独占性视角的产权保护机制对减少模仿 行为解释失效

实证研究结果表明,集群情境下,基于独占性视角的"产权保护"机制对于减少模仿行为的影响并不显著,其原因可能有以下四点:首先,法律的普适性要求知识产权法对所有产业都无差异(Mazzoleni 和 Nelson,2016),忽视了不同的本地化特征、产业特征、不同的保护需求(Andersen,2004),导致其对不同产业知识资产的治理效果存在较大的差异;其次,知识产权法律存在申请周期长、举证困难、诉讼费用高等问题(Fauchart 和 von Hippel,2008),难以适应当前市场需求变化迅速、产品生命周期短等情况(Levin,1986),难以保证知识资产专有性;再次,知识产权法律不能保证其他人遵守义务(Agarwal 等,2009),难以保证独占性的效果(Martinez-Piva,2009);最后,由于集群内关联企业具有地理、制度、认知上的高度邻近性(Boschma,2005),加之集群内各类人员的高频流动性、非正式集体学习的存在,导致企业知识、技能的快速溢出,

而溢出的知识、技能绝大部分以不可编码的知识资产型态存在，难以形成正式知识产权，进而导致企业知识资产治理问题在集群层面与微观层面有很大的不同。

二、集群情境下，基于独占性视角的产权保护机制对提高创新意愿作用效果有限

实证研究结果显示，集群情境下，"产权保护"对于提高创新意愿在低显著性水平上（$p < 0.05$）正向弱相关（$\beta = 0.040$）。总体看，知识产权制度既是对发明的奖励也是对披露相关秘密的最佳激励（Machlup 和 Penrose,1950）。它既能激励发明，也能促进创新者披露发明，推动知识的扩散（Mazzoleni 和 Nelson,1998），保障知识财富的最佳动态利用（冯晓青,2004），在激励创新者增加创新投入和创新活动方面有积极影响。然而，越来越多的研究表明，专利、商标等正式知识产权制度有时不能对企业的创新投入和创新产出造成显著的正向影响（Sakakibara 和 Branstetter,2001）。已有研究发现：地区特征、国家制度特征、产业属性等均会对知识产权与治理绩效之间的关系产生影响（Granstrand,2003；Hanel,2006；Furukawa,2007；Wadhwa 等,2011）。如,在制药、化工和生物技术等行业，产权保护均具有良好的治理效果（Levin 等,1987；Cohen 等,2000；Hanel,2006；Furukawa,2007），而对低技术含量的传统制造产业，产权保护的治理效果欠佳（Schubert,2015）。因此，受行业因素（Cohen 等,2000；Hanel,2006）、企业性质和规模（Mazzoleni 和 Nelson,1998）等影响，专利、商标等正式知识产权在提高创新意愿方面出现的作用有限。

因此，集群情境下，基于独占性视角的"产权保护"机制在企业知识资产治理过程中的作用效果有限，现有独占性理论难以有效解决集群情境下的企业技术模仿、侵犯知识产权等问题（Andersen 和 Howells,1998；Blind 等,2003；Davis,2004），魏江和胡胜蓉（2007）将其称为独占性机制在企业知识资产治理中的缺位和失效。

第四节 本章小结

本章通过变量设置与测量、问卷小样本测试、大样本问卷调查与数据收集、描述性统计、信度和效度检验、相关分析和多元回归分析等过程，对 526 份有效企业样本进行统计实证研究检验发现：由于非正式集体学习的存在，导致

企业知识、技能的快速溢出，而溢出的知识、技能绝大部分以不可编码的知识资产形态存在，难以形成正式知识产权，进而导致企业知识资产治理问题在集群层面与微观层面有很大的不同，现有独占性理论难以解决集群企业收益独占的问题，"产权保护"机制在集群企业知识资产治理过程中的作用效果有限。

尽管本书从事前设计到统计分析，综合使用了探索性因子分析、验证性因子分析等各种方法以检验和提高研究的信度与效度，并通过多元回归得出了一些有意义的结论，但由于研究问题的复杂性和敏感性，以及研究者自身能力和研究条件的制约，研究工作过程中还有许多方面的不足和缺憾有待完善，主要表现在以下方面：（1）共同方法偏差问题，尽管在问卷设计过程中已经通过设置反向题项、重复测量等方式尽可能减少共同方法偏差问题，但由于数据来源于同一问卷，因共同方法偏差产生的系统误差仍然可能存在，因此，未来研究可在更为严谨的研究设计和统计分析检验的基础上扩大样本量，尽可能地提高研究的外部效度；（2）除了本书所控制的企业规模、行业类型、企业收入与企业年龄等控制变量外，还有许多企业微观以及产业、区域等中观因素会对企业创新与模仿产生影响，未来研究可增加更多有效的控制变量，以得到更为严谨、可靠的研究结论；（3）本章研究发现，集群情境下，企业基于传统独占性视角下的"产权保护"作用有限，需要借助中间组织的特定制度安排来达到治理知识资产的目的，而针对集群特征开展知识资产治理的理论研究尚处于初步阶段，迫切需要新的理论或范式来解析这个难题。

第四章　集群企业知识资产治理机制及其作用机理

在第二章文献综述中发现,目前关于企业知识资产治理的研究大多仍聚焦于独占性视角,试图从微观企业和宏观制度层面寻找企业"单打独斗"治理知识资产的策略,而针对集群特征开展知识资产治理的讨论尚待深入。沿着这一思路,第三章聚焦集群情境,通过对来自国内 19 个产业集群的 526 份企业有效问卷进行实证检验发现:由于非正式集体学习的存在,导致企业知识、技能的快速溢出,而溢出的知识、技能绝大部分以不可编码的知识资产形态存在,难以形成正式知识产权,进而导致企业知识资产治理问题在集群层面与微观层面有很大的不同,现有独占性理论难以解决集群企业收益独占的问题。因此,集群情境下,企业"单打独斗"运用"产权保护"治理知识资产效果有限。

事实上,我国部分集群中的创新企业及相关治理机构已经开始基于集群特征和自身优势,尝试开展多种形式的知识资产治理活动,形成并实施符合集群特征的正式、非正式知识资产治理制度,如台州汽摩配产业集群的《供应商分级管理办法》、温州烟具产业集群的《温州市烟具行业维权公约》、桐庐制笔产业集群的《知识产权保护联盟公约》等,营造集群企业尊重创新、自主创新的良好氛围,打破"近墨者黑"的恶性循环。然而,这些有效尝试目前仍然比较零散,对于集群企业知识资产治理的内涵是什么、其作用机理是什么,现有文献仍然没有提供充分的理论解释,迫切需要新的理论或范式来解析这个难题,有必要对其进行系统化和理论化的深入探讨,以探索集群企业合理、有效的知识资产治理机制。

基于此,本章将以浙江省内 5 个产业集群的企业为研究对象,基于扎根理论研究方法,旨在归纳并解释集群情境下企业知识资产治理及其作用机理。以此为目标,本章将通过跨案例质性数据分析,尝试建构集群情境下企业知识资产治理的理论模型;基于制度理论在集群情境下,企业知识资产治理的内涵与维度进行再界定,推动理论研究的纵深化,且有利于下一章大规模实证量化研究的开展。同时,结合独占性和合法性两大视角,提出"集群企业知识资产治理—创新合法性压力—治理绩效"的从创新中获益逻辑新架构,以支持第五章大样本实证研究的展开。

第一节　知识资产治理的理论分析框架

一、知识资产治理与独占性机制

独占性的早期研究主要以知识产权保护理论为基础,到 20 世纪 80 年代中期,受资源观、从创新中获益等理论的影响,独占性研究视角得到不断丰富和完善。当前对于独占性的研究主要基于独占性体制、隔离机制和从创新中获益三个视角展开。第一,基于独占性体制的研究,大多从外部体制出发考察外部环境,重点探讨知识产权制度对创新激励和技术发展作用的有效性(Mazzoleni 和 Nelson,1998),探索了知识产权体制对技术和社会发展的正反面影响。如,专利(Mazzoleni 和 Nelson,1998)、商标(Landes 和 Posner,1987)、版权(Shapiro 和 Varian 等,1999)、商业秘密(Cohen 等,2000)等外生的法律保护机制可以在特定行业或具体情境下保护企业的创新不被竞争者模仿(Hurmelinna-Laukkanen 和 Puumalainen,2007);第二,基于隔离机制的研究,从资源性质出发,研究阻止模仿的经济力量。如,Barney(1991)认为,企业在资源基础上形成的异质性能力去获取经济租金,但由于竞争和模仿的存在,为避免经济租金在竞争中消散,需要隔离机制去限制竞争优势被模仿或被削弱,包括消费者和生产者学习、因果模糊性、独特资源、专门化资产、嵌入团队的技能、产权等(胡胜蓉,2013);第三,基于从创新中获益理论的研究,与独占性体制关注外部环境、隔离机制关注异质性资源所形成的模仿障碍不同,基于从创新中获益理论视角的研究更加强调企业保护和独占他们创新回报的行为与能力,包括产权保护、技术秘密、时间领先、持续创新、人力资源管理等(Levin 等,1987),并发现这些独占性机制的有效性受到规模、知识性质和产业技术特性等诸多因素的影响(Neuhäusler,2012)。

二、集群情境下独占性机制的失效与缺位

随着集群研究的深入,学者们发现集群内关联企业具有地理、制度、认知

上的高度邻近性(Boschma,2005),加之集群内各类人员的高频流动性,使得传统的独占性机制无法有效地避免集群情境下的技术模仿、侵犯知识产权等行为(Davis,2004);第一,法律的普适性特征要求法律规制制度安排对于所有产业的知识资产治理无差异(Mazzoleni 和 Nelson,2016),这就忽视了不同产业知识结构、知识隐性等知识资产特征所带来的知识资产治理方式的不同(Andersen,2004),导致传统知识产权法律的效力对不同产业存在较大差异;第二,知识产权存在诉讼费用高、立案周期长、搜证难度大等问题(Fauchart 和 von Hippel,2008),难以有效应对迅速变化的市场需求和不断缩短的产品生命周期等情况(Levin,1986),难以保证知识资产专有性;第三,知识产权法律的设立并不能保证所有人会遵守(Agarwal 等,2009),尤其是国内大多数企业知识产权意识还相对薄弱,企业对于创新知识资产的独占性效果也就大打折扣(Martinez-Piva,2009);第四,由于非正式集体学习的存在,导致企业知识、技能的快速溢出,而溢出的知识、技能绝大部分以不可编码的知识资产形态存在,难以形成正式知识产权,进而导致企业知识资产治理问题在集群层面与微观层面有很大的不同,现有独占性理论难以解决集群企业收益独占的问题,魏江等(2007)将其称为独占性机制在集群企业知识资产治理中的缺位和失效。

为解决上述问题,当法律不能有效保护产权时,有研究基于正式契约,讨论私人协议(契约)在满足产权所有者专有性、排他性需求时的作用机理(Dixit,2009)。如,竞业禁止协议、保密协议、不竞争协议等均成为知识产权法律规制制度安排的重要补充(Hertzfeld 等,2006),共同构成创新主体知识资产治理的外部制度安排。也有研究基于非正式契约,在一个系统中,通过信任关系(Bernstein,2016)、第三方(Howells,2006)、行业规范(Fauchart 和 von Hippel,2008)、声誉机制(Howells,2006;Provan 和 Kenis,2007;von Hippel,2007)等协调和管制活动,抑制成员企业占用其他成员的知识资产和创新成果等机会主义行为(Kenis 和 Provan,2006)。综上,知识资产治理主体不仅是企业本身,还可以是上下游企业、联盟或社群、第三方机构等,而知识资产治理体系不仅包括正式司法制度,还包括一系列具有场域特征的正式、非正式制度安排。

三、合法性研究为集群企业知识资产治理提供新视角

制度理论中合法性是连接组织行为和环境的桥梁(Hannan 和 Freeman,1989;Suddaby 和 Greenwood,2005)。合法性研究源于制度理论(Meyer 和

Rowan,1977),并由 Weber(1958)首先引入组织研究,强调了组织行为、结构与制度规则之间的一致性。此后,Parsons(1960)针对合法性的来源指出,合法性不应狭窄于使组织行为、结构一致于规制系统,还应一致于所嵌入社会情境中共享的或普遍的价值观、文化规范、社会信仰等。新制度主义对合法性的概念做了进一步扩展,提出社会认知的重要性,强调在不确定性环境下,人的决策行为会受到诸多方面因素的影响,往往会依据组织行为、结构与个人价值观和社会认知的一致性,来判断组织的价值和可接受程度。因此,合法性成为连接组织行为和环境的桥梁被嵌入制度场域内,企业感知外部环境预期并改变和决定企业战略行为,迫使其形态、结构或行为与场域规则、规范、社会理念或文化等保持一致(Meyer 和 Rowan,1977;Suchman,1995;Scott,2001;Peng 等,2008;Menguc 等,2010)。

合法性压力被理解为企业感知外部环境预期并改变和决定企业战略行为,促使企业的形态、结构或行为变得合理、可接受和易获得支持的规则、规范、社会理念或文化的作用力(Meyer 和 Rowan,1977;Suchman,1995;Scott,2001;Yiu 和 Makino,2002;Peng 等,2008;Menguc 等,2010),其来源既包括关键利益者,如监管机构、专业组织、顾客、同行企业等,也涉及更为宽泛、更为抽象、难以明确压力来源的市场和非市场因素,如势力、模板、脚本、文化框架、社会事实和共享意义系统等(Greenwood 和 Hinings,1996;Delmas 和 Toffel,2008)。内嵌于特定制度场域,企业行为并非总是追求短期收益的"效率型驱动",必然会受到合法性压力的塑造和影响(Kostova 和 Zaheer,1999),企业行为只有与场域规则、规范、社会理念或文化等保持一致,才能获得社会的广泛认可,才能获取合法性,企业才能在制度场域内生存,进而实现自身可持续、健康发展(Meyer 和 Rowan,1977;Delgado-Ceballos 等,2012;Berrone 等,2013)。合法性压力通常被分为三类(Powell 和 Dimaggio,1983;Teo 等,2003;Liu 等,2010;Boutinot 和 Mangematin,2013;Cao 等,2014;Li 等,2017):强制压力(coercive pressure)是组织外源性提供者或具有权威、强制力的重要机构(如风险投资家、银行或政府机构)施加给企业组织的一种强制力,迫使企业组织采用某种结构或行为模式,若组织不顺从或者违反这种强迫,就会受到相应的惩罚;规范压力(normative pressure)是高校、行业专家、专业咨询机构等在企业专业知识的形成及推广过程中施加的压力,迫使其与场域共享观念或者共享的思维方式趋于相同;模仿压力(mimetic pressure)是不确定性环境下,获得成功的同行企业施与目标企业的压力,迫使目标企业模仿其成功实践或组织结构。

合法性研究的理论基础。战略观和制度观是合法性研究的两个重要视角（Suchman,1995）：一部分研究是遵循战略管理的研究传统，从组织微观视角出发，认为合法性是一种资源，可以通过有目的地操控制度环境，得到制度环境的支持，以获得相应的合法性（Dowling 和 Pfeffer,1975；Pfeffer,1981；Ashforth 和 Gibbs,1990）；另一部分研究则遵循原有制度理论研究传统，这类研究一般采取超然的立场，立足宏观视角或产业视角，强调制度和文化对组织行为与结构所产生的压力，并不是单个组织可以操控的（Meyer 和 Rowan,1977；Meyer 和 Scott,1983；Powell 和 Dimaggio,1983；Zucker,1987；DiMaggio 和 Powell,1991）。

以上两个研究视角的区别在于以下两个方面。研究探讨的角度不同。基于战略管理视角，研究者是以组织管理者的身份由组织内向外看（Elsbach,1994），进而探讨管理者如何通过一系列的行动，证明组织行为、结构以及惯例与社会规则、规范、社会理念或文化相一致（Elsbach,1994；Beelitz 和 Merkldavies,2012）；而基于制度视角，研究者则是以观众的身份向组织内看（Elsbach,1994），进而探讨作为观众感知的组织行为、结构以及惯例与社会规则、规范、社会理念或文化相匹配的程度（Beelitz 和 Merkldavies,2012）。另一方面，研究探讨的态度不同。基于战略管理视角，研究者将合法性看作企业组织拥有的一种能够给企业组织带来互补资源、良好绩效和竞争优势（Dowling 和 Pfeffer,1975；Ashforth 和 Gibbs,1990；Suchman,1995），且可以被主动操控的关键性资源（Zimmerman 和 Zeitz,2002），获取合法性的过程往往是一个积极作为的过程；而基于制度视角，研究者讨论合法性时把企业组织面对场域规则、规范、社会理念或文化的作用力而被动同构，以获取观众认可与信赖，进而把获得合法性、赢得生存的机会看作理所应当（Meyer 和 Rowan,1977；Meyer 和 Scott,1983；Powell 和 Dimaggio,1983），获取合法性的过程是个相对被动的同构、适应过程。

然而，这两个视角的文献往往相互渗透且难以被完全割裂开来（Suchman,1995）。在企业组织的生存、发展过程中，既会基于效率驱动面临战略性运营的挑战，也会基于合法性驱动面临外部场域的合法性压力。因此，企业的行为不能一味地被动遵从合法性压力而同构于所处场域制度环境；也不能盲目地追求效率，过度开展战略性活动，而忽视外部制度场域的评估影响。是改变企业组织自身，同构于场域合法性压力，以获取场域观众更大程度的支持与认可，还是能动变革所处场域的合法性压力，这涉及影响场域其他企业的组织行为与认知（Zimmerman 和 Zeitz,2002），以启发、引导场域观众的支持与认可,两种策略的选择受到场域制度环境的不确定性、场域与企业价值取向的一致性程度、企业主体在场域内的位势以及场域原有法律规制强制实施的力度等诸多因素的影响(Oliver,1991)。

四、问题提出

综上,当前研究仍存在许多不足,一方面,目前关于集群企业知识资产治理的相关研究大多仍聚焦于独占性视角,针对集群特征开展知识资产治理的讨论尚待深入,且现有独占性机制难以解决集群情境下的企业搭便车、模仿侵权等机会主义问题,迫切需要新的理论或范式来解析这个难题;另一方面,合法性视角强调组织与环境的互动关系,然而过于强调自上而下的制度化过程导致组织在应对合法性压力时的趋同现象,忽略了微观组织及其集体行动对推动场域合法性压力建构的作用及其对制度设计本身的影响。

因此,本书拟对上述缺口做出补充和拓展,通过对浙江省内5个产业集群的探索性案例研究,试图回答2个基本问题:(1)集群情境下,企业知识资产治理机制是什么?(2)集群情境下,企业知识资产治理机制是如何发挥作用的?

第二节　集群企业知识资产治理的扎根分析

一、研究方法

本节子研究聚焦于集群情境下,"企业知识资产治理机制是什么?"和"企业知识资产治理机制是如何发挥作用的?","是什么(what)"和"如何(how)"这一过程性问题更适合案例研究方法。由于集群企业知识资产治理的研究还处于初级阶段,未形成成型的理论,因此选择扎根方法进行探索性案例研究(Glaser 和 Strauss,1967;Yin,2003;Eisenhardt 和 Graebner,2007;Ozcan 和 Eisenhardt,2009),希望透过研究者的"理论触角"在纷繁的企业案例素材中挖掘证据链,进而提炼植根于集群情景的知识资产治理机制及其效果的模型。具体而言,按照多案例构建理论的原则和程序(Eisenhardt,1989),依托质性研究软件 NVIVO10.0 对源自5个产业集群案例的质性数据进行储存、编码、查询和分析等工作,在仔细阅读质性素材的基础上,对反映研究主题的内容(知识资产保护、企业创新等)提进行炼、归纳和贴标签(conceptual label),然后再返回案例情境寻找标签间的关系并范畴化（category/subcategory）。具体数据编码包括：开放编码、主轴编码和核心编码（Pandit，1996）。基于此探究集群情境下企业知识资产治理构念所包含的各个维度，构建集群网络情境下企业知识资产治理与治理绩效之间的因果机理研究模型。

二、案例选定

为使案例样本能够全面反映将要研究问题的本质，本书的案例样本选取遵从典型性、聚焦性和饱和性原则，规避其他相关理论逻辑的影响，且能够深化和扩展现有理论（Eisenhardt，1989；Yin，2003）。本章节遵循理论抽样的原则，按照以下三条逻辑进行案例选取。首先，基于案例选择的典型性原则，选择台州汽摩配集群、永康休闲车集群、温州打火机集群、绍兴纺织集群以及桐庐制笔集群作为研究对象（基本情况见表4.1），因其成长发展过程中，成员企业均遇到过严重的知识流失、同质化竞争等问题，且集群层面均已涌现出新的知识资产治理手段并取得较好成效；其次，基于案例选择的聚焦性原则，选择台州汽摩配产业集群、温州打火机集群和桐庐制笔产业集群作为扎根研究对象，因在知识资产治理方面存在一定程度的差异，对这些案例的分析有利于帮助本章依据复制的逻辑，探索集群情境下企业知识资产治理及其对减少模仿行为和提高创新意愿的作用机理，为探索集群企业知识资产治理机制提供丰富的证据，为集群企业知识资产治理相关理论的扩展和丰富提供启发；最后，基于案例选择的饱和性原则，选择永康休闲车产业集群和绍兴纺织产业集群进行理论饱和度检验。

三、数据收集

案例素材的收集采用多种数据来源：（1）依托"知识密集型服务业知识资产保护多层次机制与制度设计"（国家自科基金研究项目）、"绍兴市产业发展规划研究"（绍兴市科技局委托项目）、"温州对接'中国制造2025'课题研究"（温州市委政研室委托项目）等相关研究项目，实地调研集群企业、行业协会及相关政府部门负责人获取一手资料；（2）依托互联网、纸质报刊及相关历史资料，查阅网络新闻报道、CNKI、Infobank等数据库获取相关资料；（3）根据已有资料情况，实地补充访谈完善案例素材。

四、数据效度

在案例相关信息、证据和资料收集上,本书采用资料和研究者证据三角形解决建构效度的问题(Yin,2003;罗伯特和周海涛,2004)。在资料方面,通过深度访谈、直接观察和其他文字资料构成证据来源的三角验证(陈晓萍和徐淑英等,2012)。在研究者方面,通过第一类研究助理(研究者当地朋友)了解集群企业在专业领域内的创新情况以及应对侵权的相关报道等;与第二类研究助理(课题组成员)开展实地调研,对集群内的离退休专家、特聘专家进行半结构化访谈,最后通过电话、邮件、微信视频等即时通信工具进行间接访谈,补充证据,共同构成研究者的三角验证(Patton,1987)。处理受访者偏见的主要方法包括:首先,通过结构化访谈,以知识资产治理关键事件为脉络,一步步还原该关键事件的演进过程,强化质性数据材料的准确性(Eisenhardt,1989);其次,质性数据材料的梳理节点起始于2010年,每年定期跟踪实时质性数据材料,以补充纵向回溯质性数据材料(Eisenhardt和Graebner,2007);再次,通过多元化受访者,如访谈集群内组织机构及企业不同职位管理者,交叉检验和客观还原本书关键事件的完整面貌;最后,本书在以上访谈工作的基础上,通过查阅大量内部发行刊物、网站资料和档案数据,梳理二手质性数据材料,对访谈数据材料进行补充和检验。

五、案例背景

台州汽摩配产业集群

汽摩配产业是台州第一大产业,起步于1982年。在汽车制造领域,台州拥有吉利、吉奥、永源、彪马4家龙头整车生产企业以及6000多家汽车零部件及配件生产企业,涌现了双环传动、银轮股份、信质电机、跃岭轮毂等8家上市公司,形成了临海、路桥、台州经济开发区三大整车制造基地以及玉环、天台两大汽车关键零部件制造基地,产业规模不断壮大,产品种类较齐全,在国内市场具有较高的知名度和占有率;在摩托车生产领域,台州是全国四大摩托车生产基地之一,产量约占全国总量的10%,其中踏板式摩托车产量占全国市场的50%以上,拥有钱江、王野等21家摩托车整车生产企业。

随着企业规模和市场需求的不断扩大,在新产品研发、生产过程中,多数龙头企业需要与配套企业开展频繁的生产互动、技术交流与研发合作,技术参数、工艺秘密、产品配方等隐性知识资产信息随之面临严重的泄露危险,然而这些隐性知识资产往往无法形成正式的知识产权而受到法律的保护。因此，基于自身强大的资金实力、市场声誉和技术优势等，龙头企业会尝试通过对供应商分级别提供不同程度的支持，以及与供应商签署保密协议、排他协议的方式来对自身的知识资产进行保护。以吉利汽车为代表的先发企业，一方面依托龙头权威，如市场份额、技术能力、资金实力等，通过《供应商管理办法》给予配套企业技术帮扶、订单配套和人资培训等，以促进配套企业能力提升和管理改善为筹码，强化配套企业的依赖性，增加配套企业失范行为的处罚风险；另一方面，通过在配套契约中明确界定失范行为特征、涉密知识资产范围和失范处罚措施等，如对失范企业减少订单配额、延长汇款周期等处罚，约束配套企业的失范行为。

以上保密和排他协议，给集群中配套企业的生产行为提供了行为标准，减少了生产创新过程中有意、无意的知识资产泄露风险。随着龙头企业与其配套企业的友好合作与健康发展，配套双方在技术能力、品牌优势和生产规模等方面均得到了长足的发展，如专门从事滤清器配套的恒勃控股股份有限公司，创办于1995年，在其与吉利长期合作过程中，先后被评为"国家高新技术企业""浙江省高新技术企业""浙江省民营高科技企业"等，企业技术研发中心被评为"浙江省企业技术中心""浙江省高新技术研究开发中心"，是中国汽车零部件滤清器行业的龙头企业，国内独家起草摩托车及轻便摩托车滤清器行业标准的民营单位，已进入国内外众多知名整车生产厂商的采购体系。[1] 来自台州市统计局的数据显示，2016年1月至11月，全市汽车整车制造业实现工业增加值10.08亿元，同比增长101.7%；汽车零部件及配件制造业实现工业增加值70.64亿元，同比增长19.1%。"十三五"期间，台州有重大汽车产业项目计划34个，总投资800亿元，积极打造国际先进、国内一流的全产业链汽车城。[2]

永康休闲车产业集群

永康作为国内休闲运动车重要生产基地，产销量占全国的70%，目前已形成系列化、规模化、专业化的产业结构，生产产品涉及平衡车、电动滑板车、越野车、沙滩车、高档房车等数十个系列。此外，永康还是全球最大休闲运动

---

① 恒勃集团.恒勃简介[EB/OL].(2017-09-09)[2017-09-09].http://www.chinahengbo.com/aboutus/zh.aspx.

② 无限台州.台州打造汽车城！今天，东风汽车送来"东风"[EB/OL].(2017-04-20)[2017-04-09].htpp://m.576tv.com/Home/share/quickinfo/id/4261.

车生产出口基地,产品外销欧洲、非洲、大洋洲、美洲的上百个国家和地区。在浙江省休闲运动车行业协会的 100 多家注册会员中,几家上规模的企业主要集中在永康。①

然而,休闲车产业技术发展水平相对成熟,容易模仿,随着人民群众不断提高的对美好生活的需求,休闲娱乐市场对休闲车式样的更新换代具有较高要求,对于外观设计类知识资产的保护尤为重要。省休闲运动车行业协会副会长胡志强指出,"永康市休闲运动车产业一直深受专利问题的困扰,特别是涉及上百家企业的平衡车专利纠纷案的爆发,集中暴露了产业缺陷"。为了解决这一困境,自 2006 年 2 月 28 日浙江省休闲运动车协会落户永康之后,"新产品维权"一直是协会长抓不懈的核心工作,2009 年活力板企业联盟标准出台,同年 7 月制定出台了《滑板监制证管理办法》《滑板监制证管理规则》《滑板监制证现场审核实施细则》《行业生产企业识别代码》等相关办法,在行业内推行"监制证标识"制度,2016 年制订《电动平衡车联盟标准》,规范了行业生产。依照相关联盟规范,截至 2018 年 3 月协会累计召开新产品鉴定会 92 次,并为 607 家(次)企业 1000 只产品进行维权保护。其中,对 376 家(次)企业的 610 只新产品进行维权,以及对 231 家(次)企业 389 只新产品延续维权。②

在协会与政府部门的维权行动下,行业从最初无序恶性竞争转变为有序发展的良好局面,得到时任浙江省副省长金德水、时任金华市委书记葛慧君等领导的批示和行业会员企业的充分肯定。近年来,随着永康休闲运动车行业技术投入的增加,新产品开发的加速,如星月集团、飞神车业等龙头企业都致力于产品研发和自主设计,在经济形势不容乐观的背景下,依然保持了稳定的外贸发展势头。③

温州打火机产业集群

温州金属打火机产业兴起于 20 世纪 80 年代后期,当时国产打火机以塑料打火机为主,金属打火机主要进口自韩国、日本等国家。在意识到商机之后,由于打火机制造的生产成本与技术门槛相对较低,大批作坊级制造商开始拆装国外带回的产品学习组装和制造,甚至部分企业在模仿别国打火机制造工艺的基础上,尝试研制组装具有自主知识产权的打火机。到 20 世纪 80 年

---

①　祁擎宇.永康办了场国家级全地形车比赛 告诉你什么才是速度与激情[EB/OL].(2016-11-19)[2017-09-09].http://zj.zjol.com.cn/news? id=488585.

②③　吕高攀.永康休闲车产业踩着创新巨轮弯道超车[EB/OL].浙江日报,2018-03-28.https:baijiahao.baidu.com/s? id=1596178465845091705&wfr=spider&for=pc.

代后期,温州已经形成一大批金属打火机生产商,在不同统计口径中,此时打火机生产企业数量从500多家暴增至上千家,尽管多是作坊级别,但凭借低价优势和温商网络,温州打火机迅速打开了国际市场。

然而,根据《中华人民共和国专利法》的相关要求,当时打火机款式设计的技术含量一般达不到国家专利的申请标准,即使达到标准,从申请到生效需要至少一年的时间,而一种打火机设计的价值周期还不到一年。由此可见,仅仅依靠国家知识产权保护体制,企业难以有效保护自己的知识资产。温州打火机产业自兴起不久便很快陷入仿冒成风、低价倾销的恶性、无序竞争之中。据温州市政协前主席、时任常务副市长的蒋云峰介绍:"别人的打火机钨丝粗细度是11.5,我们的就是8,有的做到5甚至4,一烧就断",[①]甚至出现"一品走俏,仿效蜂起,伪劣辈出,倾轧杀价"的混乱局面,整个温州打火机产业到了崩溃的边缘。1991年12月,温州市烟具行业协会的前身——鹿城区烟具行业协会正式成立,针对温州烟具产业发展的乱象,多次向温州市委市政府寻权,请求授予包括新产品维护权、同行议价制约权、产品质量监督检测权、同行企业开业登记初审权等在内的多项行业管理权限。对此,温州市委市政府快速做出《关于同意鹿城区对打火机行业加强管理》(温政发〔1993〕188号)的批复文件,同意授权请求。据此,鹿城区烟具行业协会迅速推出《温州市烟具行业维权公约》《关于规范行业生产经营秩序的通告》等多项行业规范,用场域内成员企业广泛认同的行业"土专利"对社群成员企业的知识资产进行治理。

《温州市烟具行业维权公约》《关于规范行业生产经营秩序的通告》等本地化行规行约的出台与实施的十年里,营造起集群场域良好的创新环境、维护了创新企业的合法权益、约束了模仿企业的机会主义行为,群内企业不断推陈出新,并有了多项关键性技术突破,企业核心竞争力逐步形成,生产规模与市场份额不断扩大。据行业协会的统计数据显示,经过十年的努力,集群内企业凭借自身价格、质量、品种的优势,迅速打破日本、韩国等在世界打火机市场的垄断地位,80%的产品销往世界80多个国家和地区,占世界金属外壳打火机市场份额的70%,占国内市场的95%,[②]并逐步发展成为世界上最大的金属外壳打火机生产基地。

① 孟繁勇. 商会江湖谁坐"头把交椅"[EB/OL]. (2014-10-20)[2017-09-09]. http://news. hexun.com/2014-10-20/169493167.html? from=rss.

② 中国金属外壳打火机生产基地. 中国金属外壳打火机生产基地——温州鹿城区[EB/OL]. [2017-09-09]. http://lcdhj.zj123.com/GroupSummary.aspx.

绍兴纺织产业集群

作为绍兴传统支柱性产业和重要民生产业,绍兴纺织产业集群囊括了化纤、织造、印染、服装和服饰五大重点领域,目前已形成涵盖上游 PTA(p-Phthalic acid)、聚酯、纺丝,中游织造、染整,下游服装、服饰、家纺、产业用纺织品等在内的较完整产业链,配套以中国纺织科学研究院江南分院、浙江现代纺织工业研究院等为代表的公共创新服务平台,辐射带动了热电、纺织机械、染料助剂等相关配套产业,特别是近年来,创意设计、商业模式等配套产业的发展和壮大,形成国内产业链最完整、最具竞争优势的纺织产业集群。①

然而,传统纺织品也同样面临严峻的模仿侵权问题,特别是花型设计极易通过展销会拍照、客户来样等方式被竞争对手快速模仿、改版。时任绍兴县(今绍兴市柯桥区)县委副书记、县长孙云耀提出"绍兴县纺织产业研发投入占销售收入比重仅 1% 左右,重点骨干企业基本上是乡镇集体企业转制而来,以劳动、资金密集型为主,不同程度地存在'重模仿、轻创新''重引进、轻消化'现象,创新主要集中在产品创新,而技术创新、设计创新、装备自主创新等能力不强,纤维差别化、织造功能化、服装家纺品牌化等进程较慢,仍处于产品和技术的模仿创新阶段,如化学纤维差别化率仅 30%,与发达国家有较大差距"②。为解决这一困境,绍兴县政府陆续颁布《中国轻纺城纺织品花样版权登记管理保护办法》(首个纺织品花样版权登记保护规范性文件)、《关于加强中国轻纺城知识产权保护工作的若干意见》(全国专业市场首个系统性知识产权保护文件)等一系列本地化知识资产治理的政策措施,创新设立中国轻纺城花样版权登记管理保护办公室(浙江省首个专业市场综合性知识产权保护机构),构建以"司法保护、工商行政管理保护、仲裁保护、调解保护"为渠道的"四位一体"知识资产治理体系。集群企业结成"反盗版联盟",联合发起《行业自律公约》,以"停止侵权为主,赔偿为辅"为原则,提出了"自主创新、自律维权、和谐创业、稳定发展"的目标,形成"创新为荣、盗版为耻"的集群氛围,被业内称为花型版权治理的"绍兴模式"。

据绍兴市统计局数据显示,2016 年,全市共有规模以上纺织企业 1873家,实现产值 3673.5 亿元,占全市规上工业的 36.6%,占全省同行业的

---

① 绍兴市人民政府.绍兴市纺织产业改造提升行动方案[EB/OL].(2017-08-31)[2017-09-09].http://www.sx.gov.cn/art/2017/8/31/art_7841_190155.html.

② 孙云耀.加快纺织集群升级致力经济科学发展[EB/OL].(2010-05-17)[2017-09-09].http://zjnews.zjol.com.cn/05zjnews/system/2010/05/17/016611328.shtml.

33.2%,上缴税金 93.5 亿元,分别占全市规上工业的 42.6% 和 36.6%。全市有大小纺织企业及家庭工业单位近 7 万家,占到全部工业单位数的半数以上。拥有浙江富润等 6 家上市企业以及 62 款浙江名牌产品和 28 个驰名商标,柯桥纺织印染、嵊州纺织真丝先后成为国家新型工业化产业示范基地。

桐庐制笔产业集群

制笔产业作为桐庐的支柱产业,自 20 世纪 70 年代末以小规模家庭作坊起步,历时 30 多年的发展,已然形成涵盖原料供应、模具加工、配件制造、整笔生产、物流运输、贸易销售等各个环节的、完整的产业链,成为杭州地区特色鲜明的块状经济,分水"妙笔小镇"成功入围首批杭州市级特色小镇(2015 年)、首批国家特色小(城)镇(2016 年)。

因为制笔技术相对成熟,资金和技术门槛相对较低,集群企业也同样面临严重的模仿侵权问题,特别是笔样设计极易通过展会拍照、客户来样等方式被竞争对手快速模仿、改版。据统计,分水镇约有 60% 的企业发生过专利侵权纠纷。但由于企业运用知识产权参与竞争和维权意识不强,以及涉及案件调解、证据采集、查处执法难度较大,司法审判周期较长、处罚力度偏弱等因素,有 30% 的企业放弃维权。[①] 针对分水制笔企业规模小、创新投入少、专利技术持有率低等问题所引发的模仿现象,在多家创新企业的联合推动下,1998 年桐庐县制笔协会成立,首创制笔行业知识产权保护联盟制度,引导行业协会建立知识产权保护联盟,以《联盟公约》促进行业自律,有效整合维权资源;依托中国杭州(制笔)知识产权快速维权援助中心(2014 年 9 月 29 日成立),开展行业专利快速确权申请、快速维权援助、快速行内调解、专业司法援助;多种形式积极开展对企业自主创新实践的宣传,提升知识资产所有者的维权意识,为企业架起知识资产保护的"连心桥";利用知识产权分水(巡回)审判庭高效审结案件,疏通知识产权司法保护"最后一公里",将知识产权维权"直通车"开到企业"家门口"。

经过多年的发展,有力净化了制笔行业知识产权环境,营造出良好的企业创新发展环境。分水制笔集群于 2009 年 11 月被命名为"中国笔类出口基地",成为杭州市首个、全国第 11 个国家级商品出口基地,2011 年 8 月被命名为"中国圆珠笔制造基地",2015 年年底桐庐分水妙笔小镇成功入围首批杭州市级特色小镇,2016 年获列首批国家特色小(城)镇。2016 年全镇共有制笔及

---

① (浙江日报)佚名.桐庐制笔专利有保障[EB/OL].(2014-12-29)[2017-09-09].http://www.china.com.cn/legal/2014/12/29/content_34433991.htm.

配套企业 992 家,2000 万元以上规模制笔企业 19 家,吸纳从业人员 1.2 万余人,全行业实现总产量 76 亿支,销售收入达 62.8 亿元,5 年来增加 18.5 亿元,年均增长 7.2%。按照设备规模,目前已具有年产 180 亿支笔的产能,已形成圆珠笔、中性笔等门类较全、规模较大、具有较强配套能力和竞争力的产业集群,从"世界人均一支笔"向"世界人均一支好笔"的目标昂首迈进,成为国内最重要的制笔产业研发、生产基地和销售中心之一。

六、案例分析

扎根理论是由美国学者 Strauss 和 Glaser 在 20 世纪 60 年代末提出的一种建构理论的方法,是将理论与经验、抽象与具体联系起来的方法。目前,案例研究主要沿理论检验和理论构建两个方向展开(Yin,2003),而现有国内外研究文献对于产业集群知识资产治理机制的构念、过程以及后果等缺乏统一认识和深入的研究,对于"集群情境下,企业知识资产治理机制是什么""集群情境下,企业知识资产治理机制是如何发挥作用的"两个研究问题的解释尚不明确。基于此,本书将以理论构建为研究目标,参考扎根理论编码流程(Strauss 和 Corbin,1990)进行编码和分析,可以分为三个主要步骤(如图 4.1所示),依次为开放编码、主轴编码和核心编码(Strauss 和 Corbin,1990)。

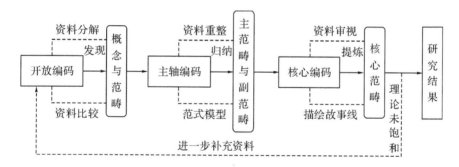

图 4.1　扎根理论的编码过程

来源:根据 Strauss 和 Corbin(1990),Pandit(1996),王世权和牛建波(2009)等资料改编。

开放编码

本书开放编码过程中,首先通过对案例素材中观察到的现象进行"贴标签",共得到 113 个"本土概念",进而通过对"本土概念"之间的比较归纳,形成68 个初始范畴。由于篇幅限制,开放编码的全过程不在本节一一展现,表 4.3是本书开放编码的部分过程示例。

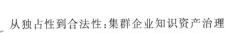

表 4.3　开放编码部分示例

典型引用	初始范畴
公司花大量的钱在这（申请专利、实用新型等）方面，哪怕（公司目前的业务）没有覆盖的国家，也会先去申请、注册（商标、商业方法、软件专利权以及版权等），确保公司（知识资产）在全球各个角落都得到当地法律的保护。	产权保护
由于侵权企业是非会员企业，2005 年 11 月 11 日，工商、质监、税务等八部门联合对违规企业进行检查，迫使该企业同意第二天在媒体上登出公开道歉书。	联合行动
"温州企业的维权是一种自发性的行为，根本不像其他地方，由政府出面进行维权。"……我们企业意识到大家共同保护创新成果，2015 年的 5 月 1 日开始建一个联盟，现在联盟主要还是上规模的企业进来比较多，现在有 48 家企业进了联盟，从自己做起不抄袭，一起声援被模仿的企业，制裁侵权的企业。	联合抵制
根据《永康市电动车汽油机滑板车行业协会维权公约》的规定，协会会员企业正式聘用的技术和外贸人才（在企业与个人双方签订劳动合同之后），经协会和劳动部门审查，在媒体上公告无异议后，进入人才维权实效期，由行业协会进行维权，在合同期内，其他企业不得录用。一旦侵权，则予以打击，在媒体上进行曝光，依此来抑制人才的无序流动。	媒体曝光
维权产品经审核符合条件，予以登报承认，发给维权证书；登报之日起五日内，如果其他企业（户）提出有相同产品要求维权（必须是完整的打火机，并能点火）本会准予受理并予以核准，超过期限概不受理。	"土专利"标准
供应商分级管理是我们治理集群的典型方式。在这种方式下，企业给予不同级别的供应商不同的研发支持、资金支持、管理培训等。而对于"金牌供应商""战略供应商""A 级供应商"这类优质供应商，企业会与他们进行长期的战略合作，通过共同进行产品研发、为供应商提供前期研发资金、高价购入供应商良品率较低的首批产品等方式支持优质供应商研发创新。	分级管理
我们现在就是说联盟，主要就是说，对进入联盟的企业，可以有一些优先权，然而你一有问题，协会马上介入，但对小的，包括协会跟我们，也做过，也是在引导……	限制进入

续表

典型引用	初始范畴
1993年鹿城区政府向温州市政府提交《关于同意鹿城区对打火机行业加强管理》的报告,很快就收到了批复文件,授予烟具行业协会在烟具行业内行使同行议价制约权、同业企业开业登记初审权、产品质量监督检测权、新型产品维护权等行业管理权……情节严重者,提请工商部门吊销营业执照。	互补惩罚
2014年9月中国杭州(制笔)知识产权快速维权援助中心在分水成立,与制笔协会合署办公,成为全国第三家、浙江省首家知识产权快速维权援助中心。	
……	……
(县里面"拔钉"行动)刚开始的时候,我们还是很慌的,一旦发现有"跟笔",市场监管、环保这些(执法部门的)人就天天来检查,谁还没点小毛病呀,供电、金融这些地方(服务部门)还限期停业业务,谁还敢弄(跟笔)呀!	强制压力
"现在大家都在倡导'创新为荣、盗版为耻',作为一个花型设计师,设计东西的时候还是蛮小心的,出了样稿就要马上拿去协会比对,生怕跟别人雷同,没问题了,才敢去生产……如果被别人在市面上查出来你抄,一传开,哪个企业还敢用你……除非你离开绍兴。"	规范压力
因为维权中心,他的单位的性质是私营单位,私营单位是不能参与执法的,因为他不是执法单位,所以说也没啥力度,很多企业不怕……单就是维权中心这一块,要我们来看,打击力度不大……	强制压力
很多企业现在都用这个去跟老外谈,他们现在也认这个……维权证书成为外商大批量订货的重要条件……	模仿压力
专家来自骨干企业技术专家……协会理事单位、副会长单位都在企业,大家也都认可,企业怕成为反面的典型……	规范压力
……	……
分水制笔申请专利量达250项/年左右,2014年专利申请量达280余项,比上年增加60余项。	专利申请数量增加
现在跟笔少太多了……中心挂牌一年半的时间,到现在共查处侵权案件32起……	侵权案件减少
……	……

资料来源:作者自行整理。

主轴编码

主轴编码是在开放式译码确认了资料中的概念、范畴、性质及对象的基础上，重新整合资料，依据"条件—行为—结果"这一逻辑来寻找若干初始范畴之间的关系（Strauss 和 Corbin，1990；Pandit，1996；陈向明，2000）。如通过一级编码形成的"横向联合""限制进入""联合抵制""行业自律""宣传引导""树立典型""'土专利'标准"等初始范畴，可以在范式模型下整合为"轴线"，纳入主范畴"社群规范"当中：在集群中，由于地理、制度、认知的高度邻近性，集群企业的创新成果很容易通过频繁的人员流动和知识交流而被模仿（条件）。为了应对知识资产流失、模仿、侵权等现实问题，创新企业会通过横向联合相关企业，自发组建行业协会、知识资产保护联盟等集群企业知识资产治理组织，通过制定"土专利"标准、达成联盟公约、树立创新典型、限制模仿者进入、联合抵制侵权行为、集体惩罚抄袭者等集体行为（行为），营造企业知识资产治理"社群规范"（结果）。按照"条件—行为—结果"的逻辑，本书不断对案例资料进行结构化，直至初始范畴全部饱和，经过不断比较、归纳和挖掘，本书将开放性译码提炼的 68 个初始范畴归纳为 16 个副范畴，进而概括为 6 个主范畴，分别为产权保护、社群规范、本地规制、合法性压力、减少模仿行为和提高创新意愿（见表 4.4）。

表 4.4　主轴式编码结果

副范畴	主范畴
AA1 版权注册、AA2 商标保护、AA3 专利申请	产权保护
AA4 本地声誉、AA5 集体惩罚、AA6 公约标准	社群规范
AA7 行政规章、AA8 媒体曝光、AA9 互补惩罚	本地规制
AA10 强制压力、AA11 规范压力、AA12 模仿压力	合法性压力
AA13 提高模仿难度、AA14 有效维权	减少模仿行为
AA15 增加创新投入、AA16 提高确权数量	提高创新意愿

资料来源：作者自行整理。

核心编码

核心编码是在结构化处理范畴与范畴之间关系的基础上，从主范畴中进一步探索发现"核心范畴"，并以"故事线"的形式，结合原始质性材料，描绘出各主体之间的整体行为现象。本书首先对 6 个主范畴的内涵和性质进行分析。

主范畴"产权保护"是对质性数据中有关集群情境下，企业基于国家知识产权相关法律规制赋予产权所有者的强制力,通过获取发明专利、实用新型、外观设计、版权、商标等知识资产的所有权,确保授权人对知识资产独占的现象归纳。本书的"产权保护"是企业依据国家知识产权制度保护知识资产的行为,而不是企业外部的制度环境。在被调研企业中,几乎所有的企业都对关键技术申请了专利,并通过发表和在作品上注明企业标志的方式申明版权。K公司还将新服务工具和方法在全世界多个国家申请、注册(商标、商业方法、软件专利权以及版权等),确保公司的知识资产在全球各个角落都得到当地法律的保护。

主范畴"社群规范"是对质性数据中有关集群情境下,企业依托当地长期形成的非正式制度规范对企业模仿和创新行为产生影响的一类平级化治理活动的归纳(Jessop,1998;Loughry 和 Tosi,2008;Varella 等,2012),其核心逻辑是集群场域内的企业对本地自发形成的诚信规范、本地声誉和集体惩罚等非正式制度安排的集体遵从。在被调研企业中,一方面,很多企业会通过抱团的方式达成统一战线,依托嵌入在集群各利益相关者心智模式之中的行事规范等非正式制度,联合抵制模仿侵权行为,如桐庐 24 家制笔企业自愿组成知识产权保护联盟,通过共宣联盟公约的方式,要求联盟成员从自身做起"不侵权、主动维权、不说情"的同时,对侵犯联盟成员企业创新成果的行为进行联合监督、联名举报、联合维权等;另一方面,一些龙头企业也会与供应商签署保密协议或排他协议等正式契约(Somaya 等,2011),如在台州汽摩配产业集群中,JL 通过执行《供应商分级管理办法》,与供应商签署保密协议、排他协议等方式来对自身的知识资产进行治理。此外,龙头企业也会通过在集群场域内外传播企业声誉,提高企业侵权行为的显性化程度,一旦侵权企业的声誉在集群场域内外传播,就会导致长期合作机会的丧失,甚至影响与其他龙头企业或领先企业的合作。

主范畴"本地规制"是对质性数据中有关集群情境下,企业联合当地政府及其职能机构颁布地方性的政策指令,通过联合执法、互补惩罚、政策引导等本地化行政手段,干预集群企业创新、模仿活动的一类治理活动的归纳。其核心逻辑是集群场域内的企业对本地化正式制度安排的集体遵从,如地方行政部门通过制定并推行各类本土化的成文条例、准则等正式制度,依托互补惩罚来影响集群参与者的创新行为,如 1993 年鹿城区烟具行业协会针对温州烟具产业发展的乱象,向温州市委市政府提交《关于同意鹿城区对打火机行业加强管理》的报告,很快就收到了批复文件,授予烟具行业协会在烟具行业内行使新型产品维护权、同行议价制约权、同业企业开业登记初审权、产品质量监督检测权等互补性权力。

主范畴"合法性压力"的命名借鉴 Liu 等（2010）、Cao 等（2014）、Li 等（2017）等的观点，主要是对质性数据中企业感知的促使企业的形态、结构或行为变得合理、可接受和易获得支持的规则、规范、社会理念或文化的作用力的归纳。

主范畴"提高创新意愿"和"减少模仿行为"的命名借鉴 Hurmelinna-Laukkanen 和 Puumalainen（2007）的研究成果，认为知识资产治理的目的包括刺激创新和阻止模仿两个方面。其中主范畴"提高创新意愿"主要体现在对知识资产的保护带来的企业创新意愿的提升、创新投入的增加以及专利申请数量上升等方面，具体包括"增加创新投入"和"提高确权数量"两个副范畴。主范畴"减少模仿行为"包括"增加模仿难度"和"有效维权"两个副范畴，是对集群企业知识资产被模仿或被恶意侵权等情况减少的现象的归纳。

在进一步将上述 6 个主范畴与已有文献研究进行互动比较发现，案例扎根得到"产权保护""社群规范"和"本地规制"3 个主范畴在理论上具有较强的一致性，且共同阐释了集群情境下企业知识资产治理这一"合并型构念"的基本形态（罗胜强，2014）。由此，本书将其归入"集群企业知识资产治理"这一构念中，并将其内涵重新界定为：集群情境下，对成员企业的创新活动存在激励和约束作用的一整套制度安排，同时包含"产权保护""社群规范"和"本地规制"3 种微观机制。同理，"减少模仿行为"和"提高创新意愿"则被赋予"知识资产治理绩效"的构念命名。基于此，本书的核心范畴可以表述为"集群企业知识资产治理对治理绩效的影响"，而企业感知到的"合法性压力"是隐含在此核心范畴中的内在机制性要素。进一步分析各主范畴之间的逻辑关系，得到如下"故事线"：集群情境下，企业知识资产治理表现为各种正式或非正式制度安排，对成员企业所感知到的合法性压力起到重要的协调作用，进而影响集群情境下企业的创新行为抑或是模仿行为。核心编码各变量间因果关系如图 4.2所示。

饱和度检验

为进一步检验扎根研究的理论饱和度，本书通过对绍兴纺织产业集群和永康休闲车产业集群的编码和分析，没有发现新的范畴和关系，上述 6 个主范畴内部也没有发现新的维度，模型中的关系类别已经发展得非常丰富。因此，本书认为上述理论模型已饱和。

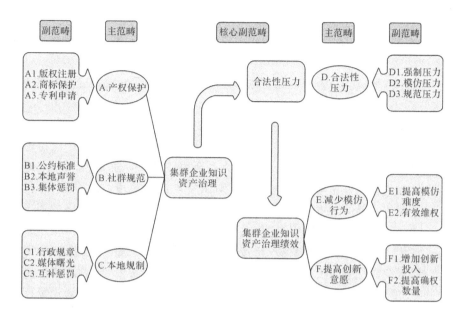

图 4.2　编码后的数据结构

资料来源:作者自行绘制。

第三节　集群企业知识资产治理的特征机理

本书在多案例扎根编码与分析过程中探索到两个主要的理论发现:第一,在集群情境下,企业知识资产治理的内涵与维度;第二,集群情境下,企业知识资产治理对集群企业创新影响机理的理论模型。由于以上理论发现皆源自具体的质性案例资料,因此需要结合"故事线"片段和质性资料的典型引用分别进行阐述与讨论。

一、集群企业知识资产治理的特征

集群企业知识资产治理构念的多元性

基于现有研究,知识资产治理的基本逻辑是获取创新成果的独占性,其治理机制基于建立在"隔离机制"的基础上,研究大多在宏观体制和微观企业层面展开(Keupp 等,2010),在质性数据分析结果中,"产权保护"这一知识资产治理维度的提炼,呼应了 Schumpeter(1999)、Arrow (1962)、Teece (1986)等关于"独占性""独占性体制"和从创新中获益等知识资产治理的相关研究，与知识产权制度有着密切的关系，防止知识溢出和竞争对手模仿，达到企业对知识资产的独占。

随着集群情境下，企业创新研究的逐步深入，学者们发现集群企业创新的诸多特性不同于传统企业"单打独斗"的技术创新范式（Samuelson，2010；Miozzo 等，2016），导致集群企业知识资产治理和独占创新收益的问题与单一企业的研究有很大的不同，除了现有知识资产保护相关研究中被广泛讨论的企业"单打独斗"地采用"产权保护"的独占性手段外，"社群规范"和"本地规制"也是企业在集群情境下实施的重要知识资产治理手段。与企业"单打独斗"建立模仿障碍的独占性机制不同，"社群规范"和"本地规制"构念的提出承袭了社会网络理论和制度理论的相关研究，不同的创新主体通过游说、倡导、辩护、宣传、缔结联盟、使用权威、桥接惯例等制度创业策略，"能动性"地建构起具有集群特征的非正式或正式的制度安排，通过"集体行动"营造集群企业生存和发展的创新合法性压力，弥补集群企业在"单打独斗"治理知识资产过程中的独占性劣势，在集群范围内，有效遏制模仿企业的搭便车行为，提升创新企业的研发热情。

由于产业集群的邻近性特征，集群企业往往需要通过不同知识资产治理手段的组合建立多维的知识资产治理策略，或采用"单打独斗"的独占性策略，被动地建构模仿障碍，进而减少模仿行为，或采用"集体行动"的合法性策略，主动作用于其制度场域，进而增加企业感知的合法性压力，激发企业的创新意愿。

集群企业知识资产治理以"集体行动"为主，"单打独斗"为辅

集群内关联企业具有地理、制度、认知等的高度邻近性（Boschma，2005），加之集群内各类人员的高频流动性，使得集群中成员企业"单打独斗"的独占性手段无法有效避免技术模仿、侵犯知识产权的行为（Davis，2004）。被调研企业甚至表示"知识产权这块在我们行业里效果不好，甚至申请了专利等于暴露了技术核心，别人抄得更快"。其主要原因包括：首先，由于非正式集体学习的存在，导致企业知识、技能的快速溢出，而溢出的技能、知识绝大部分以不可编码的知识资产形态存在，难以形成正式的知识产权；其次，国内大多数企业，特别是低端制造业企业的维权意识还相对薄弱，多数企业仅通过成果出版、发表后自然获得的版权，或在产品包装、使用说明书、检测检验报告等上标识企业名称进行"半正式"保护（Pääll
ysaho 和 Kuusisto，2011）；最后，集群企业由于缺乏制度和资源支持，难以提供侵权的证据和有效的处罚（Levin，1986）。

此外,对于侵权行为的处理存在举证相对困难、立案周期长、诉讼费用高等情况,难以解决当前市场需求变化迅速、产品生命周期短等现实问题,难以保证知识资产专有性(Fauchart 和 von Hippel,2008)。如 K 公司的商标权纠纷就经历一审、二审,耗费大量时间,此时竞争对手早已赚够了钱,然而胜诉后仅获得 2 万元的经济赔偿。因此,在集群情境下,企业靠"单打独斗"的独占性策略是独木难支的,魏江和胡胜蓉(2007)称之为独占性机制在企业知识资产保护中的缺位或失效。

调研发现,基于"集体行动"合法性策略的"社群规范"和"本地规制"在大多数被调查企业和集群中居重要地位。经案例数据分析发现,近 20 年来,集群内创新企业为了应对知识资产流失、模仿、侵权等现实问题,以及国家宏观知识产权体制的缺位,自下而上通过游说政府、集聚资源、分配资源、横向联合、联合抵制等制度创业的行动策略,组建行业协会、维权联盟、知识产权快速维权援助中心等集群内的知识资产自治组织,开展了颇具实验色彩的同行监督活动。温州市社会科学界联合会常务副主席洪振宁曾指出,"温州人天生爱面子,这样的诅咒竟然起到了效果! 你根本不会在其他地方的政府性行业协会中看到这样的处理问题方式,而且还取得效果"。在中国情境下,第三方组织特别是地方政府和第三方打假队作为一种"隐性"的治理主体常常被研究者忽略,在过去的研究中,其角色定位更多呈现出外生于制度场域的国家制度、政策执行者,而定位于对本土化制度环境的建构作用和制度场域内生治理活动的参与程度并不突出,但在实践中却发挥着重要的作用。在近年来,各集群面临企业创新不足、知识资产被侵权现象凸显等问题,产业集群正试图通过各种手段来游说地方政府和第三方打假团队,以不同形式融入所在地集群企业知识资产的治理过程。

因此,在中国弱知识产权体制和弱知识产权意识背景下,集群企业知识资产治理以"集体行动"的合法性机制为主,"单打独斗"的独占性机制为辅。

二、集群企业知识资产治理及其作用机理

产权保护对于企业感知的创新合法性压力的影响

合法性压力可以来源于国家司法和行政部门所制定的规章制度,主要由企业感知集群内外环境预期并改变和决定企业创新行为,使之变得合理、可接受和易获得支持的规则、规范、社会理念或文化的作用力。产权保护机制正是创新企业借助国家知识产权法律对知识资产治理的制度边界进行明确,依托司法行政部门对侵权行为进行惩罚,在一定程度上强化集群企业所感知的创

新合法性压力。国家知识产权法律对集群内特定知识资产的保护条款越明确，集群企业所感知的创新合法性压力就越高，赋予集群内知识资产所有者的合法性就越强。然而，在集群情境下，国家知识产权法律难以及时授予企业知识产权证明、明确知识资产权属，YSZB的负责人也表示，"笔这个东西，本来就没几个利润，申请个外观还要交钱，最关键的是专利还没申请下来，可能别人也弄出来了"，制度的缺位导致合法性压力感知的弱化。如制笔行业协会负责人说过，"虽然60%左右的企业发生过专利侵权纠纷，然而由于证据采集障碍多、司法审判周期长、查处执法效果差、案件调解难度大等现实状况，近三成制笔企业放弃维权，这就助长了跟笔"。关于申请诉讼，由于诉讼周期长（一般需要1—3年，但一些产品的市场生命周期不到半年）、举证困难、费用高昂，"如果被告再来个申诉，可能官司还没打完，侵权的企业就已经把钱赚得差不多了，再去销毁什么模具、产品也没多大意思……"所以产权法律所带来的威慑力是有的，但是效果并不明显。因此，提出以下命题。

命题1：集群情境下，产权保护对企业感知的创新合法性压力的正向影响作用有限。

社群规范对于企业感知的创新合法性压力的影响

与产权保护机制相反，社群规范的制度基础主要是非正式和隐性的，通过集体行动定义和强化集群企业知识资产治理的制度边界，联合同行企业共同构建集群内的创新合法性压力，实现"抱团取暖"，在历史文化嵌入较深的集群中反映尤为明显。

一方面，很多企业会通过抱团的方式达成统一战线，依托嵌入在集群各利益相关者心智模式之中的行事规范等非正式制度，联合抵制模仿侵权行为。在企业调研中，很多企业都提出在展销会上会主动观察同行产品是否存在侵权行为，这无形之中就会产生一种压力，起码抄的产品是不会拿出来上展销会的，一旦某个企业被发现发生侵权行为，不光是展销会上被通报，在同行内也会很快传开，大家也会主动向被侵权企业和行业协会进行举报。HXYJ受访者指出："温州人做生意讲一个'信'字，一次不忠！百次不用！"由于集群特有的地理、制度、认知上的高度邻近性，本地声誉会直接影响企业在集群内的生存与发展，多数企业表示："……大家都是抬头不见低头见，最看重的就是脸面，别人都说你做生意不老实、总抄别人设计，甚至有人说你肚子里压根没货，还有谁敢跟你做生意……"集群中，基于"集体惩罚"，创新企业或者被侵权企业都会通过抱团的方式达成统一战线，联合抵制侵权行为。如在桐庐制笔产业集群中，24家制笔企业自愿组成知识产权保护联盟，通过联盟公约要求联盟成员从自身做起,"不侵权、主动维权、不说情",联合同行、媒体建立对创新获得支持的规则、规范、社会理念或文化的作用力。

另一方面,一些龙头企业在将涉及核心知识的产品部件交给配套企业生产时,往往会签署保密协议或排他协议(Somaya 等,2011)等相关正式契约来保护核心知识不会通过供应商的渠道向外泄露。如在绍兴轻纺产业集群中,布料企业通过保密协议要求印染企业不要泄露自己的花型;在湖州南浔木地板产业集群中,世友木业、久盛地板等龙头企业通过与其配套的油漆厂商签订排他协议,要求其在既定期限内不向其他厂商或个人出售相关配套油漆,确保协议双方在该段时限内的市场优势;YKBY 集团总经理办公室主任表示:"我们对供应商的技术帮助和指导非常多,新技术出来,技术部要首先跟供应商签订保密协议,几年之内不许外供,配件上也要打 YKBY 的牌子,如果发现(外供)就要处罚,处罚多次,就要取消供应资格。"龙头企业依托自身强大的场域势力,为集群场域内的配套企业提供各种资源。一旦违反相关"正式契约",配套企业将承受丧失龙头企业一切认可及支持的压力,如融资担保、技术支持、管理培训、客户信息等,甚至未来的经济收益、持续的交易关系等。因此,提出以下命题。

命题 2:集群情境下,社群规范对集群企业感知的创新合法性压力具有正向影响。

本地规制对于企业感知的创新合法性压力的影响

本地规制的核心逻辑是集群内的创新企业作为制度创业的行为主体,通过游说、联合第三方打假、地方行政部门及相关媒体共建集群企业知识资产治理组织(Nonprofit Administration Organization,NAO),基于集群"邻近性"特征,一方面为了获取对于模仿行为治理的强制力量(如执法权),集群创新企业通过游说地方政府及相关行政部门成立具有集群特色的知识资产治理组织,基于"互补惩罚"策略推出《集群企业土专利确权授权管理办法》《知识资产治理专项治理办法》等正式制度,形成强制压力;另一方面,集群创新企业通过聘请第三方打假团队、各类媒体等,充实集群企业知识资产治理组织,基于"社会曝光"和"限制进入"等策略,对集群内的参与者形成制度规则压力、集群规范压力及社会舆论压力。桐庐制笔协会负责人提出,对于模仿企业我们可以将其拉入协会的黑名单,通过协会成员的集体声讨、严禁参与协会组织的各类展销会和培训会、取消其享有协会内专利的转让优惠等,再如专项小组利用县内媒体、镇区大型显示屏,公开曝光侵权案件,形成业内和社会舆论压力,"责令停止侵权的公告一登,全镇的人都看到了,丢人是一方面,更要命的是谁还敢跟你做生意呀?"因此,提出以下命题。

命题 3:集群情境下,本地规制对集群企业感知的创新合法性压力具有正向影响。

企业感知的创新合法性压力对于集群企业知识资产治理绩效的影响

一个组织要想进入某个场域,来自管制机构的规制压力、来自不确定环境中成功企业的模仿压力以及来自专业化过程的规范压力会迫使组织的行为达到一个统一的标准,采纳与制度环境特征相容的组织特征,以获得合法性。法律法规、文化期待和观念习俗构成了人们广为接受的合法性压力,具有强大的约束力量,规范组织和个体的行为,是组织和个体在制度域中生存所要承受的合法性底线(Zimmerman 和 Zeitz,2002)。企业承受集群场域内知识资产治理的强制压力,与集群场域内的其他参与者形成的"创新至上、模仿可耻"的价值观压力,对企业创新行为产生共同的预期,使企业的创新行为被集群场域内的利益相关者认为是正当的、合理的,即获取合法性,进而有更大的机会与利益相关者开展深层次的互动合作,如经济投资、技术扶持、产品和服务购买等,为创新企业带来更多的生存空间与互补资源,推动集群企业更加积极投身创新活动。在桐庐制笔产业集群中,多数企业表示:"企业都怕被查,一查就是底朝天(企业偷税漏税、违法土地占用等),慢慢也就绷起了弦,自己摸索着创新。而且只要出来新笔样都会先去申请一下,反正很快,看看有没有很像的,如果批下来了再去生产,这样既不用担心自己无意当中与别人雷同,也不用担心别人会抄,我们公司未来 3 年的产值和专利数量都有望翻番。"据统计,2016 年进入快速申请通道备案企业 197 家,受理外观设计专利申请 586 件,为企业进行确权 684 件,而 2013 年全县笔类申请全年仅 199 件。集群场域内"创新生、模仿死"的合法性压力一旦形成,就会不断激励企业走向创新。因此,提出以下命题。

命题 4:创新合法性压力的增强对集群企业知识资产治理绩效产生正向影响。

本节基于多案例的扎根研究,结合案例实际提出 4 个命题。基于此,图 4.3 构建出集群情境下,企业知识资产治理的构念模型,其中各变量及以箭头线表示的变量间相关命题内涵如前文所述。

图 4.3 集群企业知识资产治理作用机制模型

资料来源:作者自行绘制。

三、贡献与启示

首先,推动了集群企业知识资产治理研究领域的边界收敛和理论建构。本书以集群企业为研究对象,聚焦于集群企业知识资产的治理行为,对集群企业知识资产治理机制的概念和内涵进行界定和解剖。集群企业知识资产治理机制的提出不仅有助于收敛集群企业知识资产治理机制的研究边界,也揭示了其内部各维度之间的系统化关联,分析不同维度知识资产治理之间的互补关系,为集群企业知识资产的治理研究提供了概念基础。

其次,推动了基于独占性和合法性结合的知识资产治理体系建构。产业集群中关联企业之间存在地理、制度、认知上的高度邻近性,使得企业基于“单打独斗”的“产权保护”缺位或失效。本书将“单打独斗”与“集体行动”相结合,基于制度创业提出“集群企业知识资产治理—创新合法性压力—治理绩效”的从创新中获益逻辑架构,全面刻画了集群企业知识资产治理机制及其作用机理,极大地拓展了现有理论在解决现实问题中的局限,改变原有知识产权保护的制度设计逻辑,为集群企业知识资产治理提供了新的机制和制度保证。

最后,从独占性到合法性,打开了集群企业知识资产治理的黑箱。当前研究过于强调自上而下的制度化过程导致企业在适应合法性压力时的趋同现象,忽略了微观组织对于推动场域合法性压力的建构作用及其对制度本身变化的影响。本章立足中国集群企业知识资产治理的特殊实践,提出集群创新主体试图在产权保护的独占性手段失效或缺位的现实背景下,通过“社群规范”和“本地规制”自下而上构建起集群企业的创新合法性压力,满足集群企业知识资产治理的需求。

第四节　本章小结

为了更好地解决集群情境下由于地理邻近性所带来的"搭便车"行为和模仿侵权问题，减少企业间知识资产的恶性溢出，增强企业的创新意愿，我国部分集群中的创新企业及相关治理机构已经开始基于集群特征和自身优势，尝试开展多种形式知识资产治理活动，形成并实施符合集群特征的正式、非正式知识资产治理制度，如台州汽摩配产业集群的《供应商分级管理办法》、温州烟具产业集群的《温州市烟具行业维权公约》、桐庐制笔产业集群的《知识产权保护联盟公约》等，营造集群企业尊重创新、自主创新的良好氛围，打破"近墨者黑"的恶性循环。然而，这些有效尝试目前仍然比较零散，现有文献仍然没有提供充分讨论，有必要对其进行系统化和理论化的深入探讨，以探索集群企业合理、有效的知识资产治理机制。

基于此，本章以浙江省内 5 个产业集群的企业为研究对象，基于扎根理论研究方法，通过探索性多案例研究，建构了集群情境下企业知识资产治理的理论模型，并结合制度理论解析了具体的内部维度，包括：产权保护、社群规范和本地规制；结合独占性和合法性两大视角，归纳并解释了集群企业知识资产治理及其作用机理即集群情境下，企业知识资产治理表现为各种正式与非正式制度安排，对成员企业所感知到的合法性压力起到重要协调作用，影响集群情境下企业的创新行为抑或是模仿行为；进而提出"集群企业知识资产治理—创新合法性压力—治理绩效"从创新中获益逻辑新架构和 4 个研究命题。

尽管研究得出了一些有意义的结论，但由于研究问题的复杂性和敏感性，以及研究者研究经验尚浅，研究时间和精力有限，研究中存在不少有待完善的地方。

（1）素材可获得性问题，探索性案例研究是本书采取的重要研究手段，为保障案例研究结果在信度和效度上都能得到一定程度的保障，尽管已经进行了多次实地调研和访谈，并对文献、新闻和内部发行刊物等相关材料做了收集和对比验证，然而，质性素材可获得性以及案例代表性同样对本书的探索存在制约。

（2）社会称许性问题，由于知识资产治理或模仿、侵权等话题较为敏感，受访企业负责人会带有较强的主观色彩和维护企业声誉的欲望，进而表现出一种被社会普遍接受、认同和赞同的看法、见解，用以掩饰自身的一些不良行为,导致案例素材的失真。

（3）虽然本书的设计与实施已经严格遵循了扎根理论分析方法的基本要求,但案例发现与讨论能否应用于更多产业,还有待进一步验证。

（4）本书选择了浙江省内的 5 个产业集群,未来研究应在地域、产业、规模等方面选择更广范围内的集群企业知识资产治理案例,推进案例研究结果与理论发展更具有普适性和概化性。

基于以上研究局限,本章研究认为未来可以在以下两方面深入讨论:首先,基于本章扎根研究得出的构念模型,进一步扩大样本规模,深入探究集群情境下企业知识资产治理三个维度的影响效力和作用机理,第五章将沿着这一方向,通过理论演绎与大样本实证,提高本章研究结论的外部有效性;另一方面,立足于动态视角,探索不同机制之间的演化机理和发展脉络,第六章将沿着这一思路,力求推动理论走向纵深。

第五章 集群企业知识资产治理机制研究：
合法性压力的中介作用

第四章基于扎根理论研究方法，通过探索性多案例研究，提出了集群情境下企业知识资产治理的理论内涵；结合已有研究文献，从合法性视角对集群情境下企业知识资产治理进行维度的划分，包括：产权保护、社群规范和本地规制；结合独占性和合法性两大视角，归纳并解释了集群企业知识资产治理及其作用机理：即集群情境下，企业知识资产治理表现为各种正式与非正式的制度安排，对成员企业所感知到的合法性压力起到重要的协调作用，进而影响集群情境下企业的创新行为抑或是模仿行为。那么，集群情境下，产权保护、社群规范和本地规制开展知识资产治理的效果究竟如何？能否有效解决集群企业的模仿侵权问题？能否有效增强企业创新意愿？

基于此，本章将通过理论分析与研究假设、变量设置与测量、问卷小样本测试、大样本问卷调查与数据收集、描述性统计、信度和效度检验、相关分析和多元回归分析等，系统剖析集群企业知识资产治理、合法性压力以及企业创新间的相互影响关系，特别是合法性压力在集群企业知识资产治理与企业创新间的中介效应，并就此展开讨论。

第一节 集群企业知识资产治理与创新

一、企业知识资产治理

传统知识资产治理逻辑是以建立创新成果（知识资产）的独占性为原则，这种治理机制建立在"隔离机制"的基础上，研究大多在宏观体制和微观企业层面展开，基于"个体创新"或"封闭式创新"情境，保护对象主要为技术本身的特质(产品、过程、缄默性和被编码等)和制度手段(专利、商标、版权等),理论视角主要基于独占性体制、隔离机制和从创新中获益三个视角展开。第一,基于独占性体制的研究,大多从外部体制出发考察外部环境,重点探讨知识产权制度对创新激励和技术发展作用的有效性(Mazzoleni 和 Nelson,2016),探索知识产权体制对技术和社会发展的正反面影响,如专利(Mazzoleni 和 Nelson,2016)、商标(Landes 和 Posner,1987)、版权(Shapiro 等,1999)、商业秘密(Cohen 等,2000)等外生的法律保护机制可以在特定行业或具体情境下保护企业的创新不被竞争者模仿(Hurmelinna-Laukkanen 和 Puumalainen,2007);第二,基于隔离机制的研究,从资源性质出发,研究阻止模仿的经济力量。如,Barney(1991)认为,企业以资源基础上形成的异质性能力去获取经济租金,但由于竞争和模仿的存在,为避免经济租金在竞争中消散,需要隔离机制去限制竞争优势被模仿或被削弱,包括消费者和生产者学习、因果模糊性、独特资源、专门化资产、嵌入团队的技能、产权等(胡胜蓉,2013);第三,基于从创新中获益理论的研究,与独占性体制关注外部环境、隔离机制关注异质性资源所形成的模仿障碍不同,基于从创新中获益理论视角的研究更加强调企业保护和独占他们创新回报的行为与能力,包括产权保护、技术秘密、时间领先、持续创新、人力资源管理等(Levin,1986),并发现这些独占性机制的有效性受到规模、知识性质和产业技术特性等诸多因素的影响(Neuhäusler,2012)。

而随着集群网络研究的逐步深入,学者们发现集群内关联企业具有地理、制度、认知上的高度邻近性(Boschma,2005),加之集群内各类人员的高频流动性,使得传统的独占性机制无法有效避免技术模仿、侵犯知识产权的行为(Davis,2004),更加严重的是,由于非正式集体学习的存在,企业知识、技能快速溢出,而溢出的知识、技能绝大部分以不可编码的知识资产形态存在,难以形成正式知识产权,进而导致企业知识资产治理问题在集群层面与微观层面有很大的不同,现有独占性视角难以解释集群情境下企业知识资产治理的缺位和失效问题(魏江和胡胜蓉,2007),有必要基于集群的具体情境,通过多案例扎根探索,并与已有文献对话,对集群情境下企业知识资产治理的内涵进行再界定。

基于第四章的多案例扎根研究,将集群情境下企业知识资产治理界定为对成员企业所感知的合法性压力起到重要的协调作用,进而影响集群情境下企业的创新行为抑或是模仿行为的各种正式与非正式的制度安排,包括产权保护、社群规范和本地规制三个维度。第四章已结合案例素材和具体实践对这三个维度的内涵与外延进行了详细阐述,本章将结合已有文献和成熟理论对模型进行演绎与对照，增强其理论饱和度。

二、产权保护及其治理绩效

知识产权制度作为一种正式契约（Veer 等，2016），是国家以法律规制形式约束知识资产创造者与其利益相关者之间生产、交易等活动的特殊契约（Gallié 和 Legros，2012；Laursen 和 Salter，2014；Veer 等，2016）。在网络开放式创新情境下，知识产权保护的研究与实践受到越来越多关注（Candelin-Palmqvist 等，2012）。现有关于企业通过产权保护治理知识资产的研究主要围绕知识产权有效性展开，包括版权、商标、专利等正式知识产权规制的治理边界、时效与强度（Anderson，2004；Hopenhayn 和 Mitchell，2010），不同国家、地区、产业规模中知识产权制度设计的合理性（Cohen 等，2002；Hanel，2006）等。

产权保护有助于减少成员企业的模仿行为。产权保护是通过知识产权法律赋予企业对创新在一定时间、一定范围内的独占性权力来保护知识资产创新，它对流出企业的边界起到有力的保护作用。企业通过知识产权（专利、实用新型、设计注册、商标、版权）治理机制，一方面，获取国家知识产权保护法律规制赋予的知识资产垄断权（Fauchart 和 von Hippel，2008），强化知识资产的专用性（Teece，1986），保护其创新竞争优势（专有性知识资产）免于被模仿（González-Álvarez 和 Nieto-Antolín，2007；Hurmelinna-Laukkanen 和 Puumalainen，2007；Czarnitzki 等，2015），特别是在频繁的创新、生产合作过程中，专利对于阻止模仿、提高合作效率更有价值（Cohen 等，2000；Hertzfeld 等，2006）；另一方面，对于已经构成侵权的企业，可以依托法律手段，通过诉讼的方式惩处侵权企业，获取经济赔偿（Veer 等，2016），抑制集群情境下企业生产、创新互动过程中机会主义的可能性，从而减少模仿，使集群企业更好地参与生产与创新（Henttonen 等，2015）。

产权保护有助于提高成员企业的创新意愿。知识产权法律规制为企业创新和知识交流提供了安全保障，降低企业创新和合作生产、研发过程中的不确定性，提高产生有价值知识资产创新的机会（Gans 和 Stern，2003），使企业更有意愿增加创新投入以及开展合作研发（Henttonen 等，2015；Agostini 等，2017）。一方面，知识产权法律规制赋予创新者的专用性越高，企业通过产权保护获得专利授权后，获取高额知识资产商业化收益（Reitzig 和 Puranam，2009）与许可费用（Arora 和 Ceccagnoli，2006；Hurmelinna-Laukkanen 和

Puumalainen,2007)的可能性就越大,就越能激励知识资产所有者开展创新活动、增加创新投入,提高知识资产创新的差异化程度和产品质量,增加其知识资产创新的市场势力,对企业创新和技术进步产生明显的积极影响(Kanwar和 Evenson,2003;Belderbos 等,2014);另一方面,版权许可、专利证书以及商标等作为企业声誉和质量的标志,在对企业知识资产、品牌、名称等实施保护的同时,也加强了企业的"可见性"和"识别度"(Gotsch 和 Hipp,2012;Haeussler 等,2014),从而提升企业的影响力和声誉,强化企业的品牌效应,进而带来更多的顾客口碑和市场机遇,使企业更有意愿提高新知识资产的研发投入。研究表明,随着法律制度的不断完善,越来越多的企业开始通过法律的手段来保护创新,尤其是在欧美等发达国家(Henttonen 等,2015)。因此,提出以下假设。

H1a:产权保护对减少模仿行为具有正向影响;

H1b:产权保护对提高创新意愿具有正向影响。

三、社群规范及其治理绩效

"社群规范"是对质性数据中有关集群情境下企业依托本地长期形成的非正式制度规范对成员企业的模仿、创新行为产生影响的一类平级化治理活动的归纳(Jessop,1998;Loughry 和 Tosi,2008;Varella 等,2012),其核心逻辑是集群场域内的企业对本地自发形成诚信规范(Bernstein,2001)、本地声誉(Bernstein,2016)以及同行间的文化价值观(行规)(Loughry 和 Tosi,2008)等非正式制度安排的集体遵从。创新企业通过信任关系(Bernstein,2016)、行业规范(Fauchart 和 von Hippel,2008)、声誉机制(Howells,2006;Provan和 Kenis,2007;von Hippel,2007)、集体预期(Fischer 和 Huddart,2008)等长期以来形成的共享价值观和共同认知协调和抑制成员企业占用其他成员的知识资产和创新成果等机会主义行为(Kenis 和 Provan,2006),对社群成员企业之间的生产、创新或非正式知识交流行为起到了约束作用,特别是在高不确定性的创新、生产和交易环境中能较好发挥作用(Cohen 等,2000)。

社群规范有助于减少成员企业的模仿行为。社群规范机制继承 Douglas提出的共享观念的思想(DiMaggio 和 Powell,1991),为社群成员间的创新、生产以及交易活动提供了基本行为规范,明确了什么是合适的行为,什么不是,形成成员企业间相对稳定的创新、生产以及合作等集体行为预期(Fischer 和Huddart,2008),更有效地沟通、协调和共同解决问题(Zollo 等,2002)。社群规范的执行与遵守，逐渐成为多数成员企业执行与遵守的集体行动，进而将对少数成员企业失范行为的监督和惩罚成本分摊到集体身上(张维迎，2013)，集群临近性特征极大提高了失范行为被发现的概率，有效避免自身陷入机会主义的陷阱。尽管社群规范的执行与实施不具有司法部门所赋予知识产权法律的权威与强制力，然而在集群网络情境下，社群规范对模仿行为的制裁更为严厉和有效，失范行为所带来的后果更为严重，对成员企业生产过程中模仿、侵权等潜在的机会主义行为进行了有效约束。

社群规范有助于提升成员企业的创新意愿。社群规范作为社群层面的潜规则，影响集群参与者达到集体预期(Fischer 和 Huddart，2008)。社群规范通过倡导集体预期的稳定行为(Krishnan 等，2006)，营造共同的价值观(创新理念)与集体承诺(Dei Ottati，2004)，社群成员企业间更容易建立彼此信任(Sitkin 和 Bies 1994；Saxenian，1996；Ottati，2003)，并从"效率型驱动"逐步转向"合法型驱动"的制度行为(蔡宁和贺锦江等，2017)，这一过程进一步强化了社群规范的共享观念基础；此外，社群规范提升了社群网络内部的创新活动和产出的一致性(Welborn 和 Kasten，2003；Gerwin，2004)，社群成员企业的创新行为与知识资产产出能够获得本地化社群规范的支持与认可，其他成员企业的先进技术、流程等知识资产的获取与授权也能有章可循，大大提高了企业的创新意愿。

因此，作为一种平级化的治理制度安排，社群规范给集群内同行参与者主动监察彼此侵权行为并积极作出反应提供了共识(Fauchart 和 von Hippel，2008)，能更有效地提高企业的创新意愿，沟通、协调和共同解决成员企业的模仿、侵权等机会主义行为(Tsai，2002；Zollo 等，2002)。基于上述分析，提出假设。

H2a：社群规范对减少模仿行为具有正向影响；

H2b：社群规范对提高创新意愿具有正向影响。

四、本地规制及其治理绩效

"本地规制"主要是指集群企业依托本地行政机构及其职能部门所颁布的地方性创新政策或行政指令，通过联合执法、互补惩罚、政策引导等本地化行政手段，干预集群企业创新、模仿活动的一类治理机制，其核心逻辑是集群场域内的企业对本地化正式制度安排的集体遵从。本地互补性的地方政策或成文条例(Tost，2011；Wei 等，2016)，在引导成员企业的创新活动、监管集群参与者的模仿行为时发挥重要的作用(Dixit,2009),如《集群企业土专利确权授权管理办法》《知识资产治理专项治理办法》均成为知识产权法律规制的重要补充,共同构成企业外部知识资产治理规制制度安排。

地方政府的积极介入,可以有效指导、调控、激励和规制企业的创新、生产和合作行为(邬爱其和张学华,2006),在解决群内企业恶性竞争方面起到了积极的作用(周泯非,2011)。大量案例研究也捕捉到了部分正面支持,如在桐庐制笔产业集群中,成立知识产权专项小组(科技、公安、工商、税务、供电、国土、城管等)、协同集群外第三方打假队等,出台《桐庐县企业专利确权授权管理办法》《桐庐县制笔行业信用评价试行办法》等地方化制度规则,有效解决维权工作"发现难、取证难、查处难"的三难问题,经过几年的联合行动,不但侵权企业的模仿行为得到了有效遏制,集群企业的创新意愿也得到了有效提升。县科技局提供的数据显示,截至2016年年底,分水制笔企业共开发出圆珠笔、中性笔以及水性笔3000多个品种,拥有笔类专利4100余件,占全国笔类专利的35%左右,认定2015年度县级专利示范企业9家和县级专利技术产业化项目5项。基于上述分析,提出假设。

H3a:地方规制对减少模仿行为具有正向影响;

H3b:地方规制对提高创新意愿具有正向影响。

五、合法性压力的中介作用

合法性这个概念由Weber于1978年提出,是指某个机构的行为在某种社会制度中是不是合适的(Meyer和Rowan,1977;Suchman,1995)。合法性压力被理解为企业感知外部环境预期并改变和决定企业战略行为,促使企业的形态、结构或行为变得合理、可接受和易获得支持的规则、规范、社会理念或文化的作用力(Meyer和Rowan,1977;Suchman,1995;Scott,2001;Yiu和Makino,2002;Peng等,2008;Menguc等,2010)。

第一,产权保护与企业感知的创新合法性压力

国家知识产权法作为划分知识资产公共属性与私人属性边界的权威规制,是由国家专门立法部门颁布实施,为企业知识资产创造和交流提供最权威的司法保障,形成对企业模仿、侵权等机会主义行为的普遍威慑力(Hsieh,2013),与此同时,也为企业创新与合作生产、研发提供了政府背书和示范效应。

一方面,产权保护为知识资产所有企业,基于国家知识产权法律提供知识

资产治理的权威制度边界,依托国家权威司法部门对侵权行为的经济、司法等强制惩罚(Veer 等,2016),在一定程度上强化成员企业所感知的合法性压力(Elangovan,2016;Li 等,2017)。国家知识产权法律对集群内特定知识资产的保护条款越明确,集群企业所感知的创新合法性压力就越高,赋予集群内知识资产所有者的创新合法性就越强。

另一方面,知识产权法律规制赋予创新者的专用性越高,企业通过产权保护获得专利授权后,获取高额知识资产商业化收益(Reitzig 和 Puranam,2009)与许可费用(Arora 和 Ceccagnoli,2006;Hurmelinna Laukkanen 和 Puumalainen,2007)的可能性就越大。而专利证书、商标等作为企业声誉和质量的标志,在对企业知识资产、品牌、名称等实施保护的同时,也加强了企业的"可见性"和"识别度"(Gotsch 和 Hipp,2012;Haeussler 等,2014),从而提升了企业的影响力和声誉,强化了企业的品牌效应,尤其是在欧美等发达国家(Henttonen 等,2015)。在集群情境下,当成员企业发现创新企业由于产权保护而带来高额盈利时,会使成员企业感知的基于模拟(mimetic)成功企业创新行为的创新合法性压力大大增强(Mollenkopf 等,2010)。

假设 4 产权保护正向影响企业感知的创新合法性压力。

第二,社群规范与企业感知的创新合法性压力

由于嵌入在集群网络内,企业会受到有关制度环境内盛行的创新价值观念和标准的影响。社群规范遵循"适当性逻辑",主要是指从地区文化、本地价值观、规范信念和行为假设中形成的共享概念和意义准则(Ang,2008),从而形成集群企业所感知的创新、生产活动中约定俗成的、可评估的以及义务性的合法性压力维度(Scott,2001)。

一方面,社群规范构建成员企业间相对稳定的本地文化期许、专业机构(行业协会、第三方打假、高校科研机构等)意见以及集体行为预期(Fischer 和 Huddart,2008),明确了什么是合适的行为,什么不是,成为成员企业生存和发展最重要的合法性压力来源(Powell 和 Dimaggio,1983),成员企业的生产行为必须得到社群规范的认可。尽管社群规范不具有知识产权法律所具有的司法强制力,但失范行为所带来的信任丧失(Dei Ottati,2004)、本地声誉破坏(Persson 等,2011;Vandaie 和 Zaheer,2014;Ozmel 和 Guler,2015)、集体惩罚(Fauchart 和 von Hippel,2008;Loughry 和 Tosi,2008)等将会对成员企业的生存产生更大的负面影响,企业所感知的创新合法性压力将大大提高。

另一方面,社群规范提升了集群网络内部创新行为的一致性(Welborn 和

Kasten,2003;Gerwin,2004),社群规范的执行成为成员企业的多数执行。在集群情境下,创新企业由于社群规范所带来的高额盈利,会使成员企业感知的基于模拟成功企业创新行为的创新合法性压力大大增强(Mollenkopf 等,2010)。

假设 5　社群规范正向影响企业感知的创新合法性压力。

第三,本地规制与企业感知的创新合法性压力

本地规制的核心逻辑在于集群企业对地方行政部门颁布的本地化创新激励政策、行政规章法令等的集体遵从。创新企业依托地方行政部门,通过联合执法、互补惩罚、政策引导等本地化行政手段,界定主导性的行为标准(Peng 和 Wang 等,2008),依靠某种惩罚而得以实施和贯彻(柯武刚和史漫飞,2000)。企业内嵌于集群制度场域,本地规制及其权力体系所拥有的地方化权威与互补赏罚制度,为企业知识资产创造和交流提供本地化的行政权威保障,形成对企业模仿、侵权等机会主义行为的普遍威慑力。地方政府部门,如温州市政府颁发《关于同意鹿城区对打火机行业加强管理》(温政发〔1993〕188 号)的批复文件,授予烟具行业协会在烟具行业内行使同行企业开业登记初审权、产品质量监督检测权、同行议价制约权、新产品维护权等行业管理权。创新企业依托具有经济权力或行政权威的本地行政部门保障本地化知识资产治理规制的有效实施与贯彻,并以累进式惩罚与互补式惩罚相结合的原则,对企业模仿侵权行为形成威压。一是累进式惩罚(progressive punishment)。对首次认定为模仿侵权的企业,处以较轻处罚,如销毁模具、书面承诺、媒体公告等,而非通过严厉经济制裁实施惩罚,随着模仿侵权程度加重、次数增多,经济惩罚、媒体公告和集体惩罚等的程度也会不断加重(Ostrom 等,1978)。二是互补式惩罚(complementary punishment)。包括互补行政干预(产权规制以外的地方行政干预:税收、金融、国土、水电、公安等)、社会声誉等的使用,直接给集群企业的生存和发展施加压力,影响企业内生的社会和心理目标(Olson,2009)。因此,本地规制提高成员企业感知的创新合法性压力(Grewal 和 Dharwadkar,2002;Zsidisin 等,2005)。因此,提出以下假设。

假设 6　本地规制正向影响企业感知的创新合法性压力。

第四,合法性压力的中介作用

新制度理论认为理性组织既是一个技术化组织又是一个制度化组织,企业不仅有效率最大化的生产动机,同时也处于历史和社会环境中,受到制度环境的影响(Weber 等,1947)。企业开展创新生产活动并非仅仅基于利益最大化原则，也是新制度主义强调的依从性、习惯性和权宜性的体现（郭毅，2009）。制度理论强调组织嵌入于某一制度场域中，其行为迫切需要获得场域利益相关者的认同，因此同形于利益相关者所施加的合法性压力，虽然不一定会直接提高组织的生产绩效，但常常被认为是组织获取生存所必需的合法性的一种敏感性应对（Li 等，2017）。

企业感知的创新合法性压力与减少模仿行为。企业感知的合法性压力对约束组织行为的积极影响得到了文献的一致性经验支持（Teo 等，2003；Khalifa 和 Davison，2006；Liu 等，2010；Berrone 等，2013；Cao 等，2014；Li 等，2017）。当企业内嵌于制度环境，感知到高水平的创新合法性压力时，为了维持组织合法性，更好地在场域环境中生存和成长，企业有很强的动力顺从于感知到的合法性压力（Cao 等，2014），选择与行政法规的强制压力、专业机构的规范压力或被认为理所应当的认知压力保持同形（Flammer，2013），将模仿、侵权等机会主义行为看作是一种不恰当的行为。企业为了不失去集群制度场域内利益相关者的认可与支持，甚至为了不丧失持续生存（运营）的资格（Oliver，1991），会选择摒弃模仿、侵权等机会主义行为，因此有学者提出合法性压力是企业规范生产行为的典型推动力（Wei 和 Burritt，2008）。当感知到的创新合法性压力较弱，基于"效率最大化"动机，企业通过模仿、侵权等机会主义行为可能获得短期的收益，但是从长远来看，企业的创新能力和核心竞争优势并没有得到积累和提高，陷入同质、低价的恶性竞争循环，进而导致集群或者行业整体的公共悲剧（Szolnoki 和 Perc，2010）。同时，遵从合法性压力获取合法性更有可能帮助公司获取利益相关者的批准（Babiak 和 Trendafilova，2011），并保护公司免受利益相关者的监督，降低遭遇社会制裁的风险（Bansal 和 Clelland，2004）。

企业感知的创新合法性压力与提高创新意愿。企业感知的创新合法性压力最重要的作用是通过激励机制或非同类性惩罚方式来影响组织或个人的行为或选择（周雪光，2003），促使企业的形态、结构或行为变得合理、可接受和易获得支持（Scott，2001；Yiu 和 Makino，2002；Peng 等，2008；Menguc 等，2010），最终将加大创新投入、加大新产品开发等行为看作是一种适当的行为。顺从企业所感知的创新合法性压力，开展创新实践，首先，可以帮助企业赢得掌握了稀缺和重要资源的龙头企业、地方政府部门以及专业组织等的认可，维持与政府委任、行为依赖、政府资助和其他准政治影响的联系（Ang，2008），获取企业所必需的资源（Zimmerman 和 Zeitz，2002 和 Babiak 和 Trendafilova，

2011)，令企业能获得运作和战略效益，从而提高其竞争地位（Elangovan，2016)；其次，促进企业吸引并留住客户、合作伙伴和雇员（Sharma 和 Henriques，2005)，更加有效地利用市场机会，这也会进一步刺激企业创新投入和新产品的开发；最后，企业嵌入社群场域中，虽然还不清楚什么样才是有效或高效的实践，但是成员企业经常会选择模拟他们认为成功的企业行为（Powell 和 Dimaggio，1983；Cao 等，2014)，如果具备类似特征的其他公司是同行业的成员，企业就会倾向于采取相同的行为实践（Guler 等，2002)，开展创新活动。

本书提出的企业感知的创新合法性压力是一个关键的中介变量，有效中介了集群情境下企业知识资产治理对减少模仿行为、提高创新意愿的促进作用。集群企业知识资产治理影响了成员企业感知的创新合法性压力，有效解决集群邻近性所带来的"搭便车"问题和机会主义行为的同时，保障、维护了成员企业在集群制度场域中创新的安全感和认同感，让成员企业更主动地开展创新甚至共享他们有价值的知识资产。由此，本书提出以下假设。

假设 7a 产权保护通过影响企业感知的创新合法性压力对减少模仿行为产生正向影响。

假设 7b 产权保护通过影响企业感知的创新合法性压力对提高创新意愿产生正向影响。

假设 8a 社群规范通过影响企业感知的创新合法性压力对减少模仿行为产生正向影响。

假设 8b 社群规范通过影响企业感知的创新合法性压力对提高创新意愿产生正向影响。

假设 9a 本地规制通过影响企业感知的创新合法性压力对减少模仿行为产生正向影响。

假设 9b 本地规制通过影响企业感知的创新合法性压力对提高创新意愿产生正向影响。

六、集群企业知识资产治理机制的理论模型

本书提出集群企业知识资产治理作用机制实证模型（见图 5.1)。其中，因变量为知识资产治理绩效，分为减少模仿行为和提高创新意愿两个方面；自变量为集群企业知识资产治理，分为产权保护、社群规范和本地规制三个构面；中介变量为创新合法性压力。

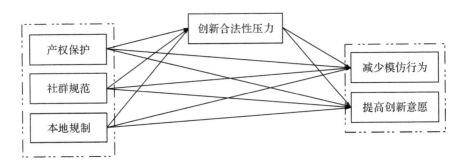

图 5.1 集群企业知识资产治理的理论模型图

资料来源：作者自行整理。

第二节 集群企业知识资产治理的实证分析

一、问卷设计

由于本章假设模型中自变量（集群企业知识资产治理）、中介变量（合法性压力）以及因变量（提高创新意愿、减少模仿行为）均为不可直接测量的潜变量，需要用观察变量来进行间接测量。本章节实证研究采用问卷方式测量研究构念，遵循 Dunn 和 Seaker 等（1994）对问卷设计的建议，通过以下五个步骤设计研究问卷。

基于扎根研究与已有文献量表"回译"形成问卷初稿。在本书假设模型中的中介变量（合法性压力）和因变量（集群企业创新意愿、模仿行为）均来自英文文献中的成熟量表，而自变量（集群企业知识资产治理）也是借鉴了 Visser 和 Langen（2006）、Provan 和 Kenis（2007）以及 Loughry 和 Tosi（2008）等对相关构念的测量，结合第四章多案例扎根研究结果设计问卷题项（具体在"变量测量"一节中说明）。为确保测量的效度和信度，对于英文量表采用"回译"的方法，以确保题项含义的准确性，先将已有的成熟量表翻译成中文，通过朋友关系邀请一位英语专业的博士研究生翻译成英文，再与已有英文量表题项进行比对，在符合研究命题、合乎中文语境、通俗易懂的前提下对中文量表题项进行反复修正，更加准确地反映英文量表题项的原意，形成问卷初稿。

基于研究相关领域专家学者意见进行问卷修正。本书分别邀请浙江大学、香港城市大学长期致力于集群治理、技术创新、知识产权战略等相关研究领域的三位教授，针对问卷初稿在理论构念层面对内容效度进行审查。对问卷初稿中一些题项的设置与表达，三位教授均分别提出了具有针对性的修改意见。据此，对问卷的题项设置和内容表述做进一步修正，最终形成问卷第二稿。

基于对集群企业知识资产治理活动参与主体的访谈进行问卷再修正。依托绍兴市产业发展规划项目调研的契机，随机抽取20家企业进行访谈、试填。试填人员对第二稿问卷的内容表达和题项设置提供了若干建设性意见，尤其是如何更通俗、清晰、易懂地表达集群情境下企业知识资产治理的主体特征及其治理过程。根据访谈、试填的结果对问卷进行再修正，确保量表的信度与效度。

基于小样本测试进行问卷优化。经过"回译"和上述两轮修正，本书通过探索性因子分析与信度检验，对问卷量表又进行了小样本测试（详见5.1.3小样本测试一节的说明），删除部分题项，形成了调查问卷的最终稿。

基于事前设计与事后检验规避共同方法偏差。为减少单一被试者带来的共同方法偏差，遵照Podsakoff等（2003）的建议，本书针对事前研究设计和事后统计分析均采取相应的措施，以降低共同方法偏差的影响（Podsakoff等，2003）。首先，在问卷设计上，为降低共同方法偏差，对同一变量采用主观评判与客观数据相结合、反向题项等方式，如产权保护构念，既要求被试者直接填写企业过去三年专利申请的客观数据，同时设计主观选项（企业通过申请专利制度保护自有技术的程度），便于交叉验证；其次，在问卷发放中采用匿名调查，并告知被试者不对企业进行个案研究，且问卷结果无对错之分，只用于学术研究，以此提高企业完成问卷的质量，减小社会称许性偏差；最后，在数据检验上，通过Harman单因子检验来分析共同方法偏差的严重程度（详见5.3.2节的检验过程）。研究结果表明，共同方法偏差问题可以忽略。

二、变量测量

实证模型中所涉及的变量包括因变量（集群企业创新意愿、模仿行为）、自变量（集群企业知识资产治理）、中介变量（合法性压力）以及相关控制变量。在量表计分方式方面，有关研究发现中国文化与中国人的性格特征会影响其打分倾向（周泯非，2011），当问卷采用5分或7分量表时，受测者往往趋向于选择中间分数。本书在问卷二稿形成过程中,尝试采用 5 分量表进行预试,也遇到了这种情况。为此,本书最终采用 Likert 4 分量表进行强迫区分选择,数字评分 1、2、3、4 依次表示从低符合程度(同意度)到高符合程度(同意度)(Ho 等,1999)。基于实证模型设定与量表的开发,每个潜变量各自同时涵盖多个下属子变量,也均无法直接获取二手数据,故均采用 Likert 4 分量表打分法予以施测,下文将分别具体说明。

因变量设置及其测度

如前所述,概念模型的自变量可分为"提高创新意愿"与"减少模仿行为"。目前对企业知识资产治理研究中,大多未涉及对集群企业知识资产治理绩效的测量,我们参考制造业中创新独占性与组织合法性的现有研究,设计集群企业知识资产治理绩效的题项。在创新独占性研究中,学者们主要从建立模仿障碍(如提高模仿成本和时间)、提高短期价值和长期价值来测量治理绩效(Levin 等,1987;Hurmelinna-Laukkanen 和 Puumalainen,2007);在此基础上,孔小磊(2013)基于集群情境,将短期价值和长期价值归并为独占收益。在组织合法性研究中,已有文献的理论逻辑是企业感知场域制度(如法律法规、文化期待和观念习俗等)所构成的人们广为接受的合法性压力,更有意愿去改变或决定企业行为,促使企业的行为获得场域内规制、规范和社会认知的支持(Teo 等,2003;Khalifa 和 Davison,2006;Liu 等,2010;Elangovan,2016)。

基于以上文献,结合扎根研究结果,本书从减少模仿行为和提高创新意愿两方面测量治理绩效,共设 9 个测量项目。其中,集群企业创新意愿的测量结合扎根研究结果并参考企业合法化手段相关研究(Teo 等,2003;Khalifa 和 Davison,2006;Liu 等,2010;Elangovan,2016)进行设计;模仿行为的测量则根据制造业中治理绩效量表(Levin 等,1987;Harabi,1995;Cohen 等,2000;Blind 等,2006)设计问卷题项(见表 5.1)。

表 5.1　因变量的测度题项设计

构念	编码	题项
创新意愿	AI1	我们愿意在专利、版权等保密措施下开展创新活动
	AI2	我们愿意在业内同行相互监督下开展创新活动
	AI3	我们愿意在龙头企业治理协调下开展创新活动
	AI4	我们愿意在行业协会、地方政府等集群管理机构综合治理下开展创新活动

续表

构念	编码	题项
模仿 行为	CB1	我们通过申请专利、版权等减少了竞争对手的模仿
	CB2	我们通过一系列内部保密措施,减少了竞争对手的模仿和知识的流失
	CB3	我们通过一系列同行监督和自治措施,减少竞争对手模仿和知识流失

自变量设置及其测度

基于第四章扎根研究,"集群企业知识资产治理"作为本书概念模型中的自变量,下属三个自变量,分别为"产权保护""社群规范"和"本地规制",以下分别对其测度进行说明。

产权保护

"产权保护"是集群情境下,企业通过获取版权、专利、商标等知识资产的所有权,基于国家知识产权相关法律赋予产权所有者的强制力,确保授权人对知识资产的独占隔离。其核心逻辑是集群企业对商标法、著作权法、专利法等独占性正式制度安排的集体遵从。本书的"产权保护"是企业依据国家知识产权制度治理知识资产的行为,而不是企业外部制度环境。在现有创新调查或实证研究中主要通过包括专利、版权和商标等测量产权保护。通常采用4分、5分或7分量表询问被试者对独占性手段有效程度的感知[如:Yale and Carnegie Mellon Surveys、Cockbum 和 Griliches(1987)、Levin(1987)、Cohen 等(2000)等],也有研究询问被试者所感知的独占性手段的重要程度[如英国创新调查、SI4S 创新调查、魏江和胡胜蓉(2007)、Neuhausler(2012)、Laursen 等(2013)]。但是对有效程度的感知隐含了对治理绩效的测量,访谈中也发现,企业虽感知某些独占性手段很重要,但并不代表企业一定会去使用。因此,为了更好地测量"产权保护",问卷请被试者直接填写了企业过去三年专利(版权、商标等)的申请量,尽可能有效诠释企业采取"产权保护"手段治理知识资产的程度。

社群规范

"社群规范"是集群情境下企业依托本地长期以来形成的非正式制度规范对成员企业知识资产进行治理的一类平级化治理机制(Jessop,1998;Loughry 和 Tosi,2008;Varella 等,2012),其核心逻辑是集群场域内的企业对本地自发形成的诚信规范、本地声誉和集体惩罚等非正式制度安排的集体遵从。在前文的质性研究结果中,研究者通过扎根研究得到了"同行监督""协会自治"和"中心控制"三个社群规范的维度,"同行监督"包括本地观念、讲究人情和注重诚信，"协会自治"包括土专利标准和集体惩罚，"中心控制"包括正式契约和限制进入等。然而，这些维度仍然过于抽象。

基于此，本书针对已有相关文献研究进行梳理和总结发现，现有社会科学领域的研究成果中，对"规范"（norm）相关构念的理论界定和文献讨论已有相对成熟的研究，与本书提出的构念"社群规范"（nommunity norm）在核心逻辑上具有一致性，均反映特定场域内具有引导、协调或规范恰当和可接受行为作用，约束、规范社群成员生存、发展的非正式制度（或协调方式）（Fauchart 和 von Hippel，2008）。本书借鉴 Provan 和 Kenis（2007）对网络治理主体的研究设计，立足同行企业、龙头企业与行业协会三大治理主体对社群规范进行度量（Provan 和 Kenis，2007），借鉴 Loughry 和 Tosi（2008）、Visser 和 Langen（2006）、马斌和徐越倩（2006）、Cainelli 等（2006）等开发的量表，具体题项共 5 个，如表 5.2 所示。

表 5.2　社群规范的测度题项设计

编码	题项
CN1	展销会上，我们会主动观察同行产品是否会有侵权行为
CN2	企业间发生纠纷时，行业协会能够担当仲裁者的角色
CN3	龙头企业会及时提供我们所需的技术支持和市场信息
CN4	龙头企业通过合同、声誉等方式制裁供应商间侵权行为
CN5	本地企业间发生纠纷时，龙头企业承担调解者的角色

本地规制

"本地规制"是集群情境下，企业依托本地政府及其职能机构所颁布的地方性政策指令，通过联合执法、互补惩罚、政策引导等本地化行政手段，干预集群企业创新、模仿活动的一类治理机制。其核心逻辑是集群场域内的企业对本地化正式制度安排的集体遵从。前文质性研究结果从现象层面将本地规制治理机制的维度归纳为互补惩罚和声誉机制。

目前，已有许多关于地方政府参与治理集群企业经济行为的研究，但基于不同的理论视角与研究情境，有研究对本地政府及其职能机构的权威式治理机制持否定态度（Sugden 和 Holness，2006；De Propris 和 Wei，2007），也有研究对此持赞同态度（Mistri，1999；Visser 和 de Langen，2006；邬爱其和张学华，2006；周泯非，2011）。本书主要基于前文质性研究的扎根结果，借鉴 Mistri（1999）、Visser 和 Langen（2006）、邬爱其和张学华（2006）、周泯非

(2011)等开发的量表,共使用 4 个题项进行测量,如表 5.3 所示。

表 5.3　本地规制的测度题项设计

编码	题项
LR1	本地政府部门组织我们开展集体维权和创新成果保护相关规则的设计或制定
LR2	本地政府部门出台了地方性创新成果保护制度与配套措施
LR3	本地政府部门会对侵权企业进行经济制裁
LR4	本地政府部门会对侵权企业进行曝光

中介变量设置及其测度

"合法性压力"是集群企业感知的迫使企业结构或行为变得合理、可接受或易获得支持的规则、规范、社会理念或文化的作用力。

对合法性压力的度量主要参考 Teo 等(2003)、Khalifa 和 Davison (2006)、Liang 等(2007)、Liu 等(2010)、Cao 和 Li(2014)等的研究,共设 11 个测量项目,如表 5.4 所示。

表 5.4　中介变量的测度题项设计

构念	编码	题项
强制压力	CP1	如果模仿别人的技术,会严重影响我们在税务、科技、国土等地方政府部门得到的帮助
	CP2	如果不创新,会严重影响我们与龙头企业的合作
	CP3	如果模仿别人的技术,会带来严厉的法律制裁
	CP4	如果模仿别人的技术,会带来严厉的同行抵制
规范压力	NP1	如果不创新,我们会无法满足供应商的技术要求
	NP2	如果不创新,我们会达不到顾客的技术要求
	NP3	如果不创新,会严重影响我们与产业咨询机构合作
	NP4	如果不创新,会严重影响我们与大学、科研机构等的合作
模仿压力	MP1	开展创新的竞争对手会收益良好
	MP2	开展创新的竞争对手会被顾客广泛认可
	MP3	开展创新的竞争对手会具有更强的竞争力

控制变量设置及其测度

根据已有研究,为更精确地分析自变量(集群企业知识资产治理)对因变量(集群企业创新意愿、模仿行为)的解释程度,除上述变量外,需对企业创新意愿和模仿行为可能产生影响的变量进行控制,共纳入以下 4 类变量。

企业层面控制变量——企业规模(企业人数)、企业年龄、企业收入(万元)。随着企业人数、企业年龄、企业收入的变化,其知识资产治理方式的选择及其效果也会有所不同。首先,由于知识产权获取、维持以及侵权诉讼成本的差异,大型企业使用产权保护的效果优于小企业(Hanel,2006;Laursen 和 Salter,2014);其次,随着企业人数、企业年龄、企业收入的增加,其资金、技术实力雄厚,能够以适度的层级化推动社群规范的有效实施,达到知识资产的有效治理,促进企业间知识共享、流动和整合等创新活动的开展;同样,大型企业、年收入高的企业往往对加快地方经济增长、促进转型升级具有重要作用,更容易获得地方政府支持,达到治理的效果;当然,大型企业的战略选择也会影响企业创新与模仿的意愿,如大型企业更偏向于自主创新战略(Levin 等,1987;Cohen 等,2000;Galende,2006)。总之,集群情境下,企业规模、企业年龄、企业收入均会对企业知识资产治理效果产生积极影响。为精确分析自变量与因变量的关系,本文将依据 Ritala 等人(2015)的建议将企业规模作为控制变量,并使用企业人数(300 人及以下、301~1000 人、1001 人及以上 3 个范围)和企业年龄表征企业规模(Ritala 等,2015),将企业年龄即成立年限作为控制变量,将企业收入作为控制变量。

产业层面控制变量——产业类型。产业类型会影响企业知识资产治理方式的选择及其效果(Laursen 和 Salter,2014)。不同产业具有不同技术属性,有的产业技术门槛低、创新可视化程度高,产品容易模仿(González-Álvarez 和 Nieto-Antolín,2007);有的产业技术快速迭代、产品定制化程度高。在不同产业类型中,企业使用不同的知识资产治理手段,其效果也会有显著差异(Belderbos 等,2014)。为此,本书选择企业主要业务所属产业类型作为控制变量,并转化为虚拟变量进行统计分析。首先,根据《国民经济行业分类》(GB/4754-2011)所提供的标准对样本企业所处产业进行分类;其次,参考 OECD 2011 年关于制造业技术划分标准,将企业主要业务所属产业类型划分为两类,使用一个哑变量表示,对于轻纺、机械制造、服装、皮革、五金等低技术水平产业赋值为 0,对于制药、新材料、电子信息、智能制造与软件开发等高技术水平产业赋值为 1,0→1,表示产业技术水平由低到高。

三、小样本测试

在正式大样本问卷调查前进行了小样本测试，以检验问卷量表的信度和效度。本书小样本测试于 2017 年 1 月份抓住绍兴市产业发展规划项目调研的契机，在绍兴市制造业企业中展开，此间发放小样本测试问卷共计 150 份，回收问卷 140 份，通过剔除 9 份无效问卷，最后获得有效问卷 131 份，占回收问卷总数的 87.33%，满足小样本测试要求。

因变量探索性样本测试

采用探索性因子分析对因变量理进行效度检验。本书运用 SPSS 20.0 软件，针对样本数据，对问卷题项进行探索性因子分析，输出 KMO 和 Bartlett 检验、解释方差、旋转成分矩阵等结果，根据各统计量的参考值判断自变量维度划分是否合理；此外，也通过信度分析，输出可靠性统计量结果，根据各统计量的参考值判断量表的可靠程度。

表 5.5　问卷测量因变量的 KMO 和 Bartlett 的检验

Kaiser-Meyer-Olkin 样本充分性检验		0.846
Bartlett 的球形度检验	近似卡方	705.460
	df	21.000
	Sig.	0.000

资料来源：本书分析得出。

因变量的 KMO 值为 0.846，大于 0.700，且 Bartlett 球体检验统计值显著异于 0（见表 5.5），适合进行因子分析。本书选择"主成分"进行因子抽取，采用基于特征值大于 1 的抽取规则，因子旋转方法采用"最大方差法"输出旋转解，最大收敛性迭代次数为 25 次。

如表 5.6 所示，问卷测量 7 个因变量的题项旋转后聚成 2 个因子，累积解释总变异量的 79.975%。观察各题项在因子上的载荷，可以发现在所有因子的载荷均大于 0.5 的同时，题项 AI1 出现交叉载荷现象。

根据陈晓萍等（2012）的建议，删除 AI1 项目，然后再进行探索性因子分析。结果显示因变量的 KMO 值为 0.835，大于 0.700，且 Bartlett 球体检验统计值显著异于 0（见表 5.7），适合进行因子分析。

表5.6 问卷测量因变量的描述性统计与探索性因子分析结果

题项	描述性统计		因子载荷	
	均值	标准差	模仿行为	创新意愿
AI1	3.679	0.611	0.504	0.632
AI2	3.641	0.583	0.389	**0.822**
AI3	3.458	0.704	0.195	**0.85**
AI4	3.618	0.601	0.363	**0.801**
CB1	3.527	0.672	**0.833**	0.377
CB2	3.473	0.683	**0.871**	0.351
CB3	3.389	0.75	**0.892**	0.268
解释方差			40.328%	39.647%
累计解释方差			40.328%	79.975%

注:KMO值为0.846,Bartlett's test of sphericity显著($p<0.001$),累计解释方差79.975%

资料来源:本书分析得出。

表5.7 问卷测量因变量的KMO和Bartlett的检验

Kaiser-Meyer-Olkin样本充分性检验		0.835
Bartlett的球形度检验	近似卡方	586.309
	df	15.000
	Sig.	0.000

资料来源:本书分析得出。

如表5.8所示,剩余6个题项旋转后仍聚成2个因子,累积解释总变异量的83.420%。观察各题项在因子上的载荷,可以发现在所有因子的载荷均大于0.807,多重共线性的可能性很小。通过因子分析所聚得的2个因子分别是提高创新意愿和减少模仿行为。通过探索性因子分析,本书建立自变量的两个维度,这两个维度的结构与理论结构相近,说明量表具有建构效度(吴明隆,2003)。

表 5.8　问卷测量因变量的描述性统计与探索性因子分析结果

题项	描述性统计		因子载荷	
	均值	标准差	模仿行为	创新意愿
AI1	3.640	0.583	0.399	**0.807**
AI2	3.460	0.704	0.207	**0.862**
AI3	3.620	0.601	0.374	**0.815**
CB1	3.530	0.672	**0.840**	0.391
CB2	3.470	0.683	**0.875**	0.344
CB3	3.390	0.750	**0.895**	0.250
解释方差			43.566%	39.854%
累计解释方差			43.566%	83.420%

注：KMO 值为 0.835，Bartlett's test of sphericity 显著（$p<0.001$），累计解释方差 83.420%

资料来源：本书分析得出。

接下来进行信度检验，如表 5.9 所示，提高创新意愿与减少模仿行为的 Cronbach's α 系数均大于 0.8，题项校正项总相关系数大于 0.35，说明提高创新意愿与减少模仿行为两个维度各题项之间具有较好的内部一致性。

表 5.9　问卷测量因变量的信度统计结果

题项	校正项总相关系数	项已删除的 Cronbach's Alpha 值	Cronbach's α 系数
AI1	0.774	0.784	
AI2	0.705	0.856	0.863
AI3	0.762	0.791	
CB1	0.836	0.892	
CB2	0.858	0.874	0.922
CB3	0.835	0.895	

资料来源：本书分析得出。

自变量探索性样本测试

自变量的 KMO 值为 0.863，大于 0.700，且 Bartlett 球体检验统计值显著异于 0（见表 5.10），适合进行因子分析。

表 5.10　问卷测量自变量的 KMO 和 Bartlett 的检验

Kaiser-Meyer-Olkin 样本充分性检验		0.863
Bartlett 的球形度检验	近似卡方	961.962
	df	36.000
	Sig.	0.000

资料来源:本书分析得出。

如表 5.11 所示,自变量 9 个题项旋转后聚成 2 个因子,累积解释总变异量的 75.395%。观察各题项在因子上的载荷,可以发现在所有因子的载荷均大于 0.671,多重共线性的可能性很小。通过因子分析所聚得的 2 个因子分别是社群规范和本地规制。通过探索性因子分析,本书建立自变量的两个维度,这两个维度的结构与理论结构相近,说明量表具有建构效度(吴明隆,2003)。

表 5.11　问卷测量自变量的描述性统计与探索性因子分析结果

题项	描述性统计		因子载荷	
	均值	标准差	本地规制	社群规范
CN1	3.083	0.823	0.161	**0.671**
CN2	3.118	0.682	0.353	**0.863**
CN3	2.934	0.738	0.273	**0.894**
CN4	3.032	0.763	0.408	**0.825**
CN5	2.987	0.805	0.422	**0.679**
LR1	3.203	0.631	**0.792**	0.343
LR2	3.345	0.651	**0.845**	0.177
LR3	3.190	0.720	**0.819**	0.313
LR4	3.254	0.700	**0.867**	0.262
解释方差			40.173%	35.222%
累计解释方差			40.173%	75.395%

注:KMO 值为 0.866,Bartlett's test of sphericity 显著($p<0.001$),累计解释方差 59.288%
资料来源:本书分析得出。

接着，对自变量问项进行信度分析，如表 5.12 所示，发现社群规范和本地规制的 Cronbach's α 系数均大于 0.8，题项校正项总相关系数大于 0.35，说明社群规范与本地规制两个维度各题项之间具有较好的内部一致性。

表 5.12　问卷测量因变量的信度统计结果

变量	校正项总相关系数	项已删除的 Cronbach's Alpha 值	Cronbach's α 系数
CN1	0.711	0.883	
CN2	0.790	0.860	
CN3	0.855	0.830	0.886
CN4	0.852	0.833	
CN5	0.857	0.829	
LR1	0.750	0.886	
LR2	0.757	0.885	
LR3	0.798	0.871	0.903
LR4	0.843	0.851	

资料来源：本书分析得出。

中介变量探索性样本测试

中介变量的 KMO 值为 0.871，大于 0.700，且 Bartlett 球体检验统计值显著异于 0（见表 5.13），适合进行因子分析。

表 5.13　问卷测量中介变量的 KMO 和 Bartlett 的检验

Kaiser-Meyer-Olkin 样本充分性检验		0.871
Bartlett 的球形度检验	近似卡方	1194.656
	df	55.000
	Sig.	0.000

资料来源：本书分析得出。

如表 5.14 所示，中介变量 11 个题项旋转后聚成 3 个因子，累积解释总变异量的 79.903%。观察各题项在因子上的载荷，可以发现在所有因子的载荷均大于 0.545，多重共线性的可能性很小。通过因子分析所聚得的 3 个因子分别是强制压力、规范压力和模仿压力。通过探索性因子分析，本书建立中介变量的三个维度，这三个维度的结构与理论结构相近，说明量表具有建构效度

(吴明隆,2003)。

表 5.14　问卷测量中介变量的描述性统计与探索性因子分析结果

题项	描述性统计		因子载荷		
	均值	标准差	规范压力	模仿压力	强制压力
CP1	3.053	0.871	0.301	0.278	**0.789**
CP2	3.282	0.806	0.338	0.276	**0.755**
CP3	3.13	0.798	0.184	0.121	**0.892**
CP4	3.092	0.854	0.326	0.146	**0.837**
NP1	3.427	0.785	**0.773**	0.265	0.311
NP2	3.511	0.695	**0.806**	0.342	0.114
NP3	3.282	0.777	**0.756**	0.318	0.332
NP4	3.351	0.667	**0.545**	0.283	0.396
MP1	3.42	0.644	0.329	**0.875**	0.201
MP2	3.427	0.633	0.395	**0.835**	0.177
MP3	3.527	0.624	0.268	**0.891**	0.197
解释方差			29.581%	25.596%	24.727%
累计解释方差			29.581%	55.177%	79.903%

注:KMO 值为 0.871,Bartlett's test of sphericity 显著($p<0.001$),累计解释方差 79.903%
资料来源:本书分析得出。

接着,对中介变量问项进行信度分析,如表 5.15 所示,发现 CP2 问项删除后 α 值为 0.887,大于该因子的 α 值 0.873,因此删除该问项。

表 5.15　问卷测量中介变量的信度统计结果

题项	校正项总相关系数	项已删除的 Cronbach's Alpha 值	Cronbach's α 系数
CP1	0.785	0.813	
CP2	0.593	0.887	0.873
CP3	0.731	0.836	
CP4	0.808	0.803	

题项	校正项总相关系数	项已删除的 Cronbach's Alpha 值	Cronbach's α 系数
NP1	0.723	0.834	
NP2	0.771	0.814	0.869
NP3	0.78	0.808	
NP4	0.623	0.869	
MP1	0.9	0.906	
MP2	0.874	0.925	0.944
MP3	0.876	0.924	

资料来源:本书分析得出。

表 5.16　问卷测量中介变量的描述性统计与探索性因子分析结果

题项	描述性统计		因子载荷		
	均值	标准差	模仿压力	规范压力	强制压力
CP1	3.053	0.871	0.286	0.281	**0.794**
CP3	3.13	0.798	0.114	0.194	**0.889**
CP4	3.092	0.854	0.165	0.285	**0.848**
NP1	3.427	0.785	0.298	**0.722**	0.336
NP2	3.511	0.695	0.332	**0.845**	0.118
NP3	3.282	0.777	0.327	**0.748**	0.344
NP4	3.351	0.667	0.242	**0.625**	0.379
MP1	3.420	0.644	**0.877**	0.322	0.203
MP2	3.427	0.633	**0.849**	0.364	0.185
MP3	3.527	0.624	**0.891**	0.263	0.197
解释方差			27.687%	26.879%	26.437%
累计解释方差			27.687%	54.565%	81.001%

注:KMO 值为 0.871,Bartlett's test of sphericity 显著($p<0.001$),累计解释方差 81.001%

资料来源:本书分析得出。

删除后，如表 5.16 所示，中介变量 KMO 值为 0.856，解释总方差的 81.001％，仍聚成 3 个因子。观察各题项在因子上的载荷，发现在所有因子的载荷均大于 0.625，多重共线性的可能性很小。通过因子分析所聚得的 3 个因子分别是强制压力、规范压力和模仿压力。通过探索性因子分析，本书建立中介变量的 3 个维度，这 3 个维度的结构与理论结构相近，说明量表具有建构效度（吴明隆，2003）。

表 5.17　问卷测量中介变量的信度统计结果

题项	校正项总相关系数	项已删除的 Cronbach's Alpha 值	Cronbach's α 系数
CP1	0.771	0.848	
CP3	0.787	0.835	0.887
CP4	0.784	0.836	
NP1	0.723	0.834	
NP2	0.771	0.814	
NP3	0.78	0.808	0.869
NP4	0.623	0.869	
MP1	0.9	0.906	
MP2	0.874	0.925	0.944
MP3	0.876	0.924	

资料来源：本书分析得出。

接着，对中介变量问项进行信度分析，如表 5.17 所示，发现强制压力、规范压力和模仿压力的 Cronbach's α 系数均大于 0.8，题项校正项总相关系数大于 0.35，说明中介变量 3 个维度各题项之间具有较好的内部一致性。

本书首先综合运用 SPSS20.0、AMOS18.0 等软件，输出探索性因子分析、信度分析和验证性因子分析结果，根据各统计量的参考值考察研究问卷的信度和效度，简化数据结构，形成进入回归模型的各个因子；其次，运用 STATA12.0，通过描述性统计分析计算各变量的均值和标准差，并探索各因子间的相关关系；最后，运用 STATA12.0，通过多元回归分析检验理论假设，并采用 cluster 稳健标准误。

四、样本数据

样本选择

关于集群样本选择，从产业所属行业类型来看，样本企业覆盖大部分高新技术产业（制药、电子信息、智能制造、软件等）和传统制造产业（五金、轻纺、机械制造、服装等）；从集群所在地来看，我国产业集群主要集中在江苏、浙江、广东等沿海地区（魏江和顾强，2009），本书在此基础上增加河南、湖北以反映中部地区集群现状以及北京以反映东部地区集群现状。

关于企业样本选择，应与本书主题集群企业知识资产治理研究相关。首先，立足本书的关键情境，要求所选企业必须是制造业集群中的企业；其次，产业属性必须为制造业企业，包括制药、新材料、电子信息或机械制造业等高技术水平企业以及纺织、皮革、五金等低技术水平企业，但不包括服务业；最后，由于知识资产的创造、开发、小试和产业化均需要一定时限的 R&D 投入，所以样本企业的选择至少经营一段时间，且有一定的研发投入。根据以上原则，设定样本企业筛选条件为：（1）样本企业必须为制造业集群中从事制造业活动的企业；（2）样本企业至少正式成立并正常运营 3 年以上；（3）样本企业必须具有至少 3 年的研发投入。

数据收集

首先，依托团队课题项目，直接联系调研企业或者之前调研过的集群企业，综合运用实地访谈填写、问卷邮件寄送、网络问卷发放等方式，发送调研问卷，现场访谈发放保证了问卷填写和回收的有效性。

其次，依托社会网络关系，借助老师、同学、朋友或亲属关系，依托当地政府部门、行业协会、银行或供应链关系帮助发放和回收问卷，从而保证样本数量能满足统计分析要求。

最后，确保问卷填写质量，本书要求问卷填写者需对企业知识资产治理现状具有清晰的认识，以提高问卷的填写质量，建议问卷填写者为企业高管或熟悉企业知识资产治理现状的中层管理者（如分管研发工作副总经理或知识产权管理部门负责人等）。为了提高其他非现场访谈填写问卷方式的回收率，通过电话联系抽样集群内的企业高管或相关负责人，汇报本书的研究目的、意义以及给予对方可能的贡献与价值，恳求对方参与问卷调查。在获得电话允诺后立即邮寄纸质问卷或发出网络问卷，对于未收到问卷回复的企业，于 10 个工作日后，再次通过拨打电话或发送邮件提醒，确认被试者成功接收纸质版或电子版调查问卷，并恳请予以配合和支持。

本书调查问卷发放时间为 2017 年 1—9 月,历时 9 个月,通过网络、邮寄等方式发放调查问卷共计 750 份,实际回收问卷 572 份,剔除无效问卷(没有填写完整与非正常性填答等)46 份,最终得到有效问卷 526 份,占总回收问卷的 70.1%。表 5.18 简要描述了样本基本特征的分布情况统计,企业规模以中小企业居多,占总样本的 44.50%,其他的集中在 301～1000 人区域,占总样本的 38.60%;企业年龄以 11—20 年为主,占总样本的 54.75%,其他的集中在 6—10 年区域,占总样本的 25.10%;企业所属行业类型以低技术企业为主,占总数的 79.47%;样本来源涵盖东南沿海地区及中部地区部分城市,基于数据的可得性,东部地区相对较多,占总样本的 50.95%。

表 5.18　样本基本特征的分布情况统计($N=526$)

类别	企业特征	样本数(个)	百分比(%)
企业规模	300 及以下	234	44.50
	301～1000	203	38.60
	1001 及以上	89	16.90
企业年龄	5 年及以下	32	6.08
	6～10 年	132	25.10
	11～20 年	288	54.75
	21 年及以上	74	14.07
产业分类	高技术企业	108	20.53
	低技术企业	418	79.47
地区分类	中部地区	143	27.19
	东部地区	268	50.95
	南部地区	115	21.86

　　资料来源:本书分析得出。

变量描述性统计

　　本章节研究所涉及的控制变量、因变量及自变量的均值、标准差、偏度、峰度及这些变量之间的 Pearson 相关系数如表 5.19 所示。各变量的均值在 0.795 至 8.790 之间,各变量的标准差在 0.404 至 2.065 之间,各变量之间均为正相关,除产权保护与本地规制外,相关系数均在 0.01 水平上显著,且具体数值均小于 0.7,可以推测出各变量之间存在相关性,但不存在多重共线性。回归分析要求样本服从正态分布,本书借鉴 Kfine(1998)的观点,即偏度的绝

表 5.19　本书主要变量的描述性统计

变量	均值	标准差	偏度	峰度	1	2	3	4	5	6	7	8	9	10
1　企业人数	2.724	0.734	0.483	-1.020	1									
2　销售额	8.790	2.065	0.594	2.069	0.509**	1								
3　产业分类	0.795	0.404	-1.463	0.141	0.066	0.018	1							
4　年限(ln)	2.570	0.550	0.062	0.860	0.403**	0.415**	0.038	1						
5　产权保护	1.950	1.283	0.674	2.446	0.309**	0.320**	0.121**	0.197**	1					
6　社群规范	3.030	0.580	-0.541	0.274	0.164**	0.040	0.004	0.025	0.087*	1				
7　本地规制	3.249	0.525	-0.674	0.766	0.086*	0.029	0.123**	0.070	0.004	0.631**	1			
8　合法性压力	3.229	0.504	-0.447	0.543	0.109**	0.128**	0.127**	0.079	0.136**	0.512**	0.499**	1		
9　模仿行为	3.378	0.592	-0.715	-0.306	0.037	0.116**	0.123**	0.079	0.098*	0.353**	0.390**	0.590**	1	
10　创新意愿	3.405	0.579	-0.712	-0.229	0.014	0.111*	0.090*	0.024	0.112**	0.322**	0.297**	0.562**	0.586**	1

**. 在 0.01 水平(双侧)上显著相关。*. 在 0.05 水平(双侧)上显著相关。

资料来源：本书分析得出。

对值小于3，峰度的绝对值小于10时，可以认为数据服从正态分布，由表5.19可以看出，本书所有变量偏度绝对值均未超过1.463，峰度绝对值均未超过2.446，由此认为正式调研收集的数据服从正态分布。

五、信度和效度检验

信度检验

信度检验旨在检验各因子内部题项之间的一致性、稳定性及可靠性。本书采用修正后的项目总相关系数（corrected-item total correlation）方法调整问卷中因变量、自变量和中介变量的测量题项，同时，通过Cronbach's α系数进一步检验问卷中各变量测量题项的信度（Churchill和Peter，1984），估计测量误差对整体测量的影响（陈晓萍等，2012）。陈晓萍和徐淑英等（2012）建议信度要求应该与测验使用目的相一致，如果研究是以推断变量因果关系为目的，对信度系统上的要求是0.7。通过信度检验，所有变量的Cronbach's α系数均大于0.7，校正项总相关系数大于0.39，说明自变量、中介变量和因变量各题项之间具有较好的内部一致性。自变量、因变量和中介变量信度分析如表5.20所示。

效度检验

关于效度检验，由于本书的变量测量题项融合了第四章质性研究成果与已有文献研究成果，为了提高问卷的内容效度，在最终确认问卷之前，本书还咨询了浙江大学、香港城市大学长期致力于集群治理、技术创新、知识产权战略等相关研究领域的三位资深教授，并通过小样本测试对问卷题项的部分提法与内容进行修正。针对各构念的收敛效度和区分效度检验，本书主要通过探索性因子分析和验证性因子分析相结合的方法进行：使用SPSS 20.0软件，对问卷中因变量、自变量和中介变量的测量题项做探索性因子分析，检验问卷量表各测量维度的划分；使用AMOS 18.0软件，对问卷各变量测量题项进行验证性因子分析，对照各统计量的参考值检验各构念的区分效度和收敛效度。

因变量

探索性因子分析。首先，进行KMO样本充分性检验和Bartlett的球形度检验，以确保探索性因子分析的有效性。根据各统计量的参考值，认为KMO在0.70以上、Bartlett的球形度检验显著时，适合做因子分析（马庆国，2002）。

表 5.20　测量量表主要变量信度统计量($N=526$)

题项		校正项总相关系数	项已删除的 Cronbach's α 值	Cronbach's α 系数
社群规范	CN1	0.398	0.800	
	CN2	0.569	0.791	
	CN3	0.722	0.746	0.816
	CN4	0.667	0.762	
	CN5	0.711	0.747	
本地规制	LR1	0.533	0.750	
	LR2	0.565	0.734	
	LR3	0.626	0.702	0.779
	LR4	0.611	0.710	
提高创新意愿	AI1	0.615	0.685	
	AI2	0.622	0.676	0.773
	AI3	0.585	0.718	
减少模仿行为	CB1	0.591	0.718	
	CB2	0.643	0.661	0.775
	CB3	0.599	0.709	
强制压力	CP1	0.608	0.746	
	CP3	0.624	0.730	0.793
	CP4	0.672	0.677	
规范压力	NP1	0.599	0.736	
	NP2	0.622	0.725	
	NP3	0.624	0.723	0.789
	NP4	0.544	0.763	
模仿压力	MP1	0.685	0.732	
	MP2	0.636	0.781	0.817
	MP3	0.687	0.730	

注:自变量"产权保护"采用企业过去三年的专利数据直接测量。

资料来源:本书分析得出。

经检验，各项指标结果如表 5.21 所示，KMO 值为 0.891，大于参考值 0.70；表中 Bartlett 球形度检验结果表现出较高的显著性，因此，样本适合进行探索性因子分析。本书选择主成分方法开展公因子抽取，并基于特征值大于 1 的抽取原则，采用最大方差法输出旋转解，最大收敛性迭代次数为 25 次。

表 5.21　问卷测量因变量的 KMO 和 Bartlett 的检验（$N=526$）

Kaiser-Meyer-Olkin 样本充分性检验		0.891
Bartlett 的球形度检验	近似卡方	1984.081
	df	45.000
	Sig.	0.000

资料来源：本书分析得出。

　　表 5.22 给出了针对自变量进行探索性因子分析的结果。经检验，6 个题项共析出 2 个因子，解释了总变异量的 69.539%。其中，最小因子载荷为 0.695，大于 0.5，且未出现跨因子现象，说明所提取的因子具有较好的聚合效度。

表 5.22　问卷测量因变量描述性统计与探索性因子分析结果（$N=526$）

题项	描述性统计		因子载荷	
	均值	标准差	创新意愿	模仿行为
AI1	3.420	0.690	**0.751**	0.336
AI2	3.330	0.718	**0.854**	0.143
AI3	3.460	0.686	**0.753**	0.271
CB1	3.440	0.698	0.117	**0.857**
CB2	3.350	0.724	0.305	**0.790**
CB3	3.340	0.715	0.398	**0.695**
解释方差			35.415%	34.125%
累计解释方差			35.415%	69.539%

注：KMO 值为 0.891，Bartlett's test of sphericity 显著（$p<0.001$），累计解释方差 69.539%
资料来源：本书分析得出。

　　验证性因子分析。在探索未知构念维度时探索性因子分析优势明显，而要对构念模型提供有效检验和拟合指标时，就要进行验证性因子分析（Church 和 Burke，1994）。基于相关研究理论和具体的限制，验证性因子分析能够有效促进理论与测量相互融合(Mcdonald 和 Marsh,1990)。基于此,本书通过验证性因子分析对探索性因子分析得到的因变量两维度进行进一步验证。

通过构建如图 5.2 的验证性因子分析模型,得到因变量构念一阶验证性因子分析结果(见 5.23)。本书问卷所涉题项均对应假设的因子,结果显示,问卷各题项的标准化因子载荷均达到有关研究所建议的相应标准(大于最低临界水平 0.50),且在 $p < 0.001$ 水平上显著,呈现出较高的聚合效度。

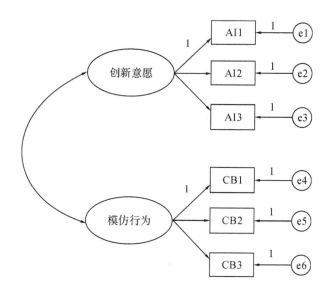

图 5.2　因变量构念的一阶验证性因子分析测量模型
资料来源:作者自行整理。

表 5.23　自变量构念的一阶验证性因子分析路径系数估计($N = 526$)

路径			非标准化路径	标准化路径	S. E.	C. R.	P
AI1	←	创新意愿	1	0.750			
AI2	←	创新意愿	1.025	0.740	0.072	14.200	* * *
AI3	←	创新意愿	0.919	0.693	0.064	14.378	* * *
CB1	←	模仿行为	1	0.671			
CB2	←	模仿行为	1.221	0.789	0.088	13.856	* * *
CB3	←	模仿行为	1.113	0.729	0.083	13.396	* * *

注: *** $p < .001$; ** $p < .01$; * $p < .05$; † $p < .10$。
资料来源:本书分析得出。

拟合结果如表 5.24 所示，其中 $\chi^2(8)=9.383, p<0.01; \chi^2/df=1.563$；RMSEA＝0.033；GFI＝0.994；AGFI＝0.98；IFI＝0.997；CFI＝0.997；NFI＝0.911。结果表明这一测量具有很好的拟合效度。

表 5.24　自变量构念的一阶验证性因子分析拟合指标（$N=526$）

测量模型	绝对拟合指数				相对拟合指数		
	χ^2/df	RMSEA	GFI	AGFI	NFI	IFI	CFI
因变量模型	1.563	0.033	0.944	0.980	0.911	0.997	0.997
参考值	0-2	<0.08	>0.85	>0.85	>0.90	>0.90	>0.90

资料来源：本书分析得出。

自变量

探索性因子分析。首先，进行 KMO 样本充分性检验和 Bartlett 的球形度检验，以确保探索性因子分析的有效性如表 5.25 所示。从结果来看，KMO值为 0.892，大于参考值 0.70；表中 Bartlett 球形度检验结果表现出较高的显著性，因此，样本适合进行探索性因子分析。

表 5.25　问卷测量自变量的 KMO 和 Bartlett 的检验（$N=526$）

Kaiser-Meyer-Olkin 样本充分性检验		0.892
Bartlett 的球形度检验	近似卡方	1834.021
	df	36.000
	Sig.	0.000

资料来源：本书分析得出。

本书选择主成分方法开展公因子抽取，并基于特征值大于 1 的抽取原则，采用最大方差法输出旋转解，最大收敛性迭代次数为 25 次。表 5.26 给出了针对自变量开展探索性因子分析的检验结果。问卷 10 个题项析出 2 个因子，解释了总变异量的 60.043%。其中，最小因子载荷为 0.549，大于 0.5，且未出现跨因子现象，说明所提取的因子具有较好的聚合效度。

验证性因子分析。在探索未知构念维度时探索性因子分析优势明显，而要对构念模型提供有效检验和拟合指标时，就要进行验证性因子分析（Church 和 Burke，1994）。基于相关研究理论和具体的限制，验证性因子分析能够有效促进理论与测量相互融合（Mcdonald 和 Marsh，1990）。基于此，本书通过验证性因子分析对探索性因子分析得到的集群企业知识资产治理两维度进行进一步验证。

表 5.26　问卷测量自变量描述性统计与探索性因子分析结果（$N=526$）

题项	描述性统计		因子载荷	
	均值	标准差	社群规范	本地规制
CN1	3.083	0.823	**0.574**	0.244
CN3	3.118	0.682	**0.549**	0.285
CN4	2.934	0.738	**0.832**	0.239
CN5	3.032	0.763	**0.800**	0.235
CN6	2.987	0.805	**0.839**	0.226
LR1	3.203	0.631	0.176	**0.741**
LR2	3.345	0.651	0.236	**0.720**
LR3	3.190	0.720	0.256	**0.755**
LR4	3.254	0.700	0.327	**0.697**
解释方差			31.360%	28.683%
累计解释方差			31.360%	60.043%

注：KMO 值为 0.892，Bartlett's test of sphericity 显著（$p<0.001$），累计解释方差 60.043%
资料来源：本书分析得出。

表 5.27　自变量构念一阶验证性因子分析路径系数估计（$N=526$）

路径			非标准化路径	标准化路径	S. E.	C. R.	P
CN1	←	社群规范	1	0.542			
CN3	←	社群规范	1.813	0.821	0.184	9.868	***
CN4	←	社群规范	1.172	0.626	0.131	8.93	***
CN5	←	社群规范	1.659	0.819	0.168	9.863	***
CN6	←	社群规范	1.609	0.768	0.166	9.676	***
LR1	←	本地规制	1	0.771			
LR2	←	本地规制	0.971	0.728	0.065	14.892	***
LR3	←	本地规制	0.773	0.641	0.058	13.357	***
LR4	←	本地规制	0.768	0.659	0.061	12.507	***

注：*** $p<.001$；** $p<.01$；* $p<.05$；† $p<.10$
资料来源：本书分析得出。

通过构建如图 5.3 的验证性因子分析模型，得到自变量集群企业知识资产治理构念一阶验证性因子分析结果(见表 5.27)。本书问卷所涉题项均对应假设的因子,结果显示,问卷各题项的标准化因子载荷均达到有关研究所建议的相应标准(大于最低临界水平 0.50),且在 $p<0.001$ 水平上显著,呈现出较高的聚合效度。

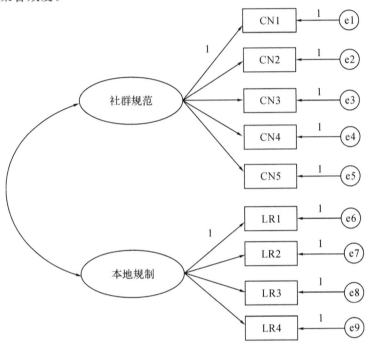

图 5.3　自变量构念的一阶验证性因子分析测量模型

资料来源:作者自行整理。

拟合结果如表 5.28 所示,其中 $\chi^2(21)=29.474$,$p<0.01$;$\chi^2/df=1.281$;GFI$=0.988$;RMSEA$=0.023$;AGFI$=0.977$;NFI$=0.984$;IFI$=0.996$;CFI$=0.996$。结果表明这一测量具有很好的拟合效度。

表 5.28　自变量构念一阶验证性因子分析拟合指标($N=526$)

测量模型	绝对拟合指数				相对拟合指数		
	χ^2/df	RMSEA	GFI	AGFI	NFI	IFI	CFI
集群企业知识资产治理模型	1.281	0.023	0.988	0.977	0.984	0.996	0.996
参考值	0-2	<0.08	>0.85	>0.85	>0.90	>0.90	>0.90

中介变量

探索性因子分析。首先,进行 KMO 样本充分性检验和 Bartlett 球形度检验,以确保探索性因子分析的有效性如表 5.29 所示,KMO 值为 0.891,大于参考值 0.70;而 Bartlett 球形度检验的统计值也达到了显著,因此样本适合进行探索性因子分析。

表 5.29　问卷测量中介变量的 KMO 和 Bartlett 的检验($N=526$)

Kaiser-Meyer-Olkin 样本充分性检验		0.891
Bartlett 的球形度检验	近似卡方	1984.081
	df	45.000
	Sig.	0.000

资料来源:本书分析得出。

本书选择主成分方法开展公因子抽取,并基于特征值大于 1 的抽取原则,采用最大方差法输出旋转解,最大收敛性迭代次数为 25 次。表 5.30 给出了针对中介变量进行探索性因子分析的检验结果。问卷 10 个题项析出 3 个因子,解释了总变异量的 68.299%。其中,最小因子载荷为 0.625,大于 0.5,且未出现跨因子现象,说明所提取的因子具有较好的聚合效度。

表 5.30　问卷测量中介变量描述性统计与探索性因子分析结果($N=526$)

题项	描述性统计		因子载荷		
	均值	标准差	规范压力	强制压力	模仿压力
CP1	3.063	0.791	0.290	**0.715**	0.201
CP2	3.087	0.775	0.159	**0.825**	0.123
CP3	3.089	0.779	0.168	**0.835**	0.176
NP1	3.298	0.77	**0.681**	0.174	0.341
NP2	3.389	0.718	**0.808**	0.071	0.253
NP3	3.213	0.74	**0.700**	0.328	0.209
NP4	3.228	0.741	**0.625**	0.322	0.195
MP1	3.269	0.686	0.231	0.233	**0.805**
MP2	3.313	0.657	0.224	0.191	**0.789**
MP3	3.391	0.663	0.37	0.105	**0.773**
解释方差			23.769%	22.364%	22.166%
累计解释方差			23.769%	46.133%	68.299%

注:KMO 值为 0.891,Bartlett's test of sphericity 显著($p<0.001$),累计解释方差 68.299%
资料来源:本书分析得出。

验证性因子分析。在探索未知构念维度时探索性因子分析优势明显，而要对构念模型提供有效检验和拟合指标时，就要进行验证性因子分析（Church 和 Burke，1994）。基于相关研究理论和具体的限制，验证性因子分析能够有效促进理论与测量相互融合（Mcdonald 和 Marsh，1990）。基于此，本书通过验证性因子分析对探索性因子分析得到的中介变量三个维度进行进一步验证。

通过构建如图 5.4 的验证性因子分析模型，得到中介变量构念一阶验证性因子分析结果（见表 5.31）。本书问卷所涉题项均对应假设的因子，结果显示，问卷各题项的标准化因子载荷均达到有关研究所建议的相应标准（大于最低临界水平 0.50），且在 $p<0.001$ 水平上显著，呈现出较高的聚合效度。

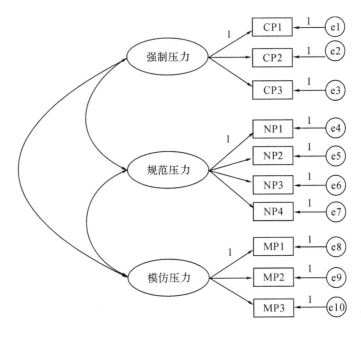

图 5.4　中介变量构念的一阶验证性因子分析测量模型

资料来源：作者自行整理。

表 5.31　中介变量构念一阶验证性因子分析路径系数估计（$N=526$）

	路径		非标准化路径	标准化路径	S.E.	C.R.	P
CP1	←	CP	1	0.739			
CP3	←	CP	0.931	0.703	0.065	14.407	＊＊＊

	路径		非标准化路径	标准化路径	S. E.	C. R.	P
CP4	←	CP	1.054	0.796	0.069	15.261	＊＊＊
NP1	←	NP	1	0.710			
NP2	←	NP	0.923	0.704	0.065	14.153	＊＊＊
NP3	←	NP	0.987	0.729	0.067	14.712	＊＊＊
NP4	←	NP	0.875	0.644	0.066	13.187	＊＊＊
MP1	←	MP	1	0.793			
MP2	←	MP	0.881	0.730	0.054	16.37	＊＊＊
MP3	←	MP	0.977	0.801	0.055	17.679	＊＊＊

注:＊＊＊ $p<.001$;＊＊ $p<.01$;＊ $p<.05$;† $p<.10$

资料来源:本书分析得出。

拟合结果如表 5.32 所示,其中 $\chi^2(28)=48.837$, $p<0.01$; $\chi^2/df=1.744$; RMSEA $=0.038$; GFI $=0.981$; AGFI $=0.964$; NFI $=0.977$; IFI $=0.990$; CFI $=0.990$。结果表明这一测量具有很好的拟合效度。

表 5.32 中介变量构念的一阶验证性因子分析拟合指标($N=526$)

测量模型	绝对拟合指数				相对拟合指数		
	χ^2/df	RMSEA	GFI	AGFI	NFI	IFI	CFI
合法性压力模型	1.744	0.038	0.981	0.964	0.977	0.990	0.990
参考值	0-2	<0.08	>0.85	>0.85	>0.90	>0.90	>0.90

资料来源:本书分析得出。

已有研究发现多维构念与其各维度之间存在多种可能的关系形式,因此,有关维度层次的研究结论并不能简单落脚于构念层次。与此同时,实证检验要与理论假设相一致(Wong 等,2008)。前文的理论假设是在构念层次做出的,同时合法性压力作为一个潜因子型构念是强制压力、规范压力和模仿压力三个一阶因子背后的二阶因子(Wong 等,2008)。

基于此,需要在原有合法性压力三个维度的基础上进一步考察高阶的潜在变量。如果一阶潜变量能够形成更高阶的潜变量,则表示低阶潜变量具有高阶的单维性,也就意味着用高阶潜变量进行分析是可行的。为此,本书进一步对合法性压力构念进行了二阶因子分析。通过构建如图 5.5 的验证性因子

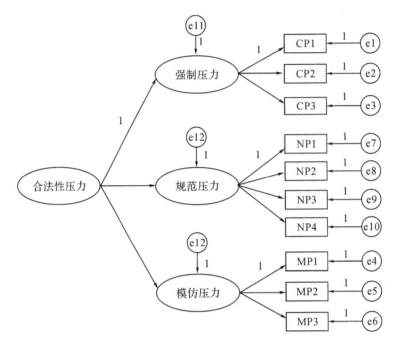

图 5.5　中介变量构念的二阶验证性因子分析测量模型
资料来源：作者自行整理。

分析模型，得到中介变量构念二阶验证性因子分析结果（见表 5.33），问卷所涉题项均对应假设的因子，且标准化因子载荷均达到有关研究所建议的相应标准（大于最低临界水平 0.50），且在 $p < 0.001$ 水平上显著，呈现出较高的聚合效度。将合法性压力作为二阶因子，它与三个一阶因子的标准化路径系数均高于有关研究所建议的最低临界水平 0.50，且在 $p < 0.001$ 水平上显著。

表 5.33　中介变量构念的二阶验证性因子分析路径系数估计（$N = 526$）

	路径		非标准化路径	标准化路径	S.E.	C.R.	P
CP	←	LP	1	0.716			
NP	←	LP	1.258	0.967	0.125	10.064	＊＊＊
MP	←	LP	1.051	0.809	0.097	10.79	＊＊＊
CP1	←	CP	1	0.739			
CP3	←	CP	0.933	0.704	0.065	14.418	＊＊＊

续表

	路径		非标准化路径	标准化路径	S. E.	C. R.	P
NP4	←	NP	0.889	0.652	0.067	13.288	＊＊＊
MP1	←	MP	1	0.792			
MP2	←	MP	0.891	0.736	0.054	16.485	＊＊＊
MP3	←	MP	0.976	0.799	0.055	17.761	＊＊＊

注:＊＊＊ $p<.001$;＊＊ $p<.01$;＊ $p<.05$;$\dagger p<.10$

资料来源:本书分析得出。

根据合法性压力二阶因子的拟合指数(见表 5.34),$\chi^2(27)=43.891$,$p<0.01$;$\chi^2/df=1.487$;RMSEA$=0.030$;GFI$=0.985$;AGFI$=0.969$;NFI$=0.981$;IFI$=0.994$;CFI$=0.994$。结果表明中介变量二阶因子模型具有很好的拟合效度。因此,将合法性压力作为强制压力、规范压力和模仿压力的共同因子进行分析是可行的。

表 5.34　中介变量构念的二阶验证性因子分析拟合指标($N=526$)

测量模型	绝对拟合指数				相对拟合指数		
	χ^2/df	RMSEA	GFI	AGFI	NFI	IFI	CFI
合法性压力二阶模型	1.487	0.030	0.985	0.969	0.981	0.994	0.994
参考值	0-2	<0.08	>0.85	>0.85	>0.90	>0.90	>0.90

资料来源:本书分析得出。

六、本节小结

信度检验

本书用 Cronbach's α 系数来考察各构念测量的内部一致性,根据 Nunnally(1978)的建议,当 Cronbach's α 系数与组合信度的值大于0.700时,量表信度被认为可以接受。从表 5.35 信度与效度指标一览表可以看出,本书各构念的 Cronbach's α 系数值均在 0.745 以上,大于参考值,呈现出较高的内部一致性;与此同时,本书还考察各构念的组合信度,本书各构念的 CR 值也均在 0.772 以上,大于 0.700,表明各构念具有较为可靠的组合信度。

表 5.35　变量的信度与效度指标一览表($N=526$)

测量构念	Cronbach's α 系数	组合信度(CR)	最小因子载荷	$\sqrt{AVE}$
社群规范	0.816	0.843	0.549	0.724
本地规制	0.779	0.794	0.697	0.701
合法性压力	0.876	0.874	0.625	0.837
创新意愿	0.772	0.772	0.695	0.728
模仿行为	0.745	0.774	0.751	0.731
参考值	>0.7	>0.7	>0.5	

资料来源：本书分析得出。

效度检验

本书通过检验区分效度和聚合效度测量问卷题项效度。区分效度反映了不同变量间的区分度。当构念测量题项的 AVE 的平方根大于该构念与其他构念间的相关系数时，表明该构念与其他构念间具有良好的区分效度(Fornell 和 Larcker，1981)。从表 5.36 以量表测量构念的描述性统计、相关系数及 AVE 平方根矩阵表中可以看出，对角线上给出的变量 AVE 值的平方根均大于此构念与其他构念的相关系数，表明以量表测量的构念间具有区分效度。

而聚合效度反映了变量各测量题项间的一致度。当标准化因子载荷高于最低临界水平 0.500 时，表明测量指标一半的方差(因子载荷的平方)可以归于对应因子，说明同一构念内的指标聚合效度较好(吴明隆，2013)。表 5.36 给出了本节以量表测量变量的信度和效度指标一览表，以量表测量的 5 个构

表 5.36　以量表测量变量的描述性统计、相关系数及 AVE 平方根矩阵($N=526$)

	变量	均值	标准差	偏度	峰度	1	2	3	4	5
1	社群规范	3.030	0.580	−0.541	0.274	*0.724*				
2	本地规制	3.249	0.525	−0.674	0.766	.631**	*0.701*			
3	合法性压力	3.229	0.504	−0.447	0.543	.512**	.499**	*0.837*		
4	模仿行为	3.378	0.592	−0.715	−0.306	.353**	.390**	.590**	*0.728*	
5	创新意愿	3.405	0.579	−0.712	−0.229	.322**	.297**	.562**	.586**	*0.731*

注：对角线上的数据为 AVE 的平方根，对角线下的数据为变量之间的 Pearson 相关系数；
**.在.01 水平(双侧)上显著相关。*.在 0.05 水平(双侧)上显著相关。

资料来源：本书分析得出。

念中，其最小因子载荷均在 0.549 以上，大于参考值临界值 0.500，表明指标
与其反映的构念之间具有良好的聚合效度。

六、实证检验

多元线性回归过程中的三大问题检验

在进行多元线性回归检验理论模型之前，首先需要对异方差、序列相关以
及多重共线性等问题进行检验和控制，只有在这三大问题不存在或可接受的
前提下，使用多元线性回归模型得到的结果才具有相对的稳定性和可靠性（马
庆国，2002）。

异方差问题诊断。异方差问题源于随机误差项具有不同的方差，也即随
着自变量的变化，因变量的方差存在明显的变化趋势，会影响估计量的有效
性。本书通过观察模型残差项的散点图进行判断，结果显示散点分布呈无序
状，在一定程度上可以判定模型不存在异方差问题（此处图略）；此外，运用
STATA 12.0 软件通过 reg，vce(cluster clusterid)命令进一步稳健标准误，避免
不同集群间的干扰项彼此独立，但同一集群所属企业间的干扰项彼此相关的
问题。

序列相关问题诊断。序列相关主要源于回归模型的随机误差项之间存在
相关性问题，会影响估计量的有效性。运用问卷获取的截面数据一般序列相
关并不严重，本书仍采用 DW 值来进行判断，当 1.5<DW 值<2.5 时，理论模
型就不存在序列相关问题。经检验（详见表 5.37、5.38、5.39、5.40、5.41），本
书中所有回归模型的 1.824<DW 值<2.019，满足以上临界条件，在一定程
度上可以判定模型不存在序列相关性。

多重共线性问题诊断。多重共线性问题主要源于理论模型中的多元自变
量之间的高度相关性，进而出现各自对因变量的边际影响被相互削弱的问题。
当模型中存在多重共线性问题时，模型方程的回归系数是不可靠的。本书采
用 VIF 值对多重共线性进行诊断（吴明隆，2010）。根据吴明隆（2010）的建
议，当 0<VIF<10 且 0<VIF 的均值<2 时，就判定研究模型的多重共线性
问题不严重或可以接受。经检验（详见表 5.37、5.38、5.39、5.40、5.41），本书
中所有回归模型 1.00<VIF<1.92 且 1.25<VIF 均值<1.48，满足以上两个
条件，在一定程度上可以判定自变量之间的多重共线性问题可以忽略。

集群企业知识资产治理与减少模仿行为

表 5.37 给出了集群企业知识资产治理对减少模仿行为的回归结果。首
先，模型 1a 将控制变量纳入模型，包括：企业年龄、企业规模、产业类型、销售

收入等;接下来,模型2a将产权保护、社群规范和本地规制三个自变量纳入模型,结果显示社群规范对减少模仿具有显著的正向影响($\beta = 0.203$,$p < 0.001$),本地规制对减少模仿行为具有显著的正向影响($\beta = 0.290$,$p < 0.001$),且本地规制对减少模仿行为的作用效果更为明显。但结果同样显示,产权保护对减少模仿行为的影响并不显著($\beta = 0.027$,$p = 0.105$)。因此,假设1a未得到支持,假设2a、3a得到支持。

表5.37　集群企业知识资产治理对减少模仿行为的影响($N = 526$)

因变量=减少模仿行为	模型 1a	模型 2a
企业年龄	0.0483 (0.046)	0.041 (0.041)
企业规模	−0.041 (0.049)	−0.097* (0.040)
产业类型	0.179* (0.063)	0.129† (0.072)
销售收入	0.035 (0.021)	0.036* (0.0163)
产权保护		0.027 (0.016)
社群规范		0.203*** (0.046)
本地规制		0.290*** (0.064)
常数项	2.918*** (0.193)	1.509*** (0.203)
R^2	0.016	0.200
ΔR^2		0.184
F 值	4.07**	27.36***
VIF 值	1.00−1.45	1.05−1.75
VIF 平均值	1.300	1.430
DW 值	2.019	1.918

注:*** $p < .001$;** $p < .01$;* $p < .05$;† $p < .10$

资料来源:本书分析得出。

集群企业知识资产治理与提高创新意愿

表5.38给出了集群企业知识资产治理对提高创新意愿的回归结果。首先，模型1b将控制变量纳入模型，如企业年龄、规模、产业类型、销售收入等；接下来模型2b将产权保护、社群规范和本地规制三个自变量纳入模型，结果

表5.38　集群企业知识资产治理对提高创新意愿的影响($N=526$)

因变量＝提高创新意愿	模型1a	模型2a
企业年龄	-0.017	-0.017
	(0.051)	(0.051)
企业规模	-0.048	-0.106^*
	(0.050)	(0.048)
产业类型	0.132^*	0.098
	(0.057)	(0.078)
销售收入	0.041^{***}	0.041^{**}
	(0.010)	(0.011)
产权保护		0.037^*
		(0.016)
社群规范		0.240^*
		(0.086)
本地规制		$0.160†$
		(0.086)
常数项	3.112^{***}	1.986^{***}
	(0.184)	(0.213)
R^2	0.023	0.150
ΔR^2		0.127
F值	7.69^{***}	16.11^{***}
VIF最大值	$1.00-1.45$	$1.05-1.78$
VIF平均值	1.300	1.430
DW值	1.858	1.824

注：$^{***}p<.001$；$^{**}p<.01$；$^*p<.05$；$†p<.10$
资料来源：本书分析得出。

显示产权保护对提高创新意愿具有显著正向影响($\beta=0.037$,$p=0.034$),社群规范对提高创新意愿具有显著正向影响($\beta=0.240$,$p=0.012$),本地规制对提高创新意愿具有显著正向影响($\beta=0.160$,$p=0.079$),且社群规范对提高创新意愿的作用效果更为明显。因此,集群企业知识资产治理三个维度对提高创新意愿均具有显著正向影响,假设1b、2b、3b均得到支持。

集群企业知识资产治理与创新合法性压力

表5.39给出了集群企业知识资产治理对集群企业创新合法性压力感知的回归结果。首先,模型5将控制变量纳入模型,如企业年龄、规模、产业类型、销售收入等;接下来模型6纳入产权保护、社群规范和本地规制三个观测变量,结果显示产权保护对提高创新意愿具有显著正向影响($\beta=0.030$,$p=0.064$),社群规范对提高创新意愿具有显著正向影响($\beta=0.297$,$p<0.001$),本地规制对提高创新意愿具有显著正向影响($\beta=0.267$,$p<0.001$),且社群规范的作用效果最强。因此,集群企业知识资产治理三个维度对企业合法性压力的感知具有显著的正向影响,假设4、5和6得到支持。

表5.39　集群企业知识资产治理对创新合法性压力的影响($N=526$)

因变量=创新合法性压力	模型5	模型6
企业年龄	0.015	0.012
	(0.045)	(0.034)
企业规模	0.031	-0.040
	(0.055)	(0.055)
产业类型	0.152*	0.105
	(0.054)	(0.062)
销售收入	0.024†	0.026*
	(0.013)	(0.009)
产权保护		0.030†
		(0.015)
社群规范		0.297***
		(0.041)

续表

因变量＝创新合法性压力	模型 5	模型 6
本地规制		0.267***
		(0.042)
常数项	2.778***	1.192***
	(0.158)	(0.134)
R^2	0.034	0.340
ΔR^2		0.306
F 值	3.27*	51.08***
VIF 值	1.00～1.45	1.05～1.75
VIF 平均值	1.300	1.430
DW 值	1.943	1.87

注：*** $p<.001$；** $p<.01$；* $p<.05$；† $p<.10$

资料来源：本书分析得出。

合法性压力在集群企业知识资产治理与减少模仿行为间的中介效应检验

整体结构模型显示合法性压力可能在产权保护、社群规范、本地规制和减少模仿行为之间起中介作用，为验证上述假设，参照 Baron 和 Kenny(1986)提出的中介效应验证程序，分 3 步对假设进行估计(Baron 和 Kenny,1986)，见表 5.40。

表 5.40　合法性压力在集群企业知识资产治理与减少模仿行为之间中介效应模型检验
（N＝526）

	模型 1a	模型 2a	模型 3a	模型 4a	模型 5	模型 6
	减少模仿行为	减少模仿行为	减少模仿行为	减少模仿行为	合法性压力	合法性压力
企业年龄	0.0483	0.041	0.034	0.038	0.015	0.012
	(0.046)	(0.041)	(0.039)	(0.039)	(0.045)	(0.034)
企业规模	−0.041	−0.097*	−0.074†	−0.062	0.031	−0.040
	(0.049)	(0.040)	(0.036)	(0.038)	(0.055)	(0.055)
产业类型	0.179*	0.129†	0.066	0.076	0.152*	0.105
	(0.063)	(0.072)	(0.048)	(0.047)	(0.054)	(0.062)
销售收入	0.035	0.036*	0.021	0.018	0.024†	0.026*
	(0.021)	(0.0163)	(0.015)	(0.016)	(0.013)	(0.009)

续表

	模型 1a	模型 2a	模型 3a	模型 4a	模型 5	模型 6
	减少模仿行为	减少模仿行为	减少模仿行为	减少模仿行为	合法性压力	合法性压力
产权保护		0.027	0.009			0.030†
		(0.016)	(0.014)			(0.015)
社群规范		0.203***	0.030			0.297***
		(0.046)	(0.046)			(0.041)
本地规制		0.290***	0.132*			0.267***
		(0.064)	(0.060)			(0.042)
创新合法性 压力			0.594***	0.682***		
			(0.056)	(0.047)		
常数项	2.918***	1.509***	0.801**	1.024***	2.778***	1.192***
	(0.193)	(0.203)	(0.198)	(0.178)	(0.158)	(0.134)
R^2	0.016	0.200	0.369	0.356	0.034	0.340
ΔR^2		0.184	0.169	0.340		0.306
F 值	4.07**	27.36***	58.1***	85.07***	3.27*	51.08***
VIF 值	1.00~1.45	1.05~1.75	1.06~1.92	1.02~1.46	1.00~1.45	1.05~1.75
VIF 平均值	1.300	1.430	1.480	1.250	1.300	1.430
DW 值	2.019	1.918	1.982	2.012	1.943	1.87

注：*** $p<.001$；** $p<.01$；* $p<.05$；† $p<.10$
资料来源：本书分析得出。

第一步，对"集群企业知识资产治理—减少模仿行为"之间的关系进行验证。由表 5.40 可知，社群规范与本地规制对减少模仿行为具有显著的正向影响，相关系数分别为 0.203 和 0.290（两个变量的 p 均小于 0.001），然而产权保护对减少模仿行为的作用效果并不显著。

第二步，对"集群企业知识资产治理—合法性压力"之间的关系进行验证。由 5.3.3.4 节可知，产权保护、社群规范与本地规制均对合法性压力具有显著的正向影响，相关系数分别为 0.030（$p<0.10$）、0.359（$p<0.001$）、0.224（$p<0.001$）。

第三步，控制中介变量后，对"集群企业知识资产治理—减少模仿行为"之间的关系进行验证。一方面，在模型 2a 的基础上引入中介变量合法性压力后（成为模型 3a），社群规范对减少模仿行为不具有显著的影响（中介变量加入前 $p<0.001$，加入后 $p>0.1$），因此，合法性压力在社群规范与减少模仿行为之间起完全中介作用，实现路径为"社群规范—合法性压力—减少模仿行为"；另一方面，在引入中介变量合法性压力后，本地规制对减少模仿行为的影响的显著程度明显降低（中介变量加入前 $p<0.001$，加入后 $p<0.05$），因此，合法性压力在本地规制与减少模仿行为之间起部分中介作用，实现路径为"本地规制—合法性压力—减少模仿行为"。基于第二步的假设检验，产权保护对减少模仿行为的作用效果并不显著，所以无法判断合法性压力在产权保护与减少模仿间的中介作用。

可见，合法性压力是"社群规范—减少模仿行为"的完全中介，"本地规制—减少模仿行为"的部分中介，假设 8a、9a 得到验证，而合法性压力在"产权保护—减少模仿行为"的中介作用并没有得到验证，假设 7a 不通过。

合法性压力在集群企业知识资产治理与提高创新意愿间的中介效应检验

遵循检验步骤，分 3 步对假设进行估计（Baron 和 Kenny，1986），见表 5.41。

第一步，对"集群企业知识资产治理—提高创新意愿"之间的关系进行验证。由表 5.41 可知，产权保护、社群规范与本地规制对提高创新意愿均具有显著正向影响，相关系数分别为 0.037、0.24 和 0.16（p 均小于 0.1）。

第二步，对"集群企业知识资产治理—合法性压力"之间的关系进行验证。由 5.3.3.4 节可知，产权保护、社群规范与本地规制均对合法性压力具有显著的正向影响，相关系数分别为 0.030（$p<0.10$）、0.359（$p<0.001$）、0.224（$p<0.001$）。

表 5.41　合法性压力在集群企业知识资产治理与提高创新意愿之间中介效应模型检验（$N=526$）

| | 模型 1b | 模型 2b | 模型 3b | 模型 4b | 模型 5 | 模型 6 |
	提高创新意愿	提高创新意愿	提高创新意愿	提高创新意愿	合法性压力	合法性压力
企业年龄	−0.017	−0.017	−0.025	−0.026	0.015	0.012
	(0.051)	(0.051)	(0.041)	(0.038)	(0.045)	(0.034)
企业规模	−0.048	−0.106 *	−0.083 *	−0.067 *	0.031	−0.040
	(0.050)	(0.048)	(0.034)	(0.031)	(0.055)	(0.055)
产业类型	0.132 *	0.098	0.035	0.034	0.152 *	0.105
	(0.057)	(0.078)	(0.055)	(0.052)	(0.054)	(0.062)
销售收入	0.041 ***	0.041 * *	0.025†	0.026 *	0.024†	0.026 *
	(0.010)	(0.011)	(0.012)	(0.011)	(0.013)	(0.009)

续表

	模型 1b	模型 2b	模型 3b	模型 4b	模型 5	模型 6
	提高创新意愿	提高创新意愿	提高创新意愿	提高创新意愿	合法性压力	合法性压力
产权保护		0.037*	0.018			0.030†
		(0.016)	(0.014)			(0.015)
社群规范		0.240*	0.066			0.297***
		(0.086)	(0.078)			(0.041)
本地规制		0.160†	0.000			0.267***
		(0.086)	(0.085)			(0.042)
创新合法性压力			0.599***	0.641***		
			(0.076)	(0.046)		
常数项	3.112***	1.986***	1.273***	1.330***	2.778***	1.192***
	(0.184)	(0.213)	(0.187)	(0.206)	(0.158)	(0.134)
R^2	0.023	0.15	0.329	0.324	0.034	0.340
ΔR^2		0.127	0.179	0.301		0.306
F 值	7.69***	16.11***	54.01***	61.630***	3.27*	51.08***
VIF 最大值	1.00~1.45	1.05~1.78	1.06~1.92	1.02~1.46	1.00~1.45	1.05~1.75
VIF 平均值	1.300	1.430	1.480	1.250	1.300	1.430
DW 值	1.858	1.824	1.941	1.949	1.943	1.87

注：*** $p<.001$；** $p<.01$；* $p<.05$；† $p<.10$
资料来源：本书分析得出。

第三步，控制中介变量后，对"集群企业知识资产治理—提高创新意愿"之间的关系进行验证。首先，在模型 2b 基础上引入中介变量合法性压力后（成为模型 3b），产权保护对提高创新意愿不具有显著影响（中介变量加入前 $p<0.01$，加入后 $p>0.1$），因此，合法性压力在产权保护与提高创新意愿之间起完全中介作用，实现路径为"产权保护—合法性压力—提高创新意愿"；其次，在引入中介变量合法性压力后，社群规范对提高创新意愿也不具有显著的影响（中介变量加入前 $p<0.01$，加入后 $p>0.1$），因此，合法性压力在社群规范与提高创新意愿之间起完全中介作用，实现路径为"社群规范—合法性压力—提高创新意愿"；最后，在引入中介变量合法性压力后，本地规制对提高创新意愿也不具有显著的影响（中介变量加入前 $p<0.1$，加入后 $p>0.1$），因此，合法性压力在本地规制与提高创新意愿之间起完全中介作用，实现路径为"本地规制—合法性压力—提高创新意愿"。

可见，合法性压力是"集群企业知识资产治理—提高创新意愿"的完全中介，假设 7b、8b、9b 均得到验证。

表 5.42　本章实证研究结果总结

假设	检验结果	
	第一组假设	
假设 1a	产权保护对减少模仿行为具有正向影响作用	不支持
假设 1b	产权保护对提高创新意愿具有正向影响作用	支持
假设 2a	社群规范对减少模仿行为具有正向影响作用	支持
假设 2b	社群规范对提高创新意愿具有正向影响作用	支持
假设 3a	本地规制对减少模仿行为具有正向影响作用	支持
假设 3b	本地规制对提高创新意愿具有正向影响作用	支持
	第二组假设	
假设 4	产权保护正向影响企业感知的创新合法性压力	支持
假设 5	社群规范正向影响企业感知的创新合法性压力	支持
假设 6	本地规制正向影响企业感知的创新合法性压力	支持
	第三组假设	
假设 7a	产权保护通过影响企业感知的创新合法性压力对减少模仿行为产生正向影响	不支持
假设 7b	产权保护通过影响企业感知的创新合法性压力对提高创新意愿产生正向影响	支持
假设 8a	社群规范通过影响企业感知的创新合法性压力对减少模仿行为产生正向影响	支持
假设 8b	社群规范通过影响企业感知的创新合法性压力对提高创新意愿产生正向影响	支持
假设 9a	本地规制通过影响企业感知的创新合法性压力对减少模仿行为产生正向影响	支持
假设 9b	本地规制通过影响企业感知的创新合法性压力对提高创新意愿产生正向影响	支持

资料来源：本书分析得出。

第三节　集群企业知识资产治理效果分析

本章通过变量设置与测量、问卷小样本测试、大样本问卷调查与数据收集、描述性统计、信度和效度检验、相关分析和多元回归分析等过程，对 526 份有效企业样本进行统计实证研究，系统剖析集群企业知识资产治理、合法性压力及企业创新间的相互影响关系，实证结果支持了本章提出的大部分假设，但也有少量既定假设未获支持（见表 5.42）。本节将对这些结果进行进一步讨论和分析。

一、结论与讨论

集群情境下,"产权保护"在企业知识资产治理过程中作用效果有限

本书通过多元线性回归模型,检验了集群企业知识资产治理三个维度对提高创新意愿和减少模仿行为的影响效果。研究结果如表 5.41 所示,集群情境下,产权保护对于减少模仿行为的正向影响作用并不显著(假设 1a 并未获得支持),而对于提高创新意愿的正向影响作用虽然显著(假设 1b 获得支持),但对比产权保护($\beta = 0.037$)与社群规范($\beta = 0.240$)、本地规制($\beta = 0.160$)对于提高创新意愿的回归系数发现,其影响作用强度明显弱于社群规范和本地规制。

这一研究发现明显有别于基于独占性视角研究企业知识资产治理的文献。基于独占性视角研究企业知识资产治理的文献大多在宏观体制和微观企业层面展开(Keupp 和 Beckenbauer 等,2010),其基本逻辑是基于"从创新中获益理论",强调企业通过专有性规制赋予知识资产所有者对于其知识资产的垄断权(Fauchart 和 von Hippel,2008),获取知识资产的独占性和不同程度的激励(González-Álvarez 和 Nieto-Antolín,2007)[如:知识的可交易性(Hurmelinna-Laukkanen 和 Puumalainen,2007)、市场的可见性和识别度(Gotsch 和 Hipp,2012)、市场位势(Arora 和 Ceccagnoli,2006)、企业形象和声誉(Maskus,2008;Aaker,2010)等],从而减少模仿行为、提高创新意愿。本文的原构思正是依托这一思路,认为基于独占性视角的"产权保护"建立在"隔离机制"的基础上,强调企业通过对知识资产本身的隔离保护达到防止竞争对手学习和模仿的效果,在企业知识资产治理过程中发挥重要的正向影响作用(Norman,2001;de Faria 和 Sofka,2010;Wadhwa 等,2011)。

然而,实证研究结果表明,集群情境下,"产权保护"对于减少模仿行为的影响并不显著,其原因可能有以下四点:首先,法律的普适性要求知识产权法对所有产业都无差异(Mazzoleni 和 Nelson,2016),忽视了不同的本地化特征、产业特征、不同的保护需求(Andersen,2004),导致其对不同产业知识资产的治理效果存在较大的差异;其次,知识产权法律存在申请周期长、举证困难、诉讼费用高等问题(Fauchart 和 von Hippel,2008),难以适应当前市场需求变化迅速、产品生命周期短等情况(Levin,1986),难以保证知识资产专有性;再次,知识产权法律不能保证其他人遵守义务(Agarwal 等,2009),难以保证独占性的效果(Martinez-Piva,2009);最后,由于集群内关联企业具有地

理、制度、认知上的高度邻近性（Boschma，2005），加之集群内各类人员的高频流动性、非正式集体学习的存在，导致企业知识、技能的快速溢出，而溢出的知识、技能绝大部分以不可编码的知识资产形态存在，难以形成正式知识产权，进而导致企业知识资产治理问题在集群层面与微观层面有很大的不同。

因此，集群情境下，"产权保护"在企业知识资产治理过程中的作用效果有限，现有独占性理论难以解决集群情境下的企业技术模仿、侵犯知识产权等行为（Andersen 和 Howells，1998；Blind 等，2003；Davis，2004），魏江和胡胜蓉（2007）将其称为独占性机制在企业知识资产治理中的缺位和失效。

集群情境下，"社群规范"和"本地规制"成为企业知识资产治理制度安排的重要补充，且两种治理机制的作用强度各有不同

多元线性回归分析结果显示，集群情境下，社群规范和本地规制对于减少模仿行为和提高创新意愿均具有显著的正向影响作用，这一研究发现与前文提出的理论假设相一致（假设 2a、3a、2b、3b 均获得支持）。当法律不能有效治理企业知识资产时，一方面，基于"本地规制"，集群企业依托本地政府及其职能机构颁布的地方性政策指令，通过联合执法、互补惩罚、政策引导（Wei 等，2016）、第三方（Howells，2006）等本地化行政手段，干预集群企业创新、模仿活动；另一方面，基于"社群规范"，企业依托长期以来形成的信任关系（Bernstein，2016）、行业惯例（Fauchart 和 von Hippel，2008）、声誉机制（Howells，2006；Provan 和 Kenis，2007；von Hippel，2007）等非正式制度，对成员企业创新意愿和机会主义行为等产生影响（Jessop，1998；Loughry 和 Tosi，2008；Varella 等，2012）。

对于阻止企业模仿行为发挥作用更大的是"本地规制"

对比社群规范和本地规制对于减少模仿行为的回归系数发现，对于减少模仿行为的作用强度，本地规制（$\beta=0.290$）要高于社群规范（$\beta=0.203$），而本地规制对于减少模仿行为的正向影响作用（$\beta=0.290$）明显强于其对提高创新意愿的正向影响作用（$\beta=0.160$）。目前，关于地方政府参与集群企业知识资产治理相关研究的文献尚属少数，借鉴有关地方政府参与治理集群企业经济行为的研究发现，基于不同的理论视角与研究情境，有研究对此持否定态度（Sugden 和 Holness，2006；De Propris 和 Wei，2007），也有研究对地方政府的规制式治理持赞同态度（Mistri，1999；Visser 和 de Langen，2006；邬爱其和张学华，2006；周泯非，2011）。

对于减少模仿行为，本书结论支持了前者观点，认为本地规制主要是依托本地政府行政权威的约束力，通过制定符合产业技术属性和本地化特征的经济政策、创新政策、知识资产综合治理办法等本地"契约法（contract law）"（Williamson，1996），确保成员企业在开展交易、合作或互动活动时遵守最基本的规则，减少集群企业在履行市场交易契约时的机会主义行为（Wei 等，2016）。

对于提高创新意愿，本书虽然在一定程度上支持了前者观点，然而观察多元回归分析结果（见表 5.39），本地规制与提高创新意愿在低显著性水平上（$p<0.1$）正向弱相关（$\beta=0.160$）。换言之，在转型经济情境下，虽然政府是最大的制度创业者（尹珏林和任兵，2009），但以国家政府为主导的制度创业（变革）通常都带有一定的不确定性（Scott，2003），通过自上而下制定的经济政策、创新政策刺激等对于引导和支持企业创新未必尽如人意，如上节讨论所涉及的我国知识产权法律体系的变革对于特定集群企业的知识资产治理存在缺位或失效问题。在长三角地区企业抽样调查中也同样发现，近 80% 的企业会根据国家或地方的产业创新扶持政策和科技补贴政策导向，设计所谓的重大新兴产业研发项目，向政府寻求税收减免或财政补贴，却没有将其完全投入到创新研发中去，没有真正关注产业的关键技术、共性技术开发，而是用以弥补利润的不足和亏损，使得整个行业很快进入产能过剩、创新不足、同质竞争的格局，导致企业的创新动力未能得到充分释放（魏江等，2015）。

综上，"本地规制"作为集群情境下约束和激励成员企业开展创新活动制度安排的重要补充，对减少模仿行为、提高创新意愿具有显著正向影响。在转型经济情境下，虽然政府是最大的制度创业者（尹珏林和任兵，2009），但也不容忽视以国家、地方政府为主导的制度创业（变革）通常带有一定的不确定性（Scott，2003）。

对于提高企业创新意愿发挥作用更大的是"社群规范"

对比社群规范和本地规制对于减少模仿行为的相关系数发现，对于提高创新意愿的作用强度，社群规范（$\beta=0.240$）要高于本地规制（$\beta=0.160$），而社群规范对于提高创新意愿的正向影响作用（$\beta=0.240$）强于其对减少模仿行为的正向影响作用（$\beta=0.203$），这一研究发现与前文提出的理论假设相一致。本书的原构思基于集群内关联企业在地理、制度、认知上的高度邻近性（Boschma，2005），当知识产权法律不能有效保护产权时，企业基于"社群规范"，通过信任关系（Bernstein，2016）、本地声誉（Howells，2006；Provan 和 Kenis，2007；von Hippel，2007）、行业规范（Fauchart 和 von Hippel，2008）等协调和规范活动，营造社群的自主创新文化，激发成员企业的原创热情，减少集群企业失范占用其他成员知识资产和创新成果的机会主义行为（Kenis 和 Provan，2006），得到了与 Cannon 等人（2000）、Kenis 和 Provan（2006）、Bernstein（2016）研究相类似的结果。

对于提高创新意愿，与本地规制机制不同，基于自主创新价值观和共同认知的社群规范是通过自下而上的制度创业过程，集体行动定义和强化集群企业知识资产治理的制度边界，带有明显的产业技术属性、本地文化特征和企业发展诉求等，其制度基础主要是非正式和隐性的，也是内化于场域成员创新活动中的最基本的价值观念，在历史文化嵌入较深的集群中反映尤为明显。

对于减少模仿行为，本书的实证检验虽然通过了社群规范对减少模仿行为的显著正向影响作用（见表 5.41），但对于减少模仿行为的作用强度社群规范（$\beta=0.203$）要低于本地规制（$\beta=0.290$）。究其原因，"社群规范"是集群情境下，企业通过本地长期以来所形成的非正式规范对知识资产进行治理的一类平级化治理机制（Jessop，1998；Loughry 和 Tosi，2008；Varella 等，2012），其核心逻辑是集群场域内的企业对本地自发形成非正式制度（Parrilli，2009；Varella 等，2012）或同行间的文化价值观（行规）（Loughry 和 Tosi，2008）等的集体遵从。然而，案例研究发现，基于"社群规范"，企业侵权模仿的判断标准依然是国家专利法律，虽然同行企业、创新联盟、行业协会等主体也参与到知识资产的治理过程，但由于缺乏执法权，执法主体仍然是国家司法机构，无法给侵权企业模仿行为产生有效的压力和障碍，在利润驱使下，侵权企业仍然选择顶风作案，对模仿行为遏制的强度稍显不足。

因此，集群情境下，"社群规范"成为企业知识资产治理制度安排的重要补充，对减少模仿行为、提高创新意愿具有显著正向影响，其中社群规范对于提高创新意愿具有较强、较显著的正向影响作用，对于减少模仿行为稍显弱势。

集群情境下，"合法性压力"在企业知识资产治理过程中发挥中介作用

本书参照 Baron 和 Kenny（1986）提出的中介效应验证程序，分三步对中介效应假设进行实证检验发现：首先，对于合法性压力，产权保护、社群规范和本地规制对企业感知的合法性压力具有显著的正向影响作用，且社群规范（$\beta=0.297$）对于企业感知的合法性压力的正向影响作用稍强于本地规制（$\beta=0.267$），而产权保护与合法性压力在低显著性水平上（$p<0.1$）正向弱相关（$\beta=0.160$）；进而，对于中介效应，结合集群情境下企业知识资产治理机制对减少模仿行为和提高创新意愿的正向影响作用，检验得出合法性压力是社群规范与减少模仿行为的完全中介、是本地规制与减少模仿行为的部分中介，而在产权保护、社群规范和本地规制与提高创新意愿的影响过程中，合法性压

力发挥完全中介作用。

因此，集群情境下，企业感知的创新合法性压力是企业知识资产治理绩效机制的首要环节，这一研究发现与前文提出的理论假设基本一致。首先，集群情境下，"合法性压力"在企业知识资产治理过程中发挥中介作用。集群情境下，企业知识资产治理通过影响企业感知的合法性压力（Zimmerman 和Zeitz，2002），迫使企业生产行为（创新、模仿）达到一个统一的标准。当企业感知的"生存、发展"压力大于"盈利、效率"诉求时，为了获得合法性，企业会选择顺从感知的创新合法性压力，采纳与制度环境特征相容的组织特征，做出可能牺牲短期经济效益的创新战略，如增加创新投入、培养创新人才、致力于关键技术研发等。当企业的创新行为被集群场域内的利益相关者认为是正当的、合理的，即获取合法性，进而有更大的机会与利益相关者开展深层次的互动合作，如金融投资、技术扶持、产品和服务定向购买等，给知识资产创新企业带来更多的生存机会和资源福利，推动集群企业更加积极地投身创新活动。其次，"合法性压力"成为"产权保护"在企业知识资产治理过程中作用效果有限的一个重要原因。实证结果显示（见表5.40），产权保护与合法性压力在低显著性水平上（$p<0.1$）正向弱相关（$\beta=0.160$）。换言之，在高度邻近的集群环境下，由于国家知识产权制度存在法律适用的无差异性（Mazzoleni 和Nelson，2016）、立项申请的复杂性（Levin，1986）和诉讼维权的低效性（Päällysaho 和 Kuusisto，2011）等问题，使得成员企业在开展非正式学习、创新互动、配套生产等过程中感知的来自产权保护的合法性压力不足。同样，当集群企业的"盈利、效率"诉求大于感知的"生存、发展"压力时，就会选择铤而走险、模仿侵权，以实现企业短期效益的最大化。这在一定程度上解释了集群情境下，"产权保护"在企业知识资产治理过程中失效的原因。

二、贡献与启示

到本章为止，本书已经完成了相对静态层面上集群企业知识资产治理机制的分析。在扎根式的多案例探索的基础上，结合理论推演的实证模型构建以及本章的统计实证检验，得到的主要理论发现包括以下几点内容。

基于静态视角，解构集群企业知识资产治理的不同影响机制

本章基于静态视角，以集群企业为研究对象，聚焦集群企业知识资产的治理行为，对集群企业知识资产治理机制提供了更为细致的分析。集群企业知识资产治理机制的提出和实证检验，不仅有助于收敛集群企业知识资产治理机制的研究边界，而且揭示了其内部各维度之间的系统化关联，为集群企业知识资产的治理研究提供了概念基础，丰富了企业知识资产治理的研究情境。

基于合法性视角，打开集群企业知识资产治理的黑箱

本章基于合法性视角，在原有从创新中获益理论框架中提出创新合法性压力的中介机制，以解决微观现实问题和理论基础问题，并通过大样本实证检验了"集群企业知识资产治理—创新合法性压力—治理绩效"的从创新中获益逻辑新架构，打开了集群企业知识资产治理的黑箱，全面刻画了集群企业知识资产治理机制及其作用机理，极大地拓展了现有理论在解决现实问题中的局限，改变原先知识产权保护的制度设计逻辑，为集群企业知识资产治理提供了新的机制和制度保证。

基于集群情境，为企业创新保护、集群转型升级、区域创新驱动发展提供决策参考

本章的研究结论，一方面，为集群企业知识资产治理提供思路，在积极开展自主创新（或合法购买创新授权）、提高创新能力、推进差异化发展的同时，积极参与行业规范、区域政策以及国家法律的修订和制定过程，敢于举旗、勇于亮剑、勤于发声，维护自身利益的同时，推动整个行业和区域的有序发展；另一方面，为相关行业组织和本地政府制定服务集群转型升级所需的支持性政策、规范、标准等提供参考，立足供给侧改革，探寻需求导向激励政策的评估点和施力点，立足市场和企业，不断关注和了解集群企业在生产实践过程中表现出来的实际需求和产业特征，渐进式转变现有供给导向扶持政策，扭转地方创新扶持体系滞后的现状，本地政府的规制设计才有可能发挥有效促进创新的效果。

第四节　本章小结

基于第四章的探索性案例研究，本章通过理论分析与研究假设、变量设置与测量、问卷小样本测试、大样本问卷调查与数据收集、描述性统计、信度和效度检验、相关分析和多元回归分析等过程，对 15 个理论假设进行检验，研究发现：（1）集群情境下，"产权保护"在企业知识资产治理过程中作用效果有限，现有独占性理论难以解决集群情境下的企业技术模仿、侵犯知识产权等行为（Andersen 和 Howells，1998；Blind 等，2003；Davis，2004），魏江和胡胜蓉（2007）将其称为独占性机制在企业知识资产治理中的缺位和失效（魏江和胡胜蓉，2007）；（2）集群情境下，"社群规范"和"本地规制"成为企业知识资产治理制度安排的重要补充，且"本地规制"阻止企业模仿行为发挥的作用更大，"社群规范"对于提高创新意愿具有较强、较显著的正向影响作用，对于减少模仿行为稍显弱势；(3)集群情境下，"合法性压力"在企业知识资产治理过程中发挥中介作用，也在一定程度上成为"产权保护"在企业知识资产治理过程中作用效果有限的一个重要原因，即在高度邻近的集群环境下，由于国家知识产权制度存在法律适用的无差异性（Mazzoleni 和 Nelson，2016）、立项申请的复杂性（Levin，1986）和诉讼维权的低效性（Päällysaho 和 Kuusisto，2011）等问题，使得成员企业在开展非正式学习、创新互动、配套生产等过程中感知的来自产权保护的合法性压力不足，就会采取铤而走险、模仿侵权等机会主义行为，以实现企业短期效益的最大化。

尽管本书从事前设计到统计分析，综合使用了探索性因子分析、验证性因子分析等各种方法以检验和提高研究的信度与效度，并通过多元回归得出了一些有意义的结论，但由于研究问题的复杂性和敏感性，以及研究者自身能力和研究条件的制约，研究工作过程中存在许多方面的不足和缺憾，有待进一步完善，主要表现在以下方面：(1) 共同方法偏差问题，实证研究的所有数据均来源于同一调查问卷，虽然已经在问卷的事前设计与事后检验方面尽量规避，但这样的处理，仍然可能存在因共同方法偏差而带来的系统误差，未来研究需要在更为严谨的研究设计与检验的基础上扩大样本量，提高研究的外部效度；(2) 除了本书控制的企业规模、企业收入与企业年龄等企业因素以及产业类型外，还有许多因素。如，地域、产业链位置、集群网络位置等均会对企业的创新与模仿行为产生影响，未来研究应增加更为有效的控制变量，以期得到更为可靠的研究结论；(3) 基于研究条件的限制，本章研究采用横截面数据检验理论模型，而事实上企业创新意愿的提升与模仿行为的减少应是渐进式的动态过程，基于以上研究和结论，第六章将进一步引入动态视角，采用纵向研究对集群企业知识资产治理演化过程展开讨论。

第六章　集群企业知识资产治理模式动态演化研究：基于制度创业视角

　　集群情境下，随着信息传播路径的扁平化和知识溢出的低成本(Boschma,2005)，频繁化的人员流动和多样化的知识交流也加剧了"搭便车"行为和模仿侵权问题，创新成果推出市场不久，同行竞争者就会通过简单仿制、低成本抄袭进入市场，创新企业不但难以获得相应的知识资产回报，甚至还会出现"创新找死"的尴尬局面(孔小磊,2013)，创新企业的研发热情难以维系，最终也会放弃创新走向模仿，整个集群陷入"近墨者黑"的恶性循环，这一现象的存在，也在第三章的实证检验中得到了证实。集群内生的本地化知识资产治理制度安排，有效补充了专利等国家产权制度的缺位与失效，成功规范了集群企业的生产、创新行为。针对这一实践现象与理论缺口，在第四章，我们以浙江省内5个产业集群的企业为研究对象，基于扎根理论研究方法，通过探索性多案例研究，建构了集群情境下企业知识资产治理的理论构念及其对企业创新影响机理的概念模型，并在第五章基于静态视角，采用横截面数据检验了"集群企业知识资产治理—创新合法性压力—治理绩效"的"从创新中获益"逻辑新架构，打开了集群企业知识资产治理的黑箱，系统剖析集群企业知识资产治理、合法性压力以及企业创新之间的相互影响关系，特别是合法性压力在集群企业知识资产治理与企业创新间的中介效应。

　　事实上集群企业知识资产治理及其制度安排、形成和实施应是个循序渐进的动态过程，创新企业通过横向联合同行企业（连横）、纵向游说地方行政部门（合纵）等策略，自下而上建构并实施符合集群特征的正式、非正式知识资产治理制度，如台州汽摩配产业集群的《供应商分级管理办法》、温州烟具产业集群的《温州市烟具行业维权公约》、桐庐制笔产业集群的《知识产权保护联盟公约》等，开展多元化知识资产治理活动，逐步形成本地化知识资产治理模式，打破"近墨者黑"的恶性循环，营造集群企业尊重创新、自主创新的良好氛围。然而,这些有效尝试目前仍然比较零散,有必要对其进行系统化和理论化探讨,以探索集群企业合理、有效的知识资产治理机制及其对本地化制度设计本身的影响,即"制度从何而来",现有制度研究也没有给出较合理的解释(Greenwood 等,2002)。针对实际存在的问题和理论发展的不足,本章将进一步引入动态视角,围绕"集群企业知识资产治理模式如何形成、演化"这个核心问题展开,在梳理相关理论的基础上,以浙江桐庐制笔产业集群为研究对象,纵向探索企业知识资产治理的典型模式及其演化过程,挖掘其背后的制度因素和作用机理。

第一节　知识资产治理与制度创业

一、集群情境下,企业知识资产独占性机制的失效与缺位

独占性的早期研究主要以知识产权保护理论为基础,到 20 世纪 80 年代中期,受资源观、从创新中获益等理论的影响,独占性研究视角得到不断丰富和完善。当前对于独占性的研究主要基于独占性体制、隔离机制和从创新中获益三个视角展开。第一,基于独占性体制的研究,大多从外部体制出发考察外部环境,重点探讨知识产权制度对创新激励和技术发展作用的有效性(Mazzoleni 和 Nelson,1998),探索知识产权体制对技术和社会发展的正反面影响。如,专利(Mazzoleni 和 Nelson,1998)、商标(Landes 和 Posner,1987)、版权(Shapiro 等,1999)、商业秘密(Cohen 等,2000)等外生的法律保护机制可以在特定行业或具体情境下保护企业的创新不被竞争者模仿(Hurmelinna-Laukkanen 和 Puumalainen,2007);第二,基于隔离机制的研究,从资源性质出发,研究阻止模仿的经济力量。如 Barney(1991)认为,企业以资源基础上形成的异质性能力获取经济租金,但由于竞争和模仿的存在,为避免经济租金在竞争中消散,需要隔离机制来限制竞争优势被模仿或被削弱,包括消费者和生产者学习、因果模糊性、独特资源、专门化资产、嵌入团队的技能、产权等(胡胜蓉,2013);第三,基于从创新中获益理论的研究,与独占性体制关注外部环境、隔离机制关注异质性资源所形成的模仿障碍不同,基于从创新中获益理论视角的研究更加强调企业保护和独占他们创新回报的行为与能力,包括产权保护、技术秘密、时间领先、持续创新、人力资源管理等(Levin 等,1987),并发

现这些独占性机制的有效性受到规模、知识性质和产业技术特性等诸多因素的影响（Neuhäusler,2012）。

随着集群研究的深入,学者们发现集群内关联企业具有地理、制度、认知上的高度邻近性（Boschma,2005）,由于非正式集体学习的存在,加之集群内各类人员的高频流动,导致企业知识、技能的快速溢出。而溢出的知识、技能绝大部分以不可编码的知识资产形态存在,难以形成正式知识产权,进而导致企业知识资产治理问题在集群层面与微观层面有很大的不同,传统的独占性机制无法有效避免集群情境下的技术模仿、侵犯知识产权等行为（Davis,2004）,魏江和胡胜蓉（2007）将其称为独占性机制在企业知识资产治理中的缺位或失效。

为解决上述问题,当法律不能有效保护产权时,有研究基于正式契约,讨论私人协议（契约）在满足产权所有者专有性、排他性需求时的作用机理（Dixit,2009）。如不泄密协议、竞业禁止协议、不竞争协议（Hertzfeld 等,2006）均成为知识产权法律的重要补充,共同构成企业外部的知识资产治理制度。也有研究基于非正式契约,在一个系统中,通过信任关系（Bernstein,2016）、第三方（Howells,2006）、行业规范（Fauchart 和 von Hippel,2008）、声誉机制（Howells,2006；Provan 和 Kenis,2007；von Hippel,2007）等协调和管制活动,抑制成员企业占用其他成员的知识资产和创新成果等机会主义行为（Kenis 和 Provan,2006）。综上,知识资产治理主体不仅是企业本身,还可以是上下游企业、联盟或社群、第三方机构等,而知识资产治理体系不仅包括正式司法制度,还包括一系列具有场域特征的正式、非正式制度安排。

二、制度创业为集群企业知识资产模式演化提供理论视角

制度理论认为合法性是连接组织行为和环境的桥梁（Suddaby 和 Greenwood,2005）,在制度场域中企业行为并非都是由追求高效率的动机驱使,它们会受到制度环境的压力和影响（Berrone 等,2013）,成员企业只有获得场域内规则、社会理念或文化的支持即合法性,才能生存下来（Kostova 和 Zaheer,1999）。因此,可以采用合法性视角重新审视集群企业知识资产治理问题。而合法性压力作为企业感知场域制度环境预期并改变或决定企业行为的作用力,促使企业的行为获得场域内规制、规范和社会认知的支持（Quirke,2013）。那么,制度从何而来? 企业在应对制度场域中合法性压力的同时,如何反过来影响制度环境并推动制度变迁? Dimaggio（1988）在 Eisenstadt

(1980)研究基础上提出了制度创业（institutional entrepreneurship）的概念，用以解释场域内的制度创业者（组织或者个体）出于认识到选择、操纵、改变现有制度或创造新制度所蕴含的潜在利益等目的，尽管面临着倾向于保持不变和趋同的合法性压力（Liu 等，2010），同样可以采取能动性措施，主动建构并推广使组织（或个体）行为获得新制度场域认同所需要的规则、信念、价值观或行为模式等，建构有利于行动者自身行为活动的合法性压力，从而创造、开发和利用盈利机会（Maguire 等，2004）。

　　早期制度创业研究重点关注的是组织的个体行为对场域制度的作用。Oliver（1991）对制度创业过程中的组织策略做出了重要发展，后续学者在此基础上做了进一步的完善，如什么样的行动者会成为制度创业者（Greenwood 等，2002）、制度创业涉及哪些关键要素（Maguire 等，2004）、哪些因素影响了制度创业（Hargadon 和 Douglas，2001；Kostova 和 Roth，2002）等等，其中关于如何通过个体组织的战略行为创造场域合法性的研究最多（Suchman，1995；Zimmerman 和 Zeitz，2002），如企业社会责任行为（Bowen 等，2010）、跨国经营行为（Gifford 等，2010）、战略联盟行为（Dacin 等，2007）和创业行为（Tornikoski 和 Newbert，2007）等。

　　近期制度创业研究开始关注中观层面的集体行为对场域制度的作用（Rao 等，2000；Lounsbury 和 Crumley，2007；Canales，2017），强调制度创业可以是一个涉及不同类别、不同层次、不同数量的行为主体，通过正式或非正式、协调或非协调方式开展活动的集体现象。Miles 和 Cameron（1982）在对美国烟草公司的案例分析中发现，美国 6 大烟草公司为了应对"反吸烟运动"给其商业行为所带来的合法性丧失威胁，通过集体协调的行动方式创造新组织开展集体行动，并使之获得新的可能意义与身份（Miles 和 Cameron，1982）。如，联合组建政治战略委员会、联合雇佣说客在一定程度上引导政府的立法活动（如抵制政府通过对于烟草商业活动的禁止性或处罚性法律条文），联合组建烟草研究会来推动科研活动的开展以应对外科医生协会把吸烟与癌症联系起来的行为等；此外，制度创业也可以通过非协调性的集体行动开展，这种情况下制度创业是大量拥有不同程度、不同数量、不同类型资源行为主体的能动性、发散性制度创业活动的累积（Holm，1995；Lounsbury 和 Crumley，2007），Dorado（2005）将这种网络层面非协调的集体行动称为"制度共担"。

三、问题提出

综上,当前研究仍存在许多不足,一方面,关于集群企业知识资产治理的相关研究大多仍聚焦于独占性机制,针对集群特征开展知识资产治理的讨论尚待深入,且现有基于"独占体制"和"隔离机制"的知识资产保护机制难以有效解决集群企业收益独占的问题,迫切需要新的理论或范式来解析这个难题;另一方面,集群内本地化的知识资产治理制度的形成,有效补充了专利等国家产权制度的缺位与失效,成功规范了集群企业的生产、创新行为,但这些有效尝试目前仍然比较零散,有必要对其进行系统化和理论化的深入探讨,以探索集群企业合理、有效的知识资产治理机制及其对本地化制度设计本身的影响,即"制度从何而来",现有的制度研究也没有给出较合理的解释(Greenwood等,2002)。

因此,本书在讨论产业集群内生的知识资产治理模式概念和内涵的基础上,结合现有研究中出现的集群企业知识资产治理手段和制度创业策略,通过对浙江桐庐制笔产业集群的纵向案例研究,试图回答集群企业知识资产治理模式如何形成、演化。

第二节 研究设计与案例选择

一、研究方法与数据采集

研究方法

本书采用纵向单案例研究方法。由于探讨"做什么"和"如何做"的问题,选择案例研究方法更合适(Walsham,1995),可以把纵向单案例发展中的多个分析单元看作一系列实验(Yin,2007),对实验现象的翔实描述能充分呈现案例本身的丰富性(Tsui等,2007),在保证案例研究信度的同时提炼出更可靠的理论模型,也能深入揭示单一情境下的动态变化过程(Eisenhardt,1989)。本书从特定产业集群的整体发展入手,深入理解剖析知识资产治理模式的发展历程及情境变化,以反映案例对象在各个阶段的演变情况,探讨解释行动战略的选择逻辑。因此,选择纵向单案例研究方法是适合的。

研究对象

本书选择桐庐制笔产业集群作为研究对象,主要有以下四个原因:第一,桐庐制笔产业集群拥有近 40 年的发展历史,在企业知识资产治理、企业模仿侵权、企业创新意愿等构念变化上具有明显的阶段性,且两者之间存在显著的共演关系,与本书研究问题相契合,有益于理论建构。第二,制笔技术相对成熟且技术门槛较低,发展早期面临严重的模仿和造假问题,且危及整个集群良性发展,据了解,10 年前分水镇约有 60% 的企业发生过专利侵权纠纷,但有 30% 的企业由于知识产权司法审判难而放弃维权。第三,在该集群发展过程中,已经出现了中观层面与知识资产治理相关制度创业的成功案例。1998 年桐庐县制笔协会成立,2014 年 8 月,制笔协会 24 家制笔企业自愿组织成立了知识产权保护联盟,共同签订《杭州制笔产业联盟维权公约》(以下简称《维权公约》),2014 年 9 月中国杭州(制笔)知识产权快速维权援助中心在分水成立,并与杭州制笔行业协会合署办公,出台《桐庐县企业专利确权授权管理办法》《桐庐县制笔行业信用评价试行办法》等地方化制度规则,标志着集群开始通过建立内生的保护机制,强化集群企业知识资产保护的力度。第四,保证案例选择典型性同时兼顾数据可获得性。本书通过与该集群阶段性发展亲历者保持长期、有效的互动、交流与合作关系,合理降低调研和信息获取成本,提高样本数据准确性。因此,通过对桐庐制笔产业集群企业知识资产治理模式演化分析,能为集群企业知识资产治理理论研究提供启发。

数据采集及效度检验

在案例相关资料、证据和信息采集方面,根据 Glaser 和 Strauss(1967)的建议,选取多种渠道来源的数据,以期获得多视角研究描述的案例现象,通过对不同来源的证据数据进行"三角验证",提高本书案例数据的信度和效度(Eisenhardt,1989;Yin,2003)。数据收集的方法主要是:(1)依托网络新闻报道、政府工作报告、行业协会网站等以及 CNKI、Infobank 等数据库获取相关二手资料;(2)依托集群内部实地调研和参与相关项目工作获取相关一手资料;(3)依托 4 轮半结构化访谈补充完善案例一手资料,访谈提纲主要以开放式问题为主,问题包括企业、行业协会、集群内的研发机构及维权中心等的发展背景,企业创新活动及其意愿、行业内的模仿现状、知识产权制度治理模仿问题时的效果、企业如何应对同行"抄袭"和知识流失问题及效果如何等。最后对获取的一手、二手资料进行整合,形成证据链,从而使得案例资料高度可靠。

本书主要通过资料三角验证和研究者三角验证(罗伯特和周海涛,2004)

的方法来确保研究的效度。在资料方面，通过深度访谈、直接观察和其他文字资料构成证据来源的三角验证（陈晓萍等，2012）；在研究者方面，通过第一类研究助理（研究者当地朋友）了解集群在专业领域内的创新情况及应对侵权的相关报道等；与第二类研究助理（作者外的研究团队成员）开展实地走访调研，对集群内的高级专家进行半结构化访谈，直接观察集群运作并收集内部出版物；与此同时，依托电话、微信、邮件等即时通信工具开展间接访谈、补充证据，共同构成研究者的三角验证（Patton，1987）。

二、数据分析

为了更好地理解桐庐制笔产业集群企业知识资产治理模式的演化，首先，阅读并理解制笔产业集群的基本情况，不仅包括桐庐制笔产业集群的知识资产治理现状，还包括集群的整个发展过程；其次，从桐庐县年鉴、桐庐县政府信息公开门户网站、桐庐制笔产业集群网站、行业协会以及部分集群企业网站、年报及内部刊物等提供的大事表，初步建构集群发展史，尤其关注有关集群企业知识资产治理的关键事件；最后，由于网站新闻、内部刊物等二手资料更多关注事件结果，缺乏集群及企业的决策过程和行动策略，我们又辅之以相关企业、行业协会、快速维权中心及县科技局负责人的半结构化访谈，完善知识资产治理的演化史。

根据发展历程中有关知识资产治理的一些关键事件，遵循共演文献的研究思路（Child 和 Rodrigues，2005），我们将桐庐制笔产业集群的历史划分成三个阶段，并从集群企业所面临的制度环境及其知识资产治理开始，随着案例数据分析、概化之间的不断交叠（Glaser 和 Strauss，1967），直至理论推演达到相对满意的饱和程度，且不断运用图表辅助分析，本书关键构念及其相互关系逐渐涌现（Glaser 和 Strauss，1967），进而找出"集群企业知识资产治理模式如何形成、演化？"这个问题的答案。最后浮现的概念包括制度创业策略、集群企业知识资产治理模式、创新合法性压力及知识资产治理绩效。本书遵循Dieleman 和 Sachs（2008）的方法，通过陈述案例故事，推演构念及其关系。此外，邀请研究团队其他成员就若干关键事件的理解进行了交叉检验（Eisenhardt，1989）。

三、案例背景

制笔产业作为分水的支柱产业，自 20 世纪 70 年代末以小规模家庭作坊起步,历时 40 多年的发展,已形成涵盖原料供应、模具加工、配件制造、整笔生产、物流运输、贸易销售等各个环节的、完整的产业链。桐庐制笔产业集群2016 年共有注册制笔及其配套企业近千家,规上企业 19 家,全行业实现总产量 76 亿支,销售收入达 62.8 亿元,5 年来增加 18.5 亿元,年均增长 7.2%[①],按照设备规模,截至 2016 年年底已具有年产 180 亿支笔的产能,分水"妙笔小镇"成功入围首批杭州市级特色小镇(2015 年)、首批国家特色小(城)镇(2016年)。基于对桐庐制笔产业集群二手资料和实地访谈一手资料的对照分析,根据导致研究构念发生剧变的关键事件,本书将桐庐制笔产业集群企业知识资产治理的发展分成三个阶段,如表 6.1 所示。

表 6.1 案例背景情况

发展阶段	关键事件
初始期 (20 世纪 70 年代到 90 年代中期)	由于塑料圆珠笔制造的资金需求和技术门槛较低、回报率较大,大量家庭作坊式制笔企业迅速涌现,资本仅仅十几万元的小厂都配有模具制造修配车间。然而,这些企业都以满足基本生产需要为目的,设备购置基本雷同、层次也不高
规范期(1998—2005 年)	桐庐县制笔协会成立
转型期(2006 年至今)	● 知识产权保护联盟成立,签订《桐庐县制笔行业知识产权保护联盟公约》 ● 桐庐分水制笔科技创新服务中心成立 ● 桐庐县分水制笔行业科学技术协会成立 中国杭州(制笔)知识产权快速维权援助中心成立,出台《桐庐县企业专利确权授权管理办法》 ● 成立桐庐制笔专项小组,出台《桐庐县制笔行业信用评价试行办法》

数据来源:作者自行整理。

---

① 卢利华.浙江桐庐分水镇"中国圆珠笔制造基地"[EB/OL].(2017-08-25)[2017-09-09].http://www.china-writing.com.cn/Z_Show.aspx? type=26273.

第三节　案例描述与过程分析

一、初始期(20世纪70年代到90年代中期)

早期分水镇制笔企业多数脱胎于家庭式小作坊,企业主文化水平不高,创新意识不强,知识产权意识更是薄弱。基于制笔产业资金投入和技术门槛相对较低的现状,大量家庭作坊式制笔企业在效率驱动下迅速涌现。被走访企业反映,受投机经营理念影响,大部分企业家满足于现有的技术与销路,不愿再花力气开发新产品、新市场,没有设备,就回购大企业淘汰的二手设备;没有技术,就派人去大企业偷学、买别人的产品拆解模仿;没有懂技术、懂设备、操作熟练的技术工,就重金抢人、挖人……企业主怕投资失败而不敢创新,相互模仿、低价竞争。

初始期,知识资产的治理呈现出基于专利法律的独占自治模式(见图6.1)。集群企业主要依托国家知识产权法律赋予产权所有者的强制力,通过获取专利、实用新型、版权、商标等知识资产的所有权,形成企业对知识资产的独占隔离开展治理。然而,对于专利申请,由于国家知识产权法律的技术门槛限制和生效时间障碍,根据《中华人民共和国专利法》的相关要求,大量笔样款式设计的技术含量一般达不到申请国家专利标准,且国家专利从申请到生效需要一年的时间,而一种笔样款式设计的价值周期还不到一年。而对于专利维权,发生过侵权事件的云山制笔负责人也提出,"笔这个东西,本来就没几个利润,申请个外观还要交钱,最关键的是专利还没申请下来,可能别人的复制品就弄出来了,即使真的因为侵权申请了诉讼,由于诉讼周期长(一般需要1—3年,但一些产品的市场生命周期不到半年)、举证困难、费用高昂,如果被告侵权者再来个申诉,可能官司还没打完,侵权的企业就已经把钱赚得差不多了,再去销毁什么模具、产品也没多大意思"。

因此,在我国弱知识产权体制下,创新企业依托国家司法制度所形成的知识隔离,难以对集群企业的模仿行为产生威慑压力。走访时,桐庐制笔产业集群的联华制笔有限公司办公室负责人提出,"在一个新笔样投入生产之前都会试着申请专利……不是用来防贼的,别人抄你是拦不住的,最主要还是用来销售宣传,有这个东西,采购方才愿意买,价格也好谈"。制笔行业协会负责人也提到过,桐庐这个地方其实很小,大家都很熟,特别是早年间制笔的很多都是亲戚，抬头不见低头见的，也不愿意去把关系搞僵，所以很多企业一般也不愿意使用诉讼来解决侵权问题，最终导致"有专利难维权"的现象。

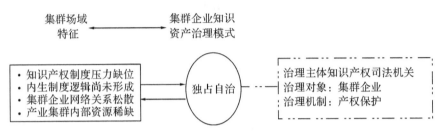

图 6.1　初始期，桐庐制笔产业集群企业知识资产治理模式及其场域特征
资料来源：本书分析得出。

　　综上，如表 6.2 所示，由于集群企业在依托国家知识产权法律开展知识资产治理的过程中，存在技术门槛限制、生效时间障碍及同城维权低效等问题，无法给侵权企业的模仿行为产生有效的压力和障碍，高额的研发成本难以获得相应的知识资产回报，很多被侵权企业只能无奈选择"忍气吞声"，甚至还会出现"入不敷出""创新找死"的尴尬局面，严重影响了企业开发新产品的积极性，使得创新企业的研发热情难以维系，最终"近墨者黑"放弃创新走向模仿，整个集群陷入模仿成风、同质竞争、低价倾销的恶性竞争循环之中，正常的市场秩序被打乱，同质化竞争严重制约分水制笔产业进一步做大做强。

表 6.2　初始期的集群企业知识资产治理模式

	初始期 （20 世纪 70 年代到 90 年代中期）
集群企业知识资产的治理模式	基于产权保护的独占自治模式
集群企业知识资产的治理机制	产权保护
创新合法性压力	＋
创新企业的合法性	0
集群企业的模仿行为	＋＋＋
集群企业的创新意愿	＋

注：0 表示无，＋表示很弱，＋＋表示一般，＋＋＋表示很强。

资料来源：本书分析得出。

二、规范期(1998—2005 年)

在意识到现有国家知识产权法律在解决集群企业知识资产治理过程中存在缺位和失效问题,只有形成符合集群特征的创新文化规范,提高制笔及配套企业主的创新意识,才能使自己的知识资产得到有效治理后,集群内创新企业采用横向联合策略构建集群企业知识资产治理新规范(见图 6.2)。如云山制笔、联华制笔、光华文化用品等,根据产业集群邻近性特征,通过联合与集群内其他同行企业多年的互动与磨合、与桐庐县政府部门反复研讨和协商等自下而上的制度创业活动,于 1998 年组建桐庐县制笔协会(2005 年升级为杭州市制笔协会),重新定义和强化集群情境下企业知识资产治理的新制度边界,通过文化宣传、联合抵制、群内公告、权限限制等手段,逐步引导、调整、建构具有集群本地化特征的隐性、非正式制度规范,实现“抱团取暖”,提高了集群企业所感知的创新合法性压力,营造出集群企业尊重创新、自主创新的良好氛围。

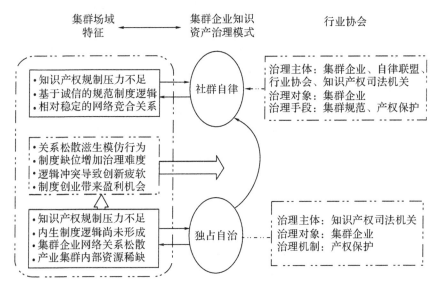

图 6.2　规范期,桐庐制笔产业集群企业知识资产治理模式及其场域特征
资料来源:本书分析得出。

自此,分水制笔产业集群企业知识资产治理进入了规范期并呈现出基于集群规范的社群自律模式。集群企业在依托国家知识产权法律形成企业对知识资产独占隔离的同时,重点依托场域内生的本地化社群规范开展知识资产

的治理。针对集群中存在的恶意模仿或由此导致的恶性价格竞争问题，创新企业一方面依托同行企业间的互相监督，如在展销会上，同行企业会主动观察同行产品是否存在侵权行为，一旦发现，不光会在展销会上通报，同行内也会很快传开，大家也会主动向被侵权企业和行业协会进行举报；另一方面依托行业协会的权威地位，建立行业自律机制，制定并推行行规、行约和职业道德规范，提高行业信誉，[①]通过退出机制、经济惩罚、本地声誉等手段，进行有效处罚，以保护集群成员企业整体利益。

这些治理手段给模仿企业的经济收益和市场声誉带来风险，在一定程度上提高了企业在创新、生产活动过程中所感知的创新合法性压力。由于集群特有的地理、制度、认知上的高度邻近性，本地声誉会直接影响企业在集群内的生存与发展，"很多制笔企业通过各种渠道主动观察同行产品是否存在侵权问题，无形之中就会产生一种压力，起码抄的产品是不会轻易拿出来曝光的"，多数企业还表示"……大家都是抬头不见低头见，最看重的就是脸面，别人都说你做生意不老实、总抄别人设计，甚至有人说你肚子里压根没货，还有谁敢跟你做生意……"。集群内一些企业纷纷加大研发投入，推进技术创新和品牌建设，一批仿冒、伪劣的小工厂和家庭作坊歇业或转产，一批注重创新的企业逐步发展起来。有关研究数据表明，制笔企业数量从 1999 年的 165 家增加到 2006 年的 640 余家，增加了 2.9 倍，并有 200 多家模具、配件生产、运输等配套企业，形成了长而紧密的产业链；产销数量从 13 亿支增加到 62 亿支，增加了 3.6 倍；产销值由 2.2 亿元增加到 23.5 亿元，增加了 9.7 倍，约占全国同类产品产销值的 40%；产品品种越来越多，形成圆珠笔、中性笔、水笔三大系列上千个品种（李晓钟，2007）。

尽管基于集群规范的同行监督使得"跟笔"侵权小工厂和家庭作坊的生存和发展在一定程度上得到了遏制，注重创新的企业逐步发展壮大，然而，企业侵权模仿的判断标准依然是专利，并没有从根本上解决集群邻近性导致企业面临的知识资产治理问题，企业所感知的创新合法性压力依然有限，在利润的驱使下，"跟笔"企业仍然选择顶风作案。据桐庐县科技局提供的数据显示，截至 2005 年底，分水制笔产业集群共有制笔及其配套企业 600 余家，其中规模以上企业仍不足 50 家，年产值超过 3000 万元的企业仅有 10 家，年产值超 5000 万元的企业仅只有 1 家，没有年产值过亿元的制笔企业。

综上（见表6.3），根据集群邻近性特征，集群内创新企业通过横向联合策

---

① 《桐庐县制笔行业协会章程》。

略自下而上地定义和强化集群情境下企业知识资产治理的新制度边界，逐步形成具有集群本地化特征的隐性、非正式制度规范，在一定程度上构建了集群内的创新合法性压力，制笔及其配套企业自主创新意识日渐加强。然而，这并未从根本上解决邻近性带来的企业投机问题，随着企业挖人、模仿方式日渐多元、速度不断加快、隐蔽性逐渐加强，市场一旦打开，就会迅速膨胀。于是，在激烈的市场竞争中，同样的恶性竞争再次出现，仿制假冒现象四处蔓延，整个产业集群再次陷入"近墨者黑"的困局。

表 6.3 规范期的集群企业知识资产治理模式

	规范期 (1998—2005 年)
动因	● 现有国家知识产权法律规制在集群情境下的缺位和失效 ● 只有形成符合集群特征的创新文化规范，才能实现知识资产的效果治理
制度创业策略	连横策略
关键事件	横向游说同行企业成立桐庐制笔协会，制定《桐庐县制笔行业协会章程》
集群企业知识资产治理模式	基于集群规范的社群自律模式
集群企业知识资产治理机制	产权保护、社群规范（弱）
创新合法性压力	＋＋
创新企业的合法性	＋
集群企业的模仿行为	＋＋
集群企业的创新意愿	＋＋

注:0 表示无,＋表示很弱,＋＋表示一般,＋＋＋表示很强

资料来源:本书分析得出。

三、转型期(2006 年至今)

在意识到现有国家知识产权法律在解决集群企业知识资产治理过程中存在缺位和失效问题，单纯依靠企业之间的简单互动所形成的非正式、隐性制度规范无法给侵权企业的模仿行为产生有效的压力和障碍，并未从根本上解决

集群邻近性所带来的企业知识资产治理问题,而只有形成符合本地化特征的地方规制与集群规范,提高制笔及配套企业主的创新意识,才能使自己的知识资产得到有效治理后,集群内创新企业采用合纵策略与连横策略构建集群企业知识资产治理新制度(见图 6.3)。如云山制笔、联华制笔、光华文化用品、新富文具制造、晨乐文具、广众、四海等,根据产业集群邻近性特征,一方面,采用连横策略,游说集群内同行企业,共享长期合作的研发人员和科研机构共建"桐庐分水制笔科技创新服务中心"(2006 年)、"桐庐县分水制笔行业科学技术协会"(2013 年),成立专门进行知识资产保护的蓝盾维权工作委员会(2007 年),成立"制笔行业知识产权保护联盟"(2014 年 8 月),签订《桐庐县制笔行业知识产权保护联盟公约》,聘请专业打假队,实行线人举报奖励制度;另一方面,采用合纵策略,游说地方政府成立快速维权中心(2014 年 9 月),相继推出《桐庐县企业专利确权授权管理办法》《桐庐县制笔行业信用评价试行办法》和《桐庐县制笔行业信用评价试行办法》,组建知识产权联合执法队,由县长挂帅,县科技局(知识产权办公室)、县国税局、县地税局、县公安局、县市场监管局、县供电局等部门开展联合执法行动。

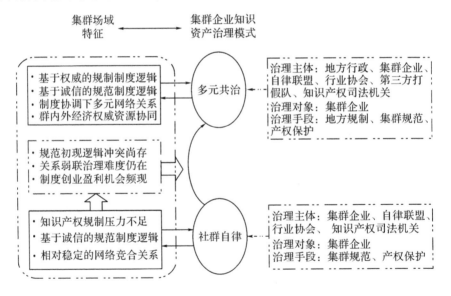

图 6.3　规范期,桐庐制笔产业集群企业知识资产治理模式及其场域特征

资料来源:本书分析得出。

自此，分水制笔产业集群企业知识资产治理进入了转型期并呈现出基于多维制度的多元共治模式。集群企业在依托国家知识产权法律，形成企业对知识资产独占隔离的同时，重点依托集群场域内生的社群规范和地方规制，开展知识资产的治理。

社群规范。2006 年成立"桐庐分水制笔科技创新服务中心"，2013 年成立"桐庐县分水制笔行业科学技术协会"，以科研攻关、技术培训、品牌建设、质量检测、技术推广与信息服务等为主要内容，既为集群内制笔企业提供了专利授权的实惠价格、市场收益良好的创新成果，也成为行业协会治理集群内模仿企业侵权行为的重要抓手。制笔协会原秘书长陈老提到，"当发现企业进行了侵权活动，行业协会可以立即切断其与创新服务中心之间的合作关系并列入黑名单，不但取消其获取创新服务中心与科学技术协会优质、低廉创新成果的机会，也断绝其获取技术培训、产品检测、国内外展销等其他服务活动"。此外，《知识产权保护联盟公约》要求成员企业从自身做起"不侵权、不说情、主动维权"，在不剽窃其他企业知识资产的同时积极配合维权中心举报、打击模仿行为，鼓励企业自主创新，联合同行、媒体建立对创新获得支持的规则、规范、社会理念或文化的作用力，营造"尊重他人知识产权、严厉打击侵权行为"的良好氛围；聘请集群外的专业人员成立专业打假队，开展精准打假，实行第三方举报奖励制度，加大维权线索收集和调查取证力度，举报并成功查处一起侵权案件，给予举报人 5000 元人民币的奖励，同时对于侵权企业的赔偿标准范围上调至 4 万～10 万元。

地方规制。《桐庐县企业专利确权授权管理办法》规定了集群内企业有关"土专利"的相关细则，以快速为立足点，从专利申请前的检索比对，到专利申请的快速确权和提供快速、有力的维权保护，为创新企业提供"一站式"的便捷服务，使企业能有针对性地开展研发设计，降低创新成本，为制笔产业创新创造保驾护航；《桐庐县制笔行业信用评价办法》以激励、教育、预警、惩戒为手段，通过信息征集、信用评价、信用公示、信用警示、信用奖惩和服务等环节，客观评价集群内制笔企业的信用水平，对信用不良的企业实施多元化整治，对信用优良的企业实行信用奖励措施；杭州市中院驻中心知识产权巡回审判庭入驻分水，推出举报投诉当天查处的快速办理机制，100％做到当天投诉案件当天受理立案并进行调查核实，同时对集群内的侵权纠纷办理流程作出明确时限，从受理立案、调查取证到举证答辩最后到行业调解或移送司法，均要求一个月以内完结。

这些治理手段给模仿企业的经济收益和市场声誉带来巨大风险，极大提高了企业在创新、生产活动过程中所感知的创新合法性压力。集群内生的地方规制和社群规范直接影响企业在集群内的生存与发展，以及企业感知的来自本地声誉所带来的创新合法性压力。接到信用"黄牌"的制笔企业，将由工商、税务部门暂缓验审或降级，由税务部门重点检查依法纳税情况，金融部门将从严控制信贷，提高贷款利率，对其信贷信用等级进行重新评定，甚至不得参加本县范围内的各项评比活动，不能享受本县范围内的各项优惠政策；①此外，县内媒体、镇区大型显示屏还会公开曝光侵权案件，引导分水制笔企业逐步形成依法、规范、自律的行业意识。企业感知的来自行政执法所带来的创新合法性压力，知识产权专项小组以县长为组长，地方各部门开展联合执法行动。如"拔钉"行动，针对执法过程中出现的个别企业主不配合、态度蛮横现象，坚持高压态势，坚决予以打击，市场监管、环保等执法部门开展联合执法检查，供电、金融等服务部门限期停止服务，直到企业主认识到自身的错误，"打霸拔钉"行动公开销毁了一批侵权模具与产品，遏制一批、震慑一批，营造了分水制笔"打击侵权，保护创新"的浓厚氛围；对信用警示企业，由相关部门及时督促企业纠正失信行为，在桐庐县内小商品市场、大型超市和物流企业等开展累计 45 人次的流通领域仿冒、侵权产品清查行动，制作并发放仿冒、侵权产品辨识宣传板 3 套，累计检查商场 11 家，与 3 家超市、大型商场签订维权承诺书；2016 年 4 月份开始，集中开展了长达 3 个月的制笔行业知识产权保护联合执法专项整治行动，共巡查企业 262 家，出动 900 余人次，共查处侵权案件 42 起，截至 2016 年 10 月共有 10 起达成调解，18 起移交杭州市中院，14 起正在处理中；2015 年，巡回法庭共 3 次公开审理知识产权侵权案件 15 件，其中当庭调解和庭外和解 8 件，已判决 7 件，巡回审判庭就地公开审理，将法庭搬到了企业"家门口"，有选择性地组织企业主到庭旁听，以现场说法形式，在庭审中普及法律知识，疏通了知识产权司法保护"最后一公里"，大幅提高了企业由于模仿、剽窃可能造成的惩罚成本，进而影响集群场域内企业非法剽窃其他企业知识资产的合法性压力，基于此，创新企业的生存得到了保障。

经过几年的联合行动，不但侵权企业的模仿行为得到了有效遏制，集群企业的创新意愿也得到了有效提升。县科技局提供的数据显示，截至 2016 年年底，分水制笔企业共开发出圆珠笔、中性笔以及水性笔 3000 多个品种，拥有笔类专利 4100 余件，占全国笔类专利的 35％左右，认定 2015 年度县级专利示

---

① 中国制笔协会.分水制笔信用体系解决专利疑惑.（2007-10-22）[2017-09-09].http：//www.china-writing.com.cn/Z_Show.aspx？type＝6708.

范企业 9 家和县级专利技术产业化项目 5 项。2016 年全镇共有制笔及配套企业 992 家,2000 万元以上规模制笔企业 19 家,吸纳从业人员 1.2 万余人,全行业实现总产量 76 亿支,销售收入达 62.8 亿元,5 年来增加 18.5 亿元,年均增长 7.2%,①按照设备规模,截至 2016 年年底已具有年产 180 亿支笔的产能,形成包含圆珠笔、中性笔和水性笔等在内的门类较全、规模较大、配套能力较强和市场竞争力较大的产业集群,从"世界人均一支笔"向"世界人均一支好笔"的目标迈进,成为国内最重要的制笔产业研发、生产和销售综合体之一。2009 年 11 月分水制笔集群被命名为"中国笔类出口基地",成为杭州市首个、全国第 11 个国家级商品出口基地,②2011 年 8 月被命名为"中国圆珠笔制造基地",2015 年底桐庐分水妙笔小镇成功入围首批杭州市级特色小镇,次年列入首批国家特色小(城)镇。

表 6.4 从纵向视角总结了不同阶段集群内企业知识资产治理模式的演化。由于国家知识产权法律在解决集群企业知识资产治理过程中存在缺位和失效的问题,而依靠企业间简单互动所形成的非正式、隐性制度规范,无法给侵权企业的模仿行为产生有效的压力和障碍,集群内创新企业通过连横策略和合纵策略自下而上地定义和强化集群企业知识资产治理的新制度边界,形成具有产业集群特征的正式、非正式制度安排,以《桐庐县制笔行业知识产权保护联盟公约》促进行业自律,有效整合维权资源;依托地方行政部门联合执法,以《桐庐县企业专利确权授权管理办法》《桐庐县制笔行业信用评价试行办法》和《桐庐县制笔行业信用评价试行办法》实现多元共治,开展行业专利快速确权申请、快速维权援助、快速行内调解、专业司法援助,将创新维权"直通车"开到企业"家门口",多维度提高企业感知的创新合法性压力,有力净化了制笔行业的创新环境,极大提高了制笔及其配套企业自主创新意愿。

①②　卢利华.浙江桐庐分水镇"中国圆珠笔制造基地"[EB/OL].(2017-08-25)[2017-09-09].http://www.china-writing.com.cn/Z_Show.aspx? type=26273.

表 6.4　桐庐制笔产业集群各阶段知识资产治理模式

	初始期（20世纪70年代到90年代中期）	规范期（1998—2005年）	转型期（2006年至今）
动因	● 现有国家知识产权法律在集群情境下缺位和失效 ● 只有形成符合集群特征的创新规范，才能实现知识资产的效果治理	● 现有国家知识产权法律在集群情境下缺位和失效 ● 只有形成符合集群特征的创新规范，才能实现知识资产的效果治理	● 现有国家知识产权法律在集群情境下缺位和失效 ● 依靠企业之间简单互动所形成的非正式的、隐性制度的压力和障碍 ● 只有形成符合集群特征的地方文化规范与创新制度，才能实现知识资产的效果治理
制度创业		连横策略	合纵策略、连横策略
关键事件		● 横向游说同行企业，成立桐庐县制笔行业协会，制定《桐庐县制笔行业协会章程》	● 横向游说同行企业，成立分水制笔科学技术协会 ● 横向游说同行企业，成立知识产权保护联盟，签订《桐庐县制笔行业知识产权保护联盟公约》 ● 中国杭州（制笔）知识产权快速维权援助中心成立，出台《桐庐县制笔行业信用评价办法》 ● 成立桐庐县制笔专项小组
集群企业知识资产治理模式	基于产权保护的独占自治模式	基于集群规范的社群自律模式	基于多维制度的多元共治模式
集群企业知识资产治理机制	产权保护	社群规范（弱）、产权保护	地方规制、社群规范、产权保护
创新合法性压力	+	++	+++
创新企业合法性	0	+	+++
集群企业模仿行为	+++	++	+
集群企业创新意愿	+	++	+++

注：0表示无，+表示很弱，++表示一般，+++表示很强。
资料来源：本书分析得出。

第四节　研究发现与结果讨论

一、结论与讨论

本书围绕"集群企业知识资产治理模式如何形成、演化？"这个核心研究问题展开，提出解决文献中有关集群情境下独占性机制在治理企业知识资产过程中缺位和失效问题的关键在于从动态视角出发，探索合法性压力在集群企业知识资产治理模式演化过程中所扮演的角色。本书发现如下三个主要结论。

"近墨者为什么会黑？"

集群情境下，由于关联企业之间地理、制度、认知上的高度邻近性，企业基于独占性机制的产权保护存在缺位，导致集群企业创新疲软，整个集群陷入"近墨者黑"的恶性循环。

集群情境下，本地企业在享受邻近性所带来的知识溢出的低交易成本和外部经济性时（Boschma，2005），频繁化的人员流动和多样化的知识交流使得企业依靠传统的独占性手段已然无法有效避免知识资产流失、技术创新被模仿、侵犯等"搭便车"的问题（Davis，2004）。其主要原因包括：第一，法律的普适性特征要求法律规制制度安排对于所有产业的知识资产治理无差异（Mazzoleni 和 Nelson，2016），这就忽视了不同产业知识结构、知识隐性等知识属性差异所带来的知识资产治理方式的不同（Andersen，2004），导致传统知识产权法律的效力对不同产业存在较大的差异；第二，国内大多数企业创新保护意识还相对薄弱，多数企业仅通过成果出版、发表后自然获得的版权，或在产品包装、使用说明书、检测检验报告等上标识企业名称进行"半正式"保护（Päällysaho 和 Kuusisto，2011），由于缺乏制度和资源支持，难以提供侵权的证据以实施有效的处罚（Levin，1986），不能保证所有人会遵守（Agarwal 等，2009），对于创新知识资产的独占性效果也就大打折扣（Martinez-Piva，2009）；第三，对于侵权行为的处理存在诉讼费用高、立案周期长、搜证难度大等问题（Fauchart 和 von Hippel，2008），难以有效应对迅速变化的市场需求和不断缩短的产品生命周期等情况（Levin，1986），难以保证知识资产专有性（Fauchart 和 von Hippel，2008）；最后，由于非正式集体学习的存在，导致企业知识、技能的快速溢出，而溢出的技能、知识绝大部分以不可编码的知识资产形态存在，难以形成正式的知识产权（Fauchart 和 von Hippel，2008），进而导致企业知识资产治理问题在集群层面与微观层面有很大的不同，现有独占性理论难以解决集群企业收益独占的问题，魏江和胡胜蓉（2007）将其称为独占性机制在集群企业知识资产治理中的缺位和失效。

因此，在集群情境下，基于独占性机制的产权保护存在缺位，创新成果推出市场不久，同行竞争者就会通过简单仿制、抄袭进入市场，创新企业由于研发成本远高于竞争对手的模仿成本，不但难以获得知识资产创新投入的相应回报，甚至还会陷入"创新找死"的尴尬局面（孔小磊，2013），创新企业的研发热情难以维系，最终也会放弃创新走向模仿，整个集群陷入"近墨者黑"的恶性循环，致使集群难以转型升级，甚至整体发展滞后，最终被市场淘汰。

"近墨者如何能不黑？"

集群情境下，企业通过"连横""合纵"等制度创业策略，能动性地重新定义和强化场域制度边界，推动集群企业知识资产治理模式的演化。

在转型经济情境下，虽然政府是最大的制度创业者（尹珏林和任兵，2009），但以国家政府为主导的制度创业（变革）通常都带有较大的不确定性（Scott，2003），如本案例所涉及的我国知识产权法律体系的变革对于特定集群企业的知识资产治理存在缺位或失效问题。案例数据分析验证了（Greenwood 和 Suddaby，2006）提出的基于制度环境和市场行为之间存在不协调，在彻底的制度变革发生时，监管的变革是从属于这个行业的精英角色的。在意识到现有国家知识产权法律规制制度在集群情境下解决企业知识资产治理过程中存在缺位和失效问题，而只有重新定义和强化集群企业知识资产治理的场域制度边界，才能够使自己的知识资产得到有效的治理后，桐庐制笔产业集群内的创新企业在近 40 年的制度创业过程呈现出"连横"与"合纵"两大能动性建构策略。

一方面，制度创业主体对同行企业开展"连横"，游说集群内同行企业，共享长期合作的研发人员和科研机构共建"桐庐分水制笔科技创新服务中心"（2006 年）、"桐庐县分水制笔行业科学技术协会"（2013 年），成立"制笔行业知识产权保护联盟"（2014 年 8 月），签订《桐庐县制笔行业知识产权保护联盟公约》，形成具有产业集群特征的非正式、隐性制度文化，提升行业自律意识，做到"不侵权、不说情、主动维权"，构建了集群内的创新合法性压力，实现"抱团取暖"，营造集群企业尊重创新、自主创新的良好氛围。

另一方面，制度创业主体对地方政府、第三方打假以及媒体开展"合纵"，游说地方行政部门纵向组建中国杭州（制笔）知识产权快速维权援助中心、成立知识产权专项小组(科技、公安、工商、税务、供电、国土、城管等)、协同集群外第三方打假队等,出台《桐庐县企业专利确权授权管理办法》《桐庐县制笔行业信用评价试行办法》等地方化制度规则,有效解决维权工作"发现难、取证难、查处难"的三难问题,营造"尊重他人知识产权、严厉打击侵权行为"的良好氛围,鼓励企业自主创新,联合同行、媒体建立对创新获得支持的规则、规范、社会理念或文化的作用力。在中国情境下,第三方组织特别是地方政府和第三方打假队作为一种"隐性"的治理主体常常被研究者忽略,在过去的研究中,其角色功能更多体现为外生于集群场域的国家政策执行者,而作为集群场域内部行为主体的参与程度和对本土化制度环境的建构作用并不突出,但在实践中却发挥着重要的作用。在近年来,各集群面临企业创新不足、知识资产被侵权现象凸显等背景下,产业集群正试图通过各种手段来游说地方政府和第三方打假团队,以不同形式融入对所在地集群企业知识资产的治理过程中去。

响应 Hoffman(1999)以及 Child 等(2007)的研究,本书发现制度创业是行动主体出于认识到形成具有本地化特征的正式、非正式制度安排所蕴含的潜在利益,尽管面临着倾向于保持不变和趋同的合法性压力(Holm,1995;Seo 和 Creed,2002),通过连横策略和合纵策略自下而上地定义和强化集群企业知识资产治理的新制度边界,改变和重新安排利益和权力格局,建构行动者自身行为的合法性压力,创造、开发和利用盈利机会(DiMaggio,1988;Rao 等,2000;Maguire 等,2004),其结果依赖于多重制度创业参与主体的正反作用力(Reay 和 Hinings,2005;Garud 等,2007;Delbridge 和 Edwards,2008)。

"由墨向清如何演化?"

集群情境下,企业知识资产治理模式可被划分为基于产权保护的独占自治型知识资产治理模式、基于集群规范的社群自律型知识资产治理模式和基于多维制度的多元共治型知识资产治理模式。基于动态角度,特定集群的知识资产治理模式在其初始、规范和转型过程中并非总是遵循同一种路径,会由于自发或人为原因而发生变迁。

结合演化研究和制度创业研究的相关解释,集群企业知识资产治理模式的变迁是场域内的制度创业者(创新企业)出于认识到操纵、改变现有制度或者创造新制度所蕴含的潜在利益等目的,自下而上主动开展的集群场域制度再安排的结果。具体而言,集群情境下,创新企业在意识到基于产权保护的独占自治型知识资产治理模式所代表的制度安排已经无法有效协调成员企业的模仿行为,创新企业知识资产投入无法得到应有回报,而只有重新定义和强化集群企业知识资产治理的场域制度边界,才能够使自己的知识资产得到有效的治理时，就产生了制度创业的需求和动力。通过形成具有产业集群特征的非正式、隐性规范，建构利益相关者的创新合法性认知，强化成员企业生产活动中的创新合法性压力，基于集群规范的社群自律型知识资产治理模式逐渐形成，制笔及其配套企业自主创新意识日渐加强。然而，部分创新企业逐渐意识到这并未从根本上解决邻近性带来的企业投机问题，随着企业挖人、模仿方式日渐多元、速度不断加快、隐蔽性逐渐加强，市场一旦打开，就会迅速膨胀，同样的恶性竞争再次出现，各企业产品同质化现象非常严重，整个产业集群再次陷入"近墨者黑"的困局。于是，集群内创新企业再次通过连横策略和合纵策略自下而上地定义和强化集群企业知识资产治理的新制度边界，形成具有产业集群特征的正式、非正式制度安排，多角度提高企业感知的创新合法性压力，基于多维制度的多元共治型知识资产治理模式日趋成熟，有力净化了制笔行业创新环境，极大提高了制笔及其配套企业自主创新意愿。

综上，集群企业知识资产治理模式演化的内在机理可以归纳出一个如图6.4所示的反馈式演化逻辑：首先，基于静态视角，上述三类知识资产治理模式呈现了特定集群情境下创新主体在某一时间截面上与知识资产治理活动相关的所有正式、非正式制度安排的总体特征。如从Fauchart和Hippel（2008）的案例描述中，可以观察到法国厨师在社群内开展知识资产（菜谱）治理所呈现出的以社群规范为主、产权保护为辅的知识资产治理模式（Fauchart和von Hippel，2008）。而集群企业知识资产治理模式通过影响集群企业感知的创新合法性压力，进而协调集群企业的创新、模仿行为，因此集群企业知识资产治理模式（正式或非正式制度安排）会对集群创新活动（行为）产生极大的影响；其次，基于动态视角，行动主体的制度创新实践会对已有制度安排产生反馈作用，即集群情境下，创新主体的制度创业实践将通过影响成员企业的启发式属性，反作用于原有知识资产治理的场域制度安排，经过长时间不断探索和频繁试错，原有场域制度发生改变（"墨"不再明显），许多成功的制度创业实践所形成的使企业创新行为获得利益相关者认同所需要的本地化价值观、规则、信念、行为模式被逐步建立并推广（"清"逐渐成为主流），此时，集群就过渡到另一种知识资产治理模式。最后，这种演化并非总是遵循同一种路径，会由于自发或人为的原因而发生变迁，正如前文所述，其路径依赖于多重制度创业参与主体的正反作用力（Reay和Hinings，2005；Garud等，2007；Delbridge和Edwards，2008）。例如，Visser和Langen（2006）在案例研究中发现，20世纪末，智利葡萄酒业产业集群经历了从早期企业自治型治理模式向多元共治型治理模式的转变。本书发现，桐庐制笔产业集群从21世纪初期开始出现基于

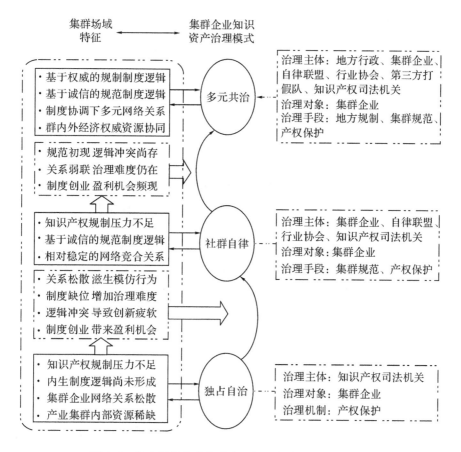

图 6.4　桐庐制笔产业集群企业知识资产治理模式演化

资料来源：本书分析得出。

产权保护的独占自治型治理模式，经过基于集群规范的社群自律型知识资产治理模式阶段，最终向基于多维制度的多元共治型治理模式转变。

二、贡献与启示

提出基于合法性机制的集群情境下企业知识资产治理行为

一方面，目前关于集群企业知识资产治理的研究仍处于起步阶段，现有研究大多仍聚焦于独占性机制，试图从微观企业和宏观制度层面寻找企业治理知识资产的策略，而针对集群特征开展知识资产治理的讨论尚待深入，关联企业之间存在地理、制度、认知上的高度邻近性，使得企业基于独占性视角的"产权保护"缺位;另一方面,制度理论认为合法性是连接组织行为和环境的桥梁(Suddaby 和 Greenwood,2005),在制度场域中,企业行为并非都是由追求高效率的动机驱使,也必然会受到来自制度环境的压力和影响(Kostova 和 Zaheer,1999),法律法规、文化期待和观念习俗构成了组织和个人生存所必须承受的强大约束力,是组织和个体在制度域中生存所要接受的合法性底线(Zimmerman 和 Zeitz,2002)。因此,本书基于合法性机制的治理模式,拓展了现有理论在解决现实问题中的局限,改变原有知识产权保护的制度设计逻辑,为集群企业知识资产治理提供新的机制和制度保证。

从动态视角提出集群情境下企业知识资产治理模式

案例研究发现,特定集群内的创新企业在不同时间截面上对知识资产存在相对一致的正式和非正式制度安排(如产权保护、地方规制、社群规范等),而基于动态视角,在特定集群情境下,知识资产治理模式的初始、规范和转型不同阶段会由于自发或人为原因而发生变迁,并非总是遵循同一种路径,其路径依赖于多重制度创业参与主体的正反作用力(Reay 和 Hinings,2005;Garud 等,2007;Delbridge 和 Edwards,2008),会由于自发或人为的原因而发生变迁。当前理论过于强调自上而下的制度化过程导致企业在适应合法性压力时的趋同现象,忽略了微观组织对于推动场域合法性压力的建构作用及其对制度本身变化的影响。本书选取桐庐制笔产业集群内创新企业的特殊实践作为纵向案例研究对象,探索集群中的创新主体试图在独占性手段失效或缺位的现实背景下,通过"合纵""连横"等制度创业策略自下而上构建集群企业的创新合法性压力,提出"集群企业知识资产治理—创新合法性压力—治理绩效"的从创新中获益逻辑架构,全面刻画了集群情境下企业知识资产治理模式的动态演化过程。

第五节　本章小结

集群情境下,信息传播路径的扁平化和知识溢出的低成本,导致技术快速被模仿,创新企业难以获得知识资产投入的相应回报,还会出现创新挤出,陷入"近墨者黑"的恶性循环。为此,企业需要依靠自身的战略行动填补现有的制度缺位,实现个体企业知识资产的有效治理。本书围绕"集群企业知识资产治理模式如何形成与演化"这个核心问题展开,在梳理相关理论的基础上,选择桐庐制笔产业集群作为研究对象,纵向探索企业知识资产治理模式演化过程,研究发现:(1)产业集群内由于同行企业之间地理、制度、认知上的高度邻近性,企业基于独占性机制的产权保护存在缺位,导致集群企业创新疲软,整个集群陷入"近墨者黑"的恶性循环;(2)为实现"近墨者不黑",创新企业通过"连横""合纵"等制度创业策略,能动性地重新定义和强化场域制度边界,推动集群企业知识资产治理模式的演化;(3)集群企业知识资产治理模式可分为"基于法律规制的独占自治模式""基于社群规范的社群自律模式"以及"基于多元制度的多元共治模式",从动态角度看,在特定集群情境下,知识资产治理模式的初始、规范和转型不同阶段会由于自发或人为原因而发生变迁,并非总是遵循同一种路径。

　　本书存在以下不足,有待进一步关注和剖析。首先,纵向案例研究的研究样本局限。桐庐制笔产业集群仍处于制度创业过程中,仍存在较大的不确定性,在进一步研究时,可以拓展案例的时间跨度,聚焦企业个体的战略行为,将企业在网络中的位势、产业特征等纳入研究范畴。其次,效率驱动与合法性驱动关系的探讨。集群情境下企业行为并非都是由追求高效率的动机驱使,也必然会受到来自制度环境的压力和影响,本书对上述两种构念之间的关系及其适用情境的分析尚待深入,在进一步研究时,可以通过对企业感知的合法性压力的解构,进一步明晰两者之间的关系机理及其解释边界。

第七章 提升集群企业知识资产治理绩效的启示与建议

集群情境下,随着信息传播路径的扁平化和知识溢出的低成本,当成员企业在享受集群内由于地理、制度和认知上的高度邻近性而产生的知识溢出的外部经济性和低交易成本时(Boschma,2005),多样化的知识互动(链式生产、合作研发等)和频繁化的人员流动也加剧了"搭便车"行为和模仿侵权问题,依靠国家产权制度难以有效保护企业知识资产,如纺织业、摩托车行业、橡胶制造业、办公用品行业等(Davis,2004)。创新成果推出市场不久,同行竞争者就会通过简单仿制、低成本抄袭进入市场,创新主体不但难以获得知识资产创新投入的相应回报,甚至还会陷入"创新找死"的尴尬局面(孔小磊,2013),创新企业的研发热情难以维系,最终也会放弃创新走向模仿,整个集群陷入"近墨者黑"的恶性循环。

为此,企业需要依靠自身的战略行动填补现有的制度缺位,实现个体企业知识资产的有效治理。近年来,我国部分集群中的创新企业及相关治理机构已经开始尝试通过横向联合同行企业(连横)、纵向游说地方行政部门(合纵)等策略,自下而上建构并实施符合集群特征的正式、非正式知识资产治理制度,如台州汽摩配产业集群的《供应商分级管理办法》、温州烟具产业集群的《温州市烟具行业维权公约》、桐庐制笔产业集群的《知识产权保护联盟公约》等,开展多元化知识资产治理活动,逐步形成本地化知识资产治理模式,打破"近墨者黑"的恶性循环,营造集群企业尊重创新、自主创新的良好氛围。

集群内生的本地化知识资产治理制度安排,有效补充了专利等国家产权制度的缺位与失效,成功规范了集群企业的生产、创新行为。然而,这些有效尝试目前仍然比较零散,有必要对其进行系统化和理论化的深入探讨,以探索集群企业合理、有效的知识资产治理机制及其对本地化制度设计本身的影响,即"制度从何而来",现有制度研究也没有给出较合理的解释(Greenwood 等,

2002）；此外，目前关于企业知识资产治理的研究大多仍聚焦于独占性视角，试图从微观企业行为和宏观制度保障两方面寻找企业治理知识资产的策略，而针对集群特征开展知识资产治理的讨论尚待深入，当基于独占性视角不能很好地解释集群情境下企业知识资产治理问题时，迫切需要新的理论或范式来解析这个难题。

　　针对实际存在的问题和理论发展的不足，增强企业创新活力、减少企业模仿行为成为影响企业生存、集群转型的关键问题。本书围绕"创新企业如何在集群情境下实现知识资产治理"这一研究问题，构建集群情境下企业知识资产治理的理论构架，探究集群企业知识资产治理及其作用机制。具体而言，本书从以下四个子问题层层深入：(1)集群情境下，基于独占性视角知识产权法律规制的治理效果如何？(2)集群情境下，企业知识资产治理的内涵是什么？(3)静态视角下，集群企业知识资产治理是如何发挥作用的？(4)动态视角下，集群企业知识资产治理机制涌现过程如何？本书综合运用多案例扎根研究、理论推演和模型构建、结构方程建模、多元线性回归分析、单案例纵向研究等方法，有机结合定性方法和定量方法，逐层深入解答以上四个问题，得出了一些有意义的结论。

第一节　主要结论

一、集群情境下，企业知识资产治理构念的多元性

　　本书综合采用多案例扎根研究、探索性因子分析、验证性因子分析等研究方法，解构了集群企业知识资产治理这一理论构念。本书构建了一整套完整的集群企业知识资产治理的理论构念，并定义为：集群情境下，对集群参与者的创新活动存在激励和约束作用的一整套制度安排，同时包含基于独占性的产权保护与基于合法性的社群规范和本地规制，会对集群企业所感知的合法性压力起到重要的协调作用，进而影响集群情境下企业的创新行为抑或是模仿行为。

　　"产权保护"主要是指集群企业通过获取专利、实用新型、版权、商标等知识资产的所有权，基于国家知识产权相关法律赋予产权所有者的强制力，确保授权人对知识资产独占的治理机制；"社群规范"主要是指集群情境下，企业依托长期以来形成的本地化、非正式制度规范（本地文化、价值观等）或同行间的

文化价值观（行规），对集群企业创新行为产生影响的一类平级化治理机制（Jessop，1998；Loughry 和 Tosi，2008；Varella 等，2012），其核心逻辑是集群场域内的企业对本地自发形成的诚信规范、本地声誉和集体惩罚等非正式制度安排的集体遵从；"本地规制"主要是指集群企业依托本地行政机构及其职能部门所颁布的地方性的创新政策或行政指令，通过联合执法、互补惩罚、政策引导等本地化行政手段，干预集群企业创新、模仿活动的一类治理机制，其核心逻辑是集群场域内的企业对本地化正式制度安排的集体遵从。在多案例扎根研究的基础上，根据数据编码中所形成的二级范畴，结合已有文献研究量表，设计具体测量集群企业知识资产治理水平的题项，将集群企业知识资产治理这一构念进行操作化，集群企业知识资产治理各构念量表的信度和效度分析结果表明，集群企业知识资产治理各个构念测量具有较好的信度、区分效度和聚合效度。

二、集群情境下，基于独占性视角的"产权保护"机制在企业知识资产治理过程中的作用效果有限

本书通过变量设置与测量、问卷小样本测试、大样本问卷调查与数据收集、描述性统计、信度和效度检验、相关分析和多元回归分析等过程，对 526 份有效企业样本进行统计实证研究检验发现，集群情境下，"产权保护"对于减少模仿行为的正向影响作用并不显著，而对于提高创新意愿的正向影响作用虽然显著，但影响作用强度较弱，"产权保护"在企业知识资产治理过程中作用效果有限。

企业调研过程中也发现了与之相同的结论。集群内关联企业具有地理、制度、认知等的高度邻近性（Boschma，2005），加之集群内各类人员的高频流动性，使得集群中成员企业"单打独斗"地采用独占性手段无法有效避免技术模仿、侵犯知识产权的行为（Davis，2004）。被调研企业甚至表示，"知识产权这块在我们行业里效果不好，甚至申请了专利等于暴露了技术核心，别人抄得更快"。其主要原因包括：首先，非正式集体学习的存在，导致企业知识、技能的快速溢出，而溢出的技能、知识绝大部分以不可编码的知识资产形态存在，无法达到国家法律的要求，难以形成正式的知识产权；其次，国内大多数企业的知识产权意识还相对薄弱，多数企业仅通过成果出版、发表后自然获得的版权，或在产品包装、使用说明书、检测检验报告等上标识企业名称进行"半正式"保护（Päällysaho 和 Kuusisto，2011）；最后，集群企业由于缺乏制度和资源支持，难以提供侵权的证据和有效的处罚（Levin，1986）。此外，对于侵权行为

的处理存在举证相对困难、立案周期长、诉讼费用高等问题,难以解决当前市场需求变化迅速、产品生命周期短等现实问题,难以保证知识资产专有性(Fauchart 和 von Hippel,2008)。如 K 公司在商标权纠纷时就经历一审、二审,耗费大量时间,此时竞争对手早已赚够了钱,然而其胜诉后仅获得 2 万元的经济赔偿。

因此,在集群情境下,企业靠"单打独斗"的独占性策略是独木难支的,"产权保护"在企业知识资产治理过程中的作用效果有限,也回应了魏江和胡胜蓉(2007)的研究。本书提出,集群情境下,独占性机制在企业知识资产治理过程中存在缺位或失效。

三、集群情境下,"社群规范"和"本地规制"成为企业知识资产独占性制度安排的重要补充,且两种治理机制的作用强度各有不同

第一,企业调研发现,"社群规范"和"本地规制"成为企业知识资产治理制度安排的重要补充。通过案例数据分析发现,近 20 年来,为了应对知识资产流失、模仿、侵权等现实问题,以及国家宏观知识产权体制的缺位,集群内创新企业自下而上通过游说政府、集聚资源、横向联合、联合抵制、分配资源等制度创业的行动策略,组建行业协会、维权联盟、知识产权快速维权援助中心等集群内的知识资产自治组织,开展了颇具实验色彩的同行监督活动。在中国情境下,第三方组织特别是地方政府和第三方打假队作为一种"隐性"的治理主体常常被研究者忽略,在场域内的角色功能更多被界定为外生的宏观制度执行者,而对本地化制度场域的建构作用以及作为场域内部行为主体的参与程度并不突出,但在实践中却发挥着重要的作用。近年来,在各集群企业创新不足、知识资产被侵权现象凸显等背景下,集群企业试图通过各种手段游说地方政府和第三方打假团队,以不同形式融入对所在地集群企业知识资产的治理过程。

第二,案例研究发现,对于减少企业模仿行为发挥作用更大的是"本地规制"。对于减少模仿行为,本书认为本地规制主要是依托本地政府行政权威的约束力,通过制定符合产业技术属性和本地化特征的经济政策、创新政策、知识资产综合治理办法等本地"契约法"(Williamson,1996),确保成员企业在开展交易、合作或互动活动时遵守最基本的规则,减少集群企业在履行市场交易契约时的机会主义行为(Wei 等,2016)。案例研究发现,基于"社群规范",由于缺乏执法权和评判标准,企业侵权模仿的判断标准依然是国家专利法律,

虽然同行企业、创新联盟、行业协会等主体也参与知识资产的治理过程，但由于缺乏执法权，执法主体仍然是国家司法机构，无法给侵权企业的模仿行为产生有效的压力和障碍，在利润驱使下，侵权企业仍然选择顶风作案，模仿行为遏制的强度稍显不足。

第三，案例研究发现，对于提高企业创新意愿发挥作用更大的是"社群规范"。在转型经济情境下，虽然政府是最大的制度创业者（尹珏林和任兵，2009），但以国家政府为主导的制度创业（变革）通常都带有一定的不确定性（Scott，2003），通过自上而下制定的经济政策、创新政策刺激等对于引导和支持企业创新未必尽如人意，如上节讨论所涉及的我国知识产权法律体系的变革对于特定集群企业的知识资产治理存在缺位或失效问题。在长三角地区企业抽样调查中也同样发现近80%的企业会根据国家或地方政府的创新政策、科技政策导向，有针对性地设计大量空头重大新兴产业研发项目，向本地政府寻求税收和财政经费支持，却并未能将本地政府税收优惠或者财政补贴有效投入创新研发，没有真正关注产业的关键技术、共性技术开发，而是用以弥补利润的不足和亏损，使得整个行业很快进入产能过剩、创新不足、同质竞争的格局，导致企业的创新动力未能得到充分释放（魏江等，2015）。与本地规制机制不同，基于自主创新价值观和共同认知的社群规范是通过自下而上的制度创业过程，集体行动定义和强化集群企业知识资产治理的制度边界，带有明显的产业技术属性、本地文化特征和企业发展诉求等，其制度基础主要是非正式和隐性的，也是内化于场域成员创新活动中的最基本的价值观念，在历史文化嵌入较深的集群中反映尤为明显。

第四，多元线性回归分析结果支持了上述实践结论。集群情境下，社群规范和本地规制对于减少模仿行为和提高创新意愿均具有显著的正向影响作用，这一研究发现与前文提出的理论假设相一致。随着集群情境下企业创新研究的逐步深入，学者们发现集群企业创新的诸多特性不同于传统企业"单打独斗"的技术创新范式（Samuelson，2010；Miozzo等，2016），导致集群企业知识资产治理和独占创新收益的问题与单一企业的研究有很大的不同，除了现有知识资产保护相关研究中被广泛讨论的企业"单打独斗"采用"产权保护"的独占性手段外，"社群规范"和"本地规制"也是企业在集群情境下实施的重要知识资产治理手段。与企业"单打独斗"建立模仿障碍的独占性机制不同，"社群规范"和"本地规制"概念的提出承袭了社会网络理论和制度理论的相关研究，不同的创新主体通过游说、倡导、辩护、宣传、缔结联盟、使用权威、桥接惯例等制度创业策略，"能动性"地建构具有集群特征的非正式或正式的制度安排,通过"集体行动"营造集群企业生存和发展的创新合法性压力,弥补集群企业在"单打独斗"治理知识资产过程中的独占性劣势,在集群范围内,有效遏制模仿企业的搭便车行为、提升创新企业的研发热情。

四、集群情境下,"合法性压力"在企业知识资产治理过程中发挥中介作用

本书通过探索性多案例构建了企业感知的创新合法性压力中介机制的概念模型,通过理论分析提出企业感知的创新合法性压力中介了集群企业知识资产治理与减少模仿行为和提高创新意愿之间的实证假设。基于此,本书结合已有文献,通过变量设置与测量、问卷小样本测试、大样本问卷调查与数据收集、描述性统计、信度和效度检验、相关分析和多元回归分析等过程,参照Baron 和 Kenny(1986)提出的中介效应验证程序,对 526 份有效企业样本进行统计实证研究检验发现,产权保护、社群规范和本地规制对于企业感知的合法性压力具有显著的正向影响作用。结合集群情境下,企业知识资产治理机制对减少模仿行为和提高创新意愿的正向影响作用,检验得出,合法性压力是社群规范与减少模仿行为的完全中介、是本地规制与减少模仿行为的部分中介,而在产权保护、社群规范和本地规制与提高创新意愿的影响过程中,合法性压力发挥完全中介作用。

第一,集群情境下,"合法性压力"在企业知识资产治理过程中发挥中介作用。集群情境下,企业知识资产治理通过影响企业感知的合法性压力(Zimmerman 和 Zeitz,2002),迫使企业生产行为(创新、模仿)达到一个统一的标准。当企业感知到的"生存、发展"压力大于"盈利、效率"诉求时,为了获得合法性,企业会选择顺从感知到的创新合法性压力,采纳与制度环境特征相容的组织特征,做出可能牺牲短期经济效益的创新战略,如增加创新投入、培养创新人才、致力于关键技术研发等。当企业的创新行为被集群场域内的利益相关者认为是正当的、合理的,即获取了组织合法性,进而给创新企业带来更多的资源,甚至有更大的机会与利益相关者开展深层次的合作互动,如投融资、技术扶持、产品服务定制等,推动集群企业更加积极地投身创新活动。

第二,"合法性压力"成为"产权保护"在企业知识资产治理过程中作用效果有限的一个重要原因。在高度邻近的集群环境下,由于国家知识产权制度存在法律适用的无差异性(Mazzoleni 和 Nelson,2016)、立项申请的复杂性(Levin,1986)和诉讼维权的低效性(Päällysaho 和 Kuusisto,2011)等问题,使得成员企业在开展非正式学习、创新互动、配套生产等过程中,感知到的来自

于产权保护的合法性压力不足。同样，当集群企业的"盈利、效率"诉求大于感知到的"生存、发展"压力时，会选择铤而走险、模仿侵权，以实现企业短期效益的最大化。这在一定程度上解释了集群情境下"产权保护"在企业知识资产治理过程中失效的原因。

五、动态视角下，集群企业知识资产治理模式演化

本书围绕"集群企业知识资产治理机制涌现过程如何？"这个核心研究问题，提出"制度创业"是解决集群情境下国家知识产权制度安排在企业知识资产治理过程中缺位或失效问题的关键，并从动态视角出发，探索合法性压力在集群企业知识资产治理模式演化过程中所扮演的角色。

第一，"近墨者为什么黑？"集群情境下，由于关联企业之间在地理、制度、认知上的高度邻近性，企业基于独占性机制的产权保护存在缺位，创新成果推出市场不久，同行竞争者就会通过简单仿制、抄袭进入市场，创新企业由于研发成本远高于竞争对手的模仿成本，不但难以获得知识资产创新投入的相应回报，甚至陷入"创新找死"的尴尬局面（孔小磊，2013），创新企业的研发热情难以维系，最终也会放弃创新走向模仿，整个集群陷入"近墨者黑"的恶性循环，致使集群难以转型升级，甚至整体发展滞后，最终被市场淘汰。

第二，"近墨者如何能不黑？"集群情境下，在意识到现有国家知识产权法律在解决集群企业知识资产治理过程中存在缺位和失效问题，而只有重新定义和强化集群企业知识资产治理的场域制度边界，才能使自己的知识资产得到有效的治理时，企业会通过"连横""合纵"等制度创业策略，能动性地重新定义和强化场域制度边界，推动集群企业知识资产治理模式的演化。一方面，制度创业主体对同行企业开展"连横"，游说集群内同行企业，共享长期合作的研发人员和科研机构共建"桐庐分水制笔科技创新服务中心"（2006年）、"桐庐县分水制笔行业科学技术协会"（2013年），成立"制笔行业知识产权保护联盟"（2014年8月），签订《桐庐县制笔行业知识产权保护联盟公约》，形成具有产业集群特征的非正式、隐性制度文化，提升行业自律意识，做到"不侵权、不说情、主动维权"，构建集群内的创新合法性压力，实现"抱团取暖"，营造集群企业尊重创新、自主创新的良好氛围。另一方面，制度创业主体对地方政府、第三方打假以及媒体开展"合纵"，游说地方行政部门纵向组建中国杭州（制笔）知识产权快速维权援助中心、成立知识产权专项小组（科技、公安、工商、税务、供电、国土、城管等）、协同集群外第三方打假队等，出台《桐庐县企业专利确权授权管理办法》《桐庐县制笔行业信用评价试行办法》等地方化制度规则，

有效解决维权工作"发现难、取证难、查处难"的三难问题,营造"尊重他人知识产权、严厉打击侵权行为"的良好氛围,鼓励企业自主创新,联合同行、媒体建立对创新获得支持的规则、规范、社会理念或文化的作用力。在中国情境下,第三方组织特别是地方政府和第三方打假队作为一种"隐性"的治理主体常常被研究者忽略,在场域内的角色功能更多被界定为外生的宏观制度执行者,而对本地化制度场域的建构作用以及作为场域内部行为主体的参与程度并不突出,但在实践中却发挥着重要的作用。近年来,为了应对集群情境下企业创新动力不足、知识资产被剽窃等突出问题,集群企业正试图通过各种手段来游说地方政府、第三方打假团队等正式、非正式组织,以不同形式融入所在地集群企业知识资产的治理过程。

第三,"由墨向清如何演化?"集群情境下,企业知识资产治理模式可被划分为基于产权保护的独占自治型知识资产治理模式、基于集群规范的社群自律型知识资产治理模式和基于多维制度的多元共治型知识资产治理模式,基于动态角度,特定集群的知识资产治理模式在其初始、规范和转型过程中并非总是遵循同一种路径,会由于自发或人为原因而发生变迁。结合演化理论研究和制度创业研究的相关解释,集群企业知识资产治理模式的变迁是场域内的制度创业者(创新企业)出于认识到操纵、改变现有制度或者创造新制度所蕴含的潜在利益等目的,自下而上主动开展的集群场域制度再安排的结果。具体而言,集群情境下,创新企业在意识到基于产权保护的独占自治型知识资产治理模式所代表的制度安排已经无法有效协调成员企业的模仿行为,创新企业知识资产投入无法得到应有回报,而只有重新定义和强化集群企业知识资产治理的场域制度边界,才能使自己的知识资产得到有效的治理时,产生了制度创业的需求和动力。通过形成具有产业集群特征的非正式、隐性规范,建构利益相关者的创新合法性认知,强化成员企业生产活动中的创新合法性压力,基于集群规范的社群自律型知识资产治理模式逐渐形成,制笔及其配套企业自主创新意识日渐加强。然而,部分创新企业逐渐意识到这并未从根本上解决邻近性带来的企业投机问题,随着企业挖人、模仿方式日渐多元、速度不断加快、隐蔽性逐渐加强,市场一旦打开,就会迅速膨胀,同样的恶性竞争再次出现,各企业产品同质化现象非常严重,整个产业集群再次陷入"近墨者黑"的困局。于是,集群内创新企业再次通过连横策略和合纵策略自下而上地定义和强化集群企业知识资产治理的新制度边界,形成具有产业集群特征的正式、非正式制度安排,多角度提高企业感知的创新合法性压力,基于多维制度的多元共治型知识资产治理模式日趋成熟,有力净化了制笔行业创新环境,极大提高了制笔及其配套企业自主创新意愿。

第二节　理论贡献

本书基于制度理论分析集群情境下，企业知识资产治理内涵及其作用机理。尽管现实中集群内本地化的知识资产治理制度的形成，有效补充了专利等国家产权制度的缺位与失效，成功规范了集群企业的生产、创新行为，但这些有效尝试目前仍然比较零散，缺乏系统化归纳总结和理论化深入探讨，以探索集群企业合法、有效的知识资产治理机制及其对本地化制度设计本身的影响。基于此，本书有如下三方面的理论贡献。

一、立足集群情境，推动企业知识资产治理研究的边界收敛和理论建构

知识资产治理的基本逻辑是获取创新成果的独占性，治理机制是建立在"隔离机制"的基础上，研究大多在宏观体制和微观企业层面展开（Keupp 等，2010），针对集群特征开展知识资产治理的讨论尚待深入。然而，在高度邻近的集群环境下，由于国家知识产权制度存在法律适用的无差异性（Mazzoleni 和 Nelson，2016）、立项申请的复杂性（Levin，1986）和诉讼维权的低效性（Päällysaho 和 Kuusisto，2011）等问题，使得成员企业在开展非正式学习、创新互动、配套生产等过程中，在"盈利、效率"驱动下铤而走险、模仿侵权，以实现企业短期效益的最大化，进而导致企业知识资产治理问题在集群层面与微观层面有很大的不同，集群情境下，企业基于独占性视角的"产权保护"存在失效或缺位。

为了更好地解决这一现实问题、拓展企业知识资产治理的文献，本书基于扎根研究方法，自下而上深入探索案例资料，系统梳理集群企业知识资产治理的现实方法与手段，并与制度理论进行对话，识别了集群情境下企业知识资产治理的三种机制，回应了集群网络这种组织形式对知识资产治理理论的新要求。对于集群网络而言，当法律不能有效治理企业知识资产时，一方面，基于"本地规制"，集群企业依托本地政府及其职能机构颁布的地方性政策指令，通过联合执法、互补惩罚、政策引导（Wei 等，2016）、第三方（Howells，2006）等本地化行政手段，干预集群企业创新、模仿活动；另一方面，基于"社群规范"，企业依托长期以来形成的信任关系（Bernstein，2016）、行业规范（Fauchart 和

von Hippel,2008)、声誉机制(Howells,2006；Provan 和 Kenis,2007；von Hippel,2007)等非正式规范,对成员企业创新行为和机会主义行为等经济活动产生影响(Jessop,1998；Loughry 和 Tosi,2008；Varella 等,2012)。

在中国弱知识产权体制和弱知识产权意识背景下,本书转变原有单纯基于独占性视角的知识资产治理逻辑,融合独占性与合法性两大研究视角,提出由于产业集群的邻近性特征,集群企业往往需要通过不同知识资产治理手段的组合建立多维的知识资产治理策略,或采用"单打独斗"的独占性策略,被动建构模仿障碍,进而减少模仿行为,或采用"集体行动"的合法性策略,主动作用于其制度场域,依托本地化正式、非正式制度安排,培育更为良好的创新环境与企业价值观,减少模仿行为,提高创新意愿。

二、从独占性到合法性,拓展了"从创新中获益"理论的逻辑框架

制度理论认为合法性是连接组织行为和环境的桥梁(Suddaby 和 Greenwood,2005),在制度场域中,企业行为并非都是由追求高效率的动机驱使,也会受到来自制度环境的压力和影响(Kostova 和 Zaheer,1999),法律法规、文化期待和观念习俗构成了组织和个人生存所必须承受的强大约束力,是组织和个体在制度域中生存所要接受的合法性底线(Zimmerman 和 Zeitz,2002)。因此,基于合法性视角,在原有从创新中获益理论框架中提出创新合法性压力的中介机制,以解决微观现实问题和理论基础问题,全面刻画了集群情境下,企业知识资产治理机制及其作用机理,并通过大样本实证检验了"集群企业知识资产治理—创新合法性压力—治理绩效"的从创新中获益逻辑新架构,打开了集群企业知识资产治理的黑箱,验证成员企业感知的合法性压力对创新企业知识资产治理过程中的中介作用,极大拓展了现有理论在解决现实问题中的局限,改变原有知识产权保护的制度设计逻辑,为集群企业知识资产治理提供了新的机制和制度保证。

三、从被动制度同构到能动集体行动,探索集群企业知识资产治理演化机理

制度创业中的集体行动是受到众多学者关注的领域,虽然现有研究已经认识到集体行动可能是一个涉及不同类别、不同规模参与者以协调或非协调的方式开展活动的集体现象,但少有研究从纵向角度考察制度场域形成的不

同阶段,制度创业行为主体的策略演化及其对于推动场域合法性压力的建构和对自身创新合法性的影响作用。

本书从合法性视角切入,结合 Hoffman(1999)以及 Child 等(2007)的研究发现,制度场域演进的不同阶段伴随着不同类型的合法性压力构建的过渡,每个阶段可能是一种也可能是多种合法性压力占据主导地位。案例研究回应了这一观点,特定集群内的创新企业在不同时间截面上,对知识资产存在相对一致的正式和非正式制度安排(如产权保护、地方规制、社群规范等),而基于动态角度,特定集群的知识资产治理模式在其初始、规范和转型过程中并非总是遵循同一种路径,会由于自发或人为原因而发生变迁,其路径依赖于多重制度创业参与主体的正反作用力(Reay 和 Hinings,2005;Garud 等,2007;Delbridge 和 Edwards,2008)。当前理论过于强调自上而下的制度化过程(制度变革)导致企业在适应合法性压力时的趋同现象,忽略了微观组织对于推动场域合法性压力的建构作用,及其对制度本身变化的影响。

案例数据分析验证了 Greenwood 和 Suddaby(2006)提出的基于制度环境和市场行为之间存在不协调(Greenwood 和 Suddaby,2006)。集群内的创新主体出于认识到形成具有本地化特征的正式、非正式制度安排所蕴含的潜在利益,尽管面临迫使其趋同或保持相对稳定的合法性压力(Holm,1995;Seo 和 Creed,2002),通过连横策略和合纵策略自下而上地定义和强化集群企业知识资产治理的新制度边界,改变和重新安排利益和权力格局,建构有利于行动者自身行为活动的合法性压力,从而创造、开发和利用盈利机会(DiMaggio,1988;Rao 等,2000;Maguire 等,2004),其结果依赖于多重制度创业参与主体的正反作用力(Reay 和 Hinings,2005;Garud 等,2007;Delbridge 和 Edwards,2008)。经过长时间的不断探索和频繁试错,原有场域制度发生改变("墨"不再明显),许多成功的制度创业实践所形成的、使企业创新行为获得利益相关者认同所需要的本地化行规、文化、信念、价值观及行为模式等被逐步建立并推广("清"逐渐成为主流),此时,集群就过渡到另一种知识资产治理模式。最后,这种演化并非总是遵循同一种路径,正如前文所述,其路径依赖于多重制度创业参与主体的正反作用力(Reay 和 Hinings,2005;Garud 等,2007;Delbridge 和 Edwards,2008),会由于自发或人为的原因而发生变迁。例如,Visser 和 Langen(2006)在案例研究中发现,20 世纪末,智利葡萄酒业产业集群经历了从早期企业自治型治理模式向多元共治型治理模式的转变(Visser 和 de Langen,2006);本书发现,桐庐制笔产业集群从 21 世纪初期开始出现基于产权保护的独占自治型治理模式,经过基于集群规范的社群自律型知识资产治理模式阶段,最终向基于多维制度的多元共治型治理模式转变等。

本书选取桐庐制笔产业集群内创新企业的特殊实践作为纵向案例研究对象,探索集群中的创新主体试图在独占性手段失效或缺位的现实背景下,通过"合纵""连横"等制度创业策略自下而上构建起集群企业的创新合法性压力,提出"集群企业知识资产治理—创新合法性压力—治理绩效"的从创新中获益逻辑架构,全面刻画了集群情境下,企业知识资产治理模式的动态演化过程。

第三节　对策建议

除了上述理论贡献之外,本书结论也可以在实践层面上为集群内相关主体尤其是公共政策制定者和公共服务提供者提供有益的建议。

一、从"创新扶持"到"需求激励":为本地政府制定产业集群转型升级的支持性政策提供实践启示

考察现实情况,结合本文研究结论可知,在转型经济情境下,虽然政府是最大的制度创业者(尹珏林和任兵,2009),但以政府为主导的制度创业(变革)通常都带有一定的不确定性(Scott,2003),本地政府若不是依据集群企业实际需求和本地产业具体特征而直接通过自上而下的方式,制定经济政策、创新政策激励等对于引导和支持企业创新未必尽如人意,通常的结果不是事与愿违就是行政低效,如本书论述所涉及的我国知识产权法律体系的变革对于特定集群企业的知识资产治理存在缺位或失效问题。在长三角地区企业抽样调查中也同样发现近80%的企业会基于国家或地方的创新政策、科技政策导向,有针对性地设计很多空头重大新兴产业研发项目,向本地政府寻求税收和财政经费支持,却并未将本地政府税收优惠或财政补贴有效投入创新研发中,没有真正去关注产业的关键技术、共性技术开发,而是用以弥补利润的不足和亏损,使得整个行业很快进入产能过剩、创新不足、同质竞争的格局,导致企业的创新动力未能得到充分释放(魏江等,2015)。

因此,要处理好、解决好创新驱动区域协调、可持续发展问题,各级政府应不断推进制度创新,特别是地方政府部门应着重探寻需求导向激励政策的施力点和评估点,立足市场和企业,不断关注和了解集群企业在生产实践过程中表现出来的实际需求和产业特征,通过制度连接,推动全面创新管理各要素的

协同发展,营造良好的区域创新生态环境(李拓宇,2017);有效转变企业和政府关系,围绕人才、技术、组织、资金等创新要素,转变政府对企业创新单一的专项投入模式,通过深层次培育,加强创新服务、创业孵化等平台基础设施建设,渐进式转变现有供给导向扶持政策,扭转地方创新扶持体系滞后的现状,本地政府的规制设计才有可能发挥有效促进创新的效果。如逐步取消对企业项目开发前的直接财政补贴,逐步将补贴转移给技术使用方、采购方以及需求方,将资源的配置功能还施于市场;或者是在企业获得重大创新发现或者技术突破之后再给予奖励,进而推动关键技术、共性技术有效发展,确保政府的财政经费可以真正用于企业研发创新,真正推动企业创新活动的有效开展(魏江等,2015)。

二、从"名存实亡"到"集群担当"：为行业组织制定产业集群转型升级的支持性规范提供实践启示

从国内外产业集群的发展经验来看,行业组织尤其是地方行业协会在协调约束成员企业行为、组织开展集体行动和代表集群企业游说政府等方面发挥着重要作用。本书基于国内多省、多地区产业集群的实地调研和文献研究发现,不同区域和不同产业的行业组织(协会、联盟、维权中心等)发展状况存在很大差异,其知识资产治理的模式效果、实践程度以及应用范围各有特色。但几乎所有受调集群的行业组织都面临两个普遍问题:一是执法权缺失,二是自身在集群企业中的认可度较低。这两方面问题或具其一,或两者皆有,导致许多集群内的地方行业组织因缺乏必要能力和身份而无法发挥应有的知识资产治理功能,出现"名存实亡"的现象,本文的统计实证与案例分析均在一定程度上证明了这一观点。

综上,首先,在外部支持性政策法规迄今仍然缺位,但产业集群又迫切需要行业组织发挥其治理功能的情况下,地方行业组织在运作过程中需要得到地方政府的相应支持。因此,地方政府可以在调查研究前提下将部分行业管理职能授权给行业组织,以支持和鼓励行业组织发挥其自治功能;其次,地方行业组织在运作过程中要尤其重视"从企业中来,到企业中去",充分挖掘成员企业的需求,发挥好资源整合、法律援助、人才技术引进、政企搭桥等方面的服务功能,扩大在集群内的影响力、获取更多成员企业的支持,尝试探索构筑和运营产业专利池,推动形成标准必要专利,建立重点产业知识产权侵权监控和风险应对机制,通过行业自律、同行监督、集体行动等治理活动,减少模仿现象、提高创新动力,构建共商、共建、共享、共赢的社群网络创新氛围,加速推动

产业集群转型升级。

三、从"单打独斗"到"集体行动"：为创新企业制定创新战略以 及知识资产治理策略提供实践启示

案例数据分析发现，近 20 年来，在中国弱知识产权体制和弱知识产权意识背景下，基于"集体行动"合法性策略在大多数被调查企业和集群中居重要地位。集群情境下，创新企业为了应对邻近性所带来的知识资产流失、模仿、侵权等微观问题，以及国家知识产权体制的制度缺位问题，自下而上通过游说政府、集聚资源、分配资源、横向联合、联合抵制等制度创业的行动策略，组建行业协会、维权联盟、知识产权快速维权援助中心等集群内的知识资产自治组织，开展了颇具实验色彩的集体行动。与地方政府和地方行业协会不同，集群企业开展各种活动的目标主要是实现自身的利益和发展。

因此，在当前网络竞争环境中，除了提倡企业承担必要的社会责任，在核心技术、配套技术以及基础技术（如信息化、网络技术等）等方面积极开展自主创新（或合法购买创新授权），提高创新能力，推进差异化发展以外，建议企业积极参与行业规范、产业标准、区域政策以及国家法律的修订和制定过程中，敢于举旗、勇于亮剑、勤于发声，在维护自身利益的同时，推动整个行业和区域有序发展。

第四节 研究不足与展望

总体而言，本研究成果已达到了预期的研究目标，并且获得了许多具有理论和实践意义的结论和启示。然而，由于研究问题的复杂性和敏感性，以及研究者自身能力和研究条件的制约，研究工作过程中存在许多方面的不足和缺憾，有待未来研究对之开展进一步完善或是深化。

一、关于案例素材可获得性与社会称许性

以扎根理论方法和纵向案例研究为核心的质性研究是本书所采用的重要研究手段，在较高的数据丰富程度和翔实程度以及对质性研究规范分析过程的遵循程度下，为保障案例研究结果在信度和效度上都能得到一定程度的保障，本书案例研究尽管已经进行了多次实地调研和访谈，并对文献、新闻和内

部发行刊物等相关材料进行收集和对比验证，且体现出来的结果在信度和效度上都较为符合研究者先前预期，但是第四章案例样本选择浙江省范围内的五个产业集群，用于编码的质性数据以访谈记录为主，案例样本覆盖面以及质性数据可获得性对本书研究结果存在制约。对于第七章共演案例来说，单案例研究固然在可深入考察性、有利于情境还原和减少信息损失等方面存在优势，但个案特异性也必然会使研究结果的一般化意义仍有待进一步考证。此外，由于知识资产治理或模仿、侵权等话题的敏感性，受访企业负责人在接受调研时，会带有较强的主观色彩和维护企业声誉的欲望，进而表现出一种社会普遍认同或赞赏的看法、见解，用以掩饰自身的一些不良行为，导致案例素材的失真。

基于以上研究局限，未来研究可在更广范围内选择更多集群进行数据收集，并在多轮调查中进一步完善访谈提纲，以期获得更为全面、更加深入的研究结果，对现有结论进行完善和检验。此外，可以拓展案例的时间跨度，聚焦企业个体的战略行为，将企业在网络中的位势、产业特征等纳入研究范畴。

二、关于问卷样本选择和数据来源

由于受到研究者自身能力和研究条件的制约，尽管研究者已在能力范围内作出了极大努力，实证部分在抽样范围、问卷数据量和控制变量选择等方面仍存在一定程度的不足。

首先，实证研究的所有数据均来源于同一调查问卷，虽然已经在问卷的事前设计与事后检验方面尽量规避，但这样的处理，仍然可能存在因共同方法偏差问题带来系统误差，未来研究可以在更为严谨的研究设计与检验的基础上扩大样本量，提高研究的外部效度。

其次，受研究条件的制约，本书的问卷调查数据主要是横截面数据，而事实上集群企业知识资产治理模式形成与企业创新活力提升应是一个循序渐进的动态过程。因此，基于以上研究设计和结论讨论，未来的研究可以考虑关键变量在时间序列上的动态变化。

最后，关于样本结构，描述性统计数据显示，在受调样本中，企业规模以中小企业居多，占总样本的44.50%，企业所属行业类型以低技术企业为主，占总数的79.47%，基于传统制造业的知识资产特征与中小企业本身在技术创新环节中的位置和知识产权运营方面的局限，在一定程度上可能影响研究结果的概化效度。未来研究可以考虑扩大样本范围，特别是加大对高新技术产业以及处于创新价值链活跃位置的企业样本，对比不同产业类型企业、不同创新价值链位置企业在知识资产治理过程中面临的特性、共性问题及其解决方案，以期进一步获得更具普适意义的研究结论。

三、关于企业知识资产治理机制的研究存在可以进一步深化和探索的内容

首先，除了本书控制的企业规模、企业收入与企业年龄等企业因素以及产业类型外，还有许多因素，如地域、产业链位置、集群网络位置等均会对企业的创新与模仿行为产生影响，未来研究应增加更为有效的控制变量，以期得到更为可靠的研究结论。

其次，合法性压力三个维度的作用效果可作进一步讨论。在案例研究过程中，研究者发现企业所感知的合法性压力包括了强制压力、规范压力和模仿压力，然而，在模型建构与检验过程中仅是将三种压力作为副范畴和问卷题项设计出现，并未将实际的影响机理纳入模型考虑。研究过程中，我们发现不同的治理机制会影响企业不同的压力感知，而不同的压力感知也会影响企业的行为选择，未来的研究可以将三种压力做分类检验，应该可以解释更多的现象。

最后，"效率驱动"与"合法性驱动"关系的探讨尚需深入。集群情境下企业行为并非都是由追求高效率的动机驱使，也会受到来自制度环境的压力和影响，本书对上述两种构念之间的关系及其适用情境的分析尚待深入。在进一步研究时，可以通过对企业感知的合法性压力的解构，进一步明晰两者之间的关系机理及其解释边界。最后，为避免理论间冲突，本书主要基于制度理论视角开展研究，而网络结构层面特征（如企业位势、网络密度、网络中心度、网络集聚度等）可能也会在集群情境下对企业知识资产治理过程中存在影响，本书已经在演化研究部分提出了集群企业知识资产治理模式的演化过程，并通过纵向案例研究对此进行了初步的探讨。其中行动者制度创业、集群制度环境特征以及集群网络结构特征也在这个过程中发挥重要的作用，但限于篇幅并未进一步展开具体研究。

参考文献

外文文献：

[1] Aaker D. Innovation: Brand it or lose it[J]. California Management Review, 2007, 50(1): 8-24.

[2] Abdulai M S, Kwon Y, Moon J. Intellectual capital and firm performance: An empirical study of software firms in West Africa[J]. The African Journal of Information Systems, 2012, 4(1): 1.

[3] Abernathy W J, Utterback J M. Patterns of industrial innovation [J]. Technology review, 1978, 80(7): 40-47.

[4] Agarwal R, Ganco M, Ziedonis R H. Reputations for toughness in patent enforcement: Implications for knowledge spillovers via inventor mobility[J]. Strategic Management Journal, 2009, 30(13): 1349-1374.

[5] Agostini L, Nosella A, Lazzarotti V, et al. Introduction to the special issue on intellectual property management: An internal and external perspective [J]. Management Decision, 2017, 55 (16): 1082-1086.

[6] Aldrich H E. The emergence of entrepreneurship as an academic field: A personal essay on institutional entrepreneurship[J]. Research Policy, 2012, 41(7): 1240-1248.

[7] Andersen B, Howells J. Innovation dynamics in services: Intellectual property rights as indicators and shaping systems in innovation [M]. Centre for Research on Innovation and Competition, University of Manchester, 1998.

[8] Andersen B. If "intellectual property rights" is the answer, what is

the question? Revisiting the patent controversies[J]. Economics of Innovation and New Technology, 2004, 13(5): 417-442.

[9] Anderson L M. Introduction and overview. Perinatal carcinogenesis: growing a node for epidemiology, risk management, and animal studies[J]. Toxicology and Applied Pharmacology, 2004, 199 (2): 85-90.

[10] Ang S H. Competitive intensity and collaboration: Impact on firm growth across technological environments[J]. Strategic Management Journal, 2008, 29(10): 1057-1075.

[11] Arora A, Ceccagnoli M. Patent protection, complementary assets, and firms' incentives for technology licensing[J]. Management Science, 2006, 52(2): 293-308.

[12] Arrow K. Economic welfare and the allocation of resources for invention[M]//The rate and direction of inventive activity: Economic and social factors. Princeton: Princeton University Press, 1962: 609-626.

[13] Ashforth B E, Gibbs B W. The double-edge of organizational legitimation[J]. Organization Science, 1990, 1(2): 177-194.

[14] Babiak K, Trendafilova S. CSR and environmental responsibility: Motives and pressures to adopt green management practices[J]. Corporate Social Responsibility and Environmental Management, 2011, 18(1): 11-24.

[15] Bansal P, Clelland I. Talking trash: Legitimacy, impression management, and unsystematic risk in the context of the natural environment[J]. Academy of Management Journal, 2004, 47 (1): 93-103.

[16] Baron R M, Kenny D A. The moderator-mediator variable distinction in social psychological research: Conceptual, strategic, and statistical considerations[J]. Journal of Personality and Social Psychology, 1986, 51(6): 1173.

[17] Barreto I, Baden-Fuller C. To conform or to perform? Mimetic behaviour, legitimacy-based groups and performance consequences [J]. Journal of Management Studies, 2006, 43(7): 1559-1581.

[18] Battilana J, Leca B, Boxenbaum E. How actors change institutions: towards a theory of institutional entrepreneurship[J]. Academy of Management Annals, 2009, 3(1): 65-107.

[19] Beelitz A, Merkl-Davies D M. Using discourse to restore organisational legitimacy: "CEO-speak" after an incident in a German nuclear power plant[J]. Journal of Business Ethics, 2012, 108(1): 101-120.

[20] Belderbos R, Cassiman B, Faems D, et al. Co-ownership of intellectual property: Exploring the value-appropriation and value-creation implications of co-patenting with different partners[J]. Research Policy, 2014, 43(5): 841-852.

[21] Belenzon S, Schankerman M. Motivation and sorting of human capital in open innovation[J]. Strategic Management Journal, 2015, 36(6): 795-820.

[22] Bernstein L. Beyond relational contracts: Social capital and network governance in procurement contracts[J]. Journal of Legal Analysis, 2015, 7(2): 561-621.

[23] Bernstein L. Private commercial law in the cotton industry: Creating cooperation through rules, norms, and institutions[J]. Michigan Law Review, 2001, 99(7): 1724-1790.

[24] Berrone P, Fosfuri A, Gelabert L, et al. Necessity as the mother of "green" inventions: Institutional pressures and environmental innovations[J]. Strategic Management Journal, 2013, 34(8): 891-909.

[25] Bitektine A, Haack P. The "macro" and the "micro" of legitimacy: Toward a multilevel theory of the legitimacy process[J]. Academy of Management Review, 2015, 40(1): 49-75.

[26] Bitektine A. Toward a theory of social judgments of organizations: The case of legitimacy, reputation, and status[J]. Academy of Management Review, 2011, 36(1): 151-179.

[27] Blind K, Edler J, Frietsch R, et al. Motives to patent: Empirical evidence from Germany[J]. Research Policy, 2006, 35(5): 655-672.

[28] Blind K, Thumm N. Interrelation between patenting and standardisation strategies: Empirical evidence and policy implications[J]. Research Policy, 2004, 33(10): 1583-1598.

[29] Blind, K., et al., Patents in the service industries: Final report [R]. Fraunhofer Institut für Systemtechnik und Innovationsforschung, Karlsruhe. 2003.

[30] Bontis N, Keow W C C, Richardson S. Intellectual capital and business performance in Malaysian industries[J]. Journal of Intellectual Capital, 2000.

[31] Bontis N. Assessing knowledge assets: A review of the models used to measure intellectual capital[J]. International Journal of Management Reviews, 2001, 3(1): 41-60.

[32] Boschma R. Proximity and innovation: A critical assessment[J]. Regional Studies, 2005, 39(1): 61-74.

[33] Boutinot A, Mangematin V. Surfing on institutions: When temporary actors in organizational fields respond to institutional pressures[J]. European Management Journal, 2013, 31(6): 626-641.

[34] Bowen F, Newenham-Kahindi A, Herremans I. When suits meet roots: The antecedents and consequences of community engagement strategy[J]. Journal of Business Ethics, 2010, 95 (2): 297-318.

[35] Brooking A. Intellectual capital[M]//Intellectual capital. International Thomson Business Press, 1997.

[36] Bueno E, Arrien M, Rodríguez O. Modelo Intellectus: Medición y gestión del capital intelectual[J]. Documento Intellectus, 2003 (5): 1-175.

[37] Buss P, Peukert C. R&D outsourcing and intellectual property infringement[J]. Research Policy, 2015, 44(4): 977-989.

[38] Cabrita M R, Bontis N. Intellectual capital and business performance in the Portuguese banking industry[J]. International Journal of Technology Management, 2008, 43(1-3): 212-237.

[39] Campbell J L. Why would corporations behave in socially responsible ways? An institutional theory of corporate social responsibili-

ty[J]. Academy of Management Review, 2007, 32(3): 946-967.

[40] Canales R. From ideals to institutions: Institutional entrepreneurship and the growth of Mexican small business finance[J]. Organization Science, 2016, 27(6): 1548-1573.

[41] Candelin-Palmqvist H, Sandberg B, Mylly U M. Intellectual property rights in innovation management research: A review[J]. Technovation, 2012, 32(9-10): 502-512.

[42] Cao D, Li H, Wang G. Impacts of isomorphic pressures on BIM adoption in construction projects[J]. Journal of Construction Engineering and Management, 2014, 140(12): 04014056.

[43] Chen S T, Haga K Y A, Fong C M. The effects of institutional legitimacy, social capital, and government relationship on clustered firms' performance in emerging economies[J]. Journal of Organizational Change Management, 2016.

[44] Chow M, Fernandez D. Intellectual property strategy in bioinformatics[J]. Journal of Intellectual Property Rights, 2003(2): 130-137.

[45] Church A T, Burke P J. Exploratory and confirmatory tests of the big five and Tellegen's three-and four-dimensional models[J]. Journal of Personality and Social Psychology, 1994, 66(1): 93.

[46] Churchill Jr G A, Peter J P. Research design effects on the reliability of rating scales: A meta-analysis[J]. Journal of Marketing Research, 1984, 21(4): 360-375.

[47] Cohen W M, Goto A, Nagata A, et al. R&D spillovers, patents and the incentives to innovate in Japan and the United States[J]. Research Policy, 2002, 31(8-9): 1349-1367.

[48] Cohen W M, Nelson R, Walsh J P. Protecting their intellectual assets: Appropriability conditions and why US manufacturing firms patent (or not)[J]. National Bureall of Economic Research, 2000, working Paper No. 7522.

[49] Colombo M G, Piva E, Rossi-Lamastra C. Open innovation and within-industry diversification in small and medium enterprises: The case of open source software firms[J]. Research Policy,

2014, 43(5): 891-902.

[50] Connelly B L, Certo S T, Ireland R D, et al. Signaling theory: A review and assessment[J]. Journal of Management, 2011, 37(1): 39-67.

[51] Czarnitzki D, Hussinger K, Schneider C. R&D collaboration with uncertain intellectual property rights[J]. Review of Industrial Organization, 2015, 46(2): 183-204.

[52] Dacin M T, Oliver C, Roy J P. The legitimacy of strategic alliances: An institutional perspective [J]. Strategic Management Journal, 2007, 28(2): 169-187.

[53] David R J, Sine W D, Haveman H A. Seizing opportunity in emerging fields: How institutional entrepreneurs legitimated the professional form of management consulting[J]. Organization Science, 2013, 24(2): 356-377.

[54] Davis L. Intellectual property rights, strategy and policy[J]. Economics of Innovation and New Technology, 2004, 13 (5): 399-415.

[55] De Faria P, Sofka W. Knowledge protection strategies of multinational firms: A cross-country comparison[J]. Research Policy, 2010, 39(7): 956-968.

[56] De Faria P, Sofka W. Knowledge protection strategies of multinational firms: A cross-country comparison[J]. Research Policy, 2010, 39(7): 956-968.

[57] De Propris L, Wei P. Governance and competitiveness in the Birmingham Jewellery District[J]. Urban Studies, 2007, 44 (12): 2465-2486.

[58] De Rassenfosse G, Dernis H, Guellec D, et al. The worldwide count of priority patents: A new indicator of inventive activity[J]. Research Policy, 2013, 42(3): 720-737.

[59] de Saint-Georges M, de la Potterie B P. A quality index for patent systems[J]. Research Policy, 2013, 42(3): 704-719.

[60] Deephouse D L. Does isomorphism legitimate? [J]. Academy of management journal, 1996, 39(4): 1024-1039.

[61] Dei Ottati G. Trust and economic development in Italy. The case of the industrial district of Prato[M]. In: H.-H. Höhman and F. Welter(eds): Entrepreneurial strategies and trust. Structure and evolution of entrepreneurial behavioural patterns in "Low Trust" and "High Trust" environments of East and Western Europe, Part 3: Italy and Great Britain. Bremen: Arbeitspapiere und Materialien, Forschungsstelle Osteuropa, 2004: 6-68.

[62] Delgado-Ceballos J, Aragón-Correa J A, Ortiz-de-Mandojana N, et al. The effect of internal barriers on the connection between stakeholder integration and proactive environmental strategies[J]. Journal of Business Ethics, 2012, 107(3): 281-293.

[63] Delmas M A, Toffel M W. Organizational responses to environmental demands: Opening the black box[J]. Strategic Management Journal, 2008, 29(10): 1027-1055.

[64] Dhanaraj C, Parkhe A. Orchestrating innovation networks[J]. Academy of Management Review, 2006, 31(3): 659-669.

[65] Díez-Martín F, Prado-Roman C, Blanco-González A. Beyond legitimacy: Legitimacy types and organizational success[J]. Management Decision, 2013. 51(10): p. 1954-1969.

[66] DiMaggio P J, Powell W W. The iron cage revisited: Institutional isomorphism and collective rationality in organizational fields[J]. American Sociological Review, 1983: 147-160.

[67] DiMaggio P. Interest and agency in institutional theory[J]. Institutional Patterns and Organizations Culture and Environment, 1988: 3-21.

[68] DiMaggio, P. J. and W. W. Powell, The new institutionalism in organizational analysis [M]. Chicago: University of Chicago Press, 1991.

[69] Dixit A. Governance institutions and economic activity[J]. American Economic Review, 2009, 99(1): 5-24.

[70] Dorado S. Institutional entrepreneurship, partaking, and convening[J]. Organization Studies, 2005, 26(3): 385-414.

[71] Dorado S. Small groups as context for institutional entrepreneur-

ship: An exploration of the emergence of commercial microfinance in Bolivia[J]. Organization Studies, 2013, 34(4): 533-557.

[72] Dowling J, Pfeffer J. Organizational legitimacy: Social values and organizational behavior[J]. Pacific Sociological Review, 1975, 18 (1): 122-136.

[73] Edvinsson L, Sullivan P. Developing a model for managing intellectual capital[J]. European Management Journal, 1996, 14(4): 356-364.

[74] Edvinsson L. IC 21: Reflections from 21 years of IC practice and theory[J]. Journal of Intellectual Capital, 2013.

[75] Edvinsson, L. and M. S. Malone, Intellectual capital[M]. New York: Harper Business, 1997.

[76] Edvinsson L, and P Sullivan. Developing a model for managing intellectual capital [J]. European Management Journal, 1996, 14 (4): p. 356-364.

[77] Eisenhardt K M, Graebner M E. Theory building from cases: Opportunities and challenges[J]. Academy of Management Journal, 2007, 50(1): 25-32.

[78] Eisenhardt K M. Building theories from case study research[J]. Academy of Management Review, 1989, 14(4): 532-550.

[79] Elangovan N. Mediation of perceived innovation characteristics on ERP adoption in industrial cluster[J]. International Journal of Innovation and Technology Management, 2016, 13(03): 1640003.

[80] Elsbach K D. Managing organizational legitimacy in the California cattle industry: The construction and effectiveness of verbal accounts[J]. Administrative Science Quarterly, 1994: 57-88.

[81] Fauchart E, Von Hippel E. Norms-based intellectual property systems: The case of French chefs [J]. Organization Science, 2008, 19(2): 187-201.

[82] Felin T, Zenger T R. Closed or open innovation? Problem solving and the governance choice[J]. Research policy, 2014, 43(5): 914-925.

[83] Fischer P, Huddart S. Optimal contracting with endogenous social

norms[J]. American Economic Review, 2008, 98(4): 1459-75.

[84] Fisher G, Kotha S, Lahiri A. Changing with the times: An integrated view of identity, legitimacy, and new venture life cycles [J]. Academy of Management Review, 2016, 41(3): 383-409.

[85] Flammer C. Corporate social responsibility and shareholder reaction: The environmental awareness of investors[J]. Academy of Management Journal, 2013, 56(3): 758-781.

[86] Flammer C. Corporate social responsibility and shareholder reaction: The environmental awareness of investors[J]. Academy of Management Journal, 2013. 56(3): 758-781.

[87] Forstenlechner I, Mellahi K. Gaining legitimacy through hiring local workforce at a premium: The case of MNEs in the United Arab Emirates[J]. Journal of World Business, 2011, 46(4): 455-461.

[88] Furukawa Y. The protection of intellectual property rights and endogenous growth: Is stronger always better? [J]. Journal of Economic Dynamics and Control, 2007, 31(11): 3644-3670.

[89] Galbraith J K. The new industrial state[M]. Princeton: Princeton University Press, 2007.

[90] Galende J. Analysis of technological innovation from business economics and management [J]. Technovation, 2006, 26 (3): 300-311.

[91] Gallié E P, Legros D. French firms' strategies for protecting their intellectual property[J]. Research Policy, 2012, 41(4): 780-794.

[92] Gambardella A, Panico C, Valentini G. Strategic incentives to human capital[J]. Strategic Management Journal, 2015, 36 (1): 37-52.

[93] Gans J S, Stern S. The product market and the market for "ideas": Commercialization strategies for technology entrepreneurs [J]. Research Policy, 2003, 32(2): 333-350.

[94] George G, Rao-Nicholson R, Corbishley C, et al. Institutional entrepreneurship, governance, and poverty: Insights from emergency medical response servicesin India[J]. Asia Pacific Journal of

Management, 2015, 32(1): 39-65.

[95] Gerwin D. Coordinating new product development in strategic alliances [J]. Academy of Management Review, 2004, 29 (2): 241-257.

[96] Gifford B, Kestler A, Anand S. Building local legitimacy into corporate social responsibility: Gold mining firms in developing nations[J]. Journal of World Business, 2010, 45(3): 304-311.

[97] Giuliani E. Network dynamics in regional clusters: Evidence from Chile[J]. Research Policy, 2013, 42(8): 1406-1419.

[98] Goh T. Intellectual capital: The new wealth of organizations [J]. International Journal of Manpower, 2000. 21(21): p. 60-70.

[99] González-Álvarez N, Nieto-Antolín M. Appropriability of innovation results: An empirical study in Spanish manufacturing firms [J]. Technovation, 2007, 27(5): 280-295.

[100] Gotsch M, Hipp C. Measurement of innovation activities in the knowledge-intensive services industry: A trademark approach [J]. The Service Industries Journal, 2012, 32(13): 2167-2184.

[101] Granstrand O. Economics, law and intellectual property: Seeking strategies for research and teaching in a developing field [M]. Dordrecht: Springer Science & Business Media, 2013.

[102] Granstrand O. The Economics and management of intellectual property[M]. Cheltenham, UK: Edward Elgar, 1999.

[103] Grant R M. Knowledge, strategy and the theory of the firm[J]. Strategic Management journal, 1996, 17(S2): 109-122.

[104] Gray B, Purdy J M, Ansari S. From interactions to institutions: Microprocesses of framing and mechanisms for the structuring of institutional fields[J]. Academy of Management Review, 2015, 40(1): 115-143.

[105] Greenwood R, Hinings C R. Understanding radical organizational change: Bringing together the old and the new institutionalism [J]. Academy of Management Review, 1996, 21(4): 1022-1054.

[106] Greenwood R, Suddaby R, Hinings C R. Theorizing change: The role of professional associations in the transformation of in-

stitutionalized fields [J]. Academy of Management Journal, 2002, 45(1): 58-80.

[107] Grewal R, Dharwadkar R. The role of the institutional environment in marketing channels[J]. Journal of Marketing, 2002, 66 (3): 82-97.

[108] Gulati R, Sytch M, Tatarynowicz A. The rise and fall of small worlds: Exploring the dynamics of social structure[J]. Organization Science, 2012, 23(2): 449-471.

[109] Guler I, Guillén M F, Macpherson J M. Global competition, institutions, and the diffusion of organizational practices: The international Spread of ISO 9000 Quality certificates[J]. Administrative Science Quarterly, 2002, 47(2): 207-232.

[110] Haeussler C, Harhoff D, Mueller E. How patenting informs VC investors: The case of biotechnology[J]. Research Policy, 2014, 43(8): 1286-1298.

[111] Hall R. The management of intellectual assets: A new corporate perspective[J]. Journal of General Management, 1989, 15(1): 53-68.

[112] Hanel P. Intellectual property rights business management practices: A survey of the literature[J]. Technovation, 2006, 26(8): 895-931.

[113] Hannan M T, Freeman J. Organizational ecology[M]. Boston: Harvard University Press, 1989.

[114] Harabi N. Appropriability of technical innovations an empirical analysis[J]. Research Policy, 1995, 24(6): 981-992.

[115] Hargadon A B, Douglas Y. When innovations meet institutions: Edison and the design of the electric light[J]. Administrative Science Quarterly, 2001, 46(3): 476-501.

[116] Henfridsson O, Yoo Y. The liminality of trajectory shifts in institutional entrepreneurship[J]. Organization Science, 2014, 25 (3): 932-950.

[117] Henisz W J, Zelner B A. Legitimacy, interest group pressures, and change in emergent institutions: The case of foreign inves-

tors and host country governments[J]. Academy of Management Review, 2005, 30(2): 361-382.

[118] Henttonen K, Hurmelinna-Laukkanen P, Ritala P. Managing the appropriability of R&D collaboration[J]. R&d Management, 2016, 46(S1): 145-158.

[119] Hertzfeld H R, Link A N, Vonortas N S. Intellectual property protection mechanisms in research partnerships[J]. Research Policy, 2006, 35(6): 825-838.

[120] Hill C W L. Digital piracy: Causes, consequences, and strategic responses[J]. Asia Pacific Journal of Management, 2007, 24(1): 9-25.

[121] Ho I T, Salili F, Biggs J B, et al. The relationship among causal attributions, learning strategies and level of achievement: A Hong Kong Chinese study[J]. Asia Pacific Journal of Education, 1999, 19(1): 45-58.

[122] Hoenig D, Henkel J. Quality signals? The role of patents, alliances, and team experience in venture capital financing[J]. Research Policy, 2015, 44(5): 1049-1064.

[123] Holm P. The dynamics of institutionalization: Transformation processes in Norwegian fisheries [J]. Administrative Science Quarterly, 1995: 398-422.

[124] Hopenhayn H, Mitchell M. Optimal patent policy with recurrent innovators[C]. UCLA and University of Toronto Working paper, 2011.

[125] Howells J. Intermediation and the role of intermediaries in innovation[J]. Research Policy, 2006, 35(5): 715-728.

[126] Hsieh C H. Patent value assessment and commercialization strategy[J]. Technological Forecasting and Social Change, 2013, 80(2): 307-319.

[127] Hsu Y H, Fang W. Intellectual capital and new product development performance: The mediating role of organizational learning capability [J]. Technological Forecasting and Social Change, 2009, 76(5): 664-677.

[128] Huggins R, Weir M. Intellectual assets and small knowledge-intensive business service firms[J]. Journal of Small Business and Enterprise Development, 2012.

[129] Hung S C, Whittington R. Agency in national innovation systems: Institutional entrepreneurship and the professionalization of Taiwanese IT[J]. Research Policy, 2011, 40(4): 526-538.

[130] Hurmelinna-Laukkanen P, Puumalainen K. Nature and dynamics of appropriability: Strategies for appropriating returns on innovation[J]. R&d Management, 2007, 37(2): 95-112.

[131] Ishan K M, Noordin N. Capitalising on income approach as trademark valuation for entrepreneurs[J]. Social Sciences & Humanities, 2015, 23: 147-160.

[132] Jacobides M G, Knudsen T, Augier M. Benefiting from innovation: Value creation, value appropriation and the role of industry architectures[J]. Research Policy, 2006, 35(8): 1200-1221.

[133] Jessop B. The rise of governance and the risks of failure: The case of economic development[J]. International Social Science Journal, 1998, 50(155): 29-45.

[134] Kaiser U. Measuring knowledge spillovers in manufacturing and services: An empirical assessment of alternative approaches[J]. Research Policy, 2002, 31(1): 125-144.

[135] Kanwar S, Evenson R. Does intellectual property protection spur technological change? [J]. Oxford Economic Papers, 2003, 55(2): 235-264.

[136] Kenis P, Provan K G. The control of public networks[J]. International Public Management Journal, 2006, 9(3): 227-247.

[137] Keupp M M, Beckenbauer A, Gassmann O. Enforcing intellectual property rights in weak appropriability regimes[J]. Management International Review, 2010, 50(1): 109-130.

[138] Khalifa M, Davison M. SME adoption of IT: The case of electronic trading systems[J]. IEEE Transactions on Engineering Management, 2006, 53(2): 275-284.

[139] Kianto A, Ritala P, Spender J C, et al. The interaction of intel-

lectual capital assets and knowledge management practices in organizational value creation[J]. Journal of Intellectual Capital, 2014. 15(3): 362-375(14).

[140] Kim M. Geographic scope, isolating mechanisms, and value appropriation[J]. Strategic Management Journal, 2016, 37(4): 695-713.

[141] Martinez-Piva J M. Knowledge generation and protection: Intellectual property, innovation and economic development [M]. New York: Springer Science & Business Media, 2009.

[142] Kostova T, Roth K. Adoption of an organizational practice by subsidiaries of multinational corporations: Institutional and relational effects[J]. Academy of Management Journal, 2002, 45 (1): 215-233.

[143] Kostova T, Zaheer S. Organizational legitimacy under conditions of complexity: The case of the multinational enterprise[J]. Academy of Management Review, 1999, 24(1): 64-81.

[144] Krishnan R, Martin X, Noorderhaven N G. When does trust matter to alliance performance? [J]. Academy of Management Journal, 2006, 49(5): 894-917.

[145] Kumar R, Das T K. Interpartner legitimacy in the alliance development process[J]. Journal of Management Studies, 2007, 44 (8): 1425-1453.

[146] Landes W M, Posner R A. Trademark law: An economic perspective[J]. The Journal of Law and Economics, 1987, 30(2): 265-309.

[147] Laursen K, Salter A J. The paradox of openness: Appropriability, external search and collaboration[J]. Research Policy, 2014, 43(5): 867-878.

[148] Levin R C, Klevorick A K, Nelson R R, et al. Appropriating the returns from industrial research and development[J]. Brookings Papers on Economic Activity, 1987(3): 783-831.

[149] Levin R C. A new look at the patent system[J]. The American Economic Review, 1986, 76(2): 199-202.

[150] Levin S A. Ecosystems and the biosphere as complex adaptive systems[J]. Ecosystems, 1998, 1(5): 431-436.

[151] Li D, Zheng M, Cao C, et al. The impact of legitimacy pressure and corporate profitability on green innovation: Evidence from China top 100[J]. Journal of Cleaner Production, 2017, 141: 41-49.

[152] Lichtenthaler U. Open innovation: Past research, current debates, and future directions[J]. Academy of Management Perspectives, 2011, 25(1): 75-93.

[153] Liu H, Ke W, Wei K K, et al. The role of institutional pressures and organizational culture in the firm's intention to adopt internet-enabled supply chain management systems[J]. Journal of Operations Management, 2010, 28(5): 372-384.

[154] Lönnqvist A, Mettänen P. Criteria of sound intellectual capital measures[C]//Proceedings of the 2nd International Workshop on Performance Measurement, Hanover, June. 2002, 6(7).

[155] Loughry M L, Tosi H L. Performance implications of peer monitoring[J]. Organization Science, 2008, 19(6): 876-890.

[156] Lounsbury M, Crumley E T. New practice creation: An institutional perspective on innovation[J]. Organization Studies, 2007, 28(7): 993-1012.

[157] Lu Y, Tsang E W K, Peng M W. Knowledge management and innovation strategy in the Asia Pacific: Toward an institution-based view[J]. Asia Pacific Journal of Management, 2008, 25 (3): 361-374.

[158] Luo X R, Koput K W, Powell W W. Intellectual capital or signal? The effects of scientists on alliance formation in knowledge-intensive industries [J]. Research Policy, 2009, 38 (8): 1313-1325.

[159] Luoma T, Paasi J, Valkokari K. Intellectual property in inter-organisational relationships-Findings from an interview study[J]. International Journal of Innovation Management, 2010, 14(03): 399-414.

[160] Machlup F, Penrose E. The patent controversy in the nineteenth century[J]. The Journal of Economic History, 1950, 10(1): 1-29.

[161] Maguire S, Hardy C, Lawrence T B. Institutional entrepreneurship in emerging fields: HIV/AIDS treatment advocacy in Canada[J]. Academy of Management Journal, 2004, 47(5): 657-679.

[162] Marr B, Schiuma, G, Measuring and managing intellectual capital and knowledge assets in new economy organisations[M]// Bourne M. Handbook of Performance Measurement. London: Gee, 2001: 369-411.

[163] Martín-de Castro G, Delgado-Verde M, Navas-López J E, et al. The moderating role of innovation culture in the relationship between knowledge assets and product innovation[J]. Technological Forecasting and Social Change, 2013, 80(2): 351-363.

[164] Martín-de-Castro G, Delgado-Verde M, López-Sáez P, et al. Towards "an intellectual capital-based view of the firm": Origins and nature [J]. Journal of Business Ethics, 2011, 98 (4): 649-662.

[165] Martínez-Torres M R. A procedure to design a structural and measurement model of intellectual capital: An exploratory study [J]. Information & Management, 2006, 43(5): 617-626.

[166] Maskus K E. The globalization of intellectual property rights and innovation in services[J]. Journal of Industry, Competition and Trade, 2008, 8(3): 247-267.

[167] Mazzoleni R, Nelson R R. Economic theories about the benefits and costs of patents[J]. Journal of Economic Issues, 1998, 32 (4): 1031-1052.

[168] Mazzoleni R, Nelson R R. The benefits and costs of strong patent protection: A contribution to the current debate[J]. Research Policy, 1998, 27(3): 273-284.

[169] McDonald G, Roberts C. Product Piracy: The Problem that Will not Go Away[J]. Journal of Product & Brand Management, 1994, 3(4): 55-65.

[170] McDonald R P, Marsh H W. Choosing a multivariate model: Noncentrality and goodness of fit [J]. Psychological Bulletin, 1990, 107(2): 247.

[171] Menguc B, Auh S, Ozanne L. The interactive effect of internal and external factors on a proactive environmental strategy and its influence on a firm's performance[J]. Journal of Business Ethics, 2010, 94(2): 279-298.

[172] Meyer J W, Rowan B. Institutionalized organizations: Formal structure as myth and ceremony[J]. American Journal of Sociology, 1977, 83(2): 340-363.

[173] Meyer J W, Scott W R. Organizational environments: Ritual and rationality [M]. Incorporated: Sage Publications, 1985.

[174] Meyer J W. Centralization and the legitimacy problems of local government[J]. Organizational Environments: Ritual and rationality, 1983(199): 215.

[175] Miles R H, Cameron K S. Coffin nails and corporate strategies [M]. Englewood Cliffs, NJ: Prentice Hall, 1982.

[176] Mina A, Bascavusoglu-Moreau E, Hughes A. Open service innovation and the firm's search for external knowledge[J]. Research Policy, 2014, 43(5): 853-866.

[177] Mistri M. Industrial districts and local governance in the Italian experience[J]. Human Systems Management, 1999, 18(2): 131-139.

[178] Mollenkopf D, Stolze H, Tate W L, et al. Green, lean, and global supply chains[J]. International Journal of Physical Distribution & Logistics Management, 2010, 40(1/2): 14-41.

[179] Moore C B, Bell R G, Filatotchev I, et al. Foreign IPO capital market choice: Understanding the institutional fit of corporate governance[J]. Strategic Management Journal, 2012, 33(8): 914-937.

[180] Nahapiet J, Ghoshal S. Social capital, intellectual capital, and the organizational advantage[J]. Academy of Management Review, 1998, 23(2): 242-266.

[181] Nelson R R. The simple economics of basic scientific research [J]. Journal of Political Economy, 1959, 67(3): 297-306.

[182] Neuhäusler P. The use of patents and informal appropriation mechanisms: Differences between sectors and among companies [J]. Technovation, 2012, 32(12): 681-693.

[183] Norman P M. Are your secrets safe? Knowledge protection in strategic alliances[J]. Business Horizons, 2001, 44(6): 51-61.

[184] Nunnally J C. An overview of psychological measurement[J]. Clinical Diagnosis of Mental Disorders, 1978: 97-146.

[185] OECD, Supporting Investment in Knowledge Capital Growth & Innovation[M]. Paris: OECD Publishing, 2013.

[186] Oliver C. Strategic responses to institutional processes[J]. Academy of Management Review, 1991, 16(1): 145-179.

[187] Oliver C. Sustainable competitive advantage: Combining institutional and resource-based views[J]. Strategic Management Journal, 1997, 18(9): 697-713.

[188] Olson M. The logic of collective action[M]. Boston: Harvard University Press, 2009.

[189] Ostrom E, Parks R B, Whitaker G P. Patterns of metropolitan policing[M]. Cambridge, MA: Ballinger, 1978.

[190] Ostrom E. Collective action and the evolution of social norms[J]. Journal of Economic Perspectives, 2000, 14(3): 137-158.

[191] Ozmel U, Guler I. Small fish, big fish: The performance effects of the relative standing in partners' affiliate portfolios[J]. Strategic Management Journal, 2015, 36(13): 2039-2057.

[192] Päällysaho S, Kuusisto J. Informal ways to protect intellectual property (IP) in KIBS businesses[J]. Innovation, 2011, 13(1): 62-76.

[193] Paallysaho S, Kuusisto J. Intellectual property protection as a key driver of service innovation: an analysis of innovative KIBS businesses in Finland and the UK[J]. International Journal of Services Technology and Management, 2008, 9(3-4): 268-284.

[194] Parrilli M D. Collective efficiency, policy inducement and social

embeddedness: Drivers for the development of industrial districts [J]. Entrepreneurship and Regional Development, 2009, 21(1): 1-24.

[195] Parsons T. Structure and Process in Modern Societies[M]. Glencoe, IL: Free Press, 1960

[196] Peng M W, Wang D Y L, Jiang Y. An institution-based view of international business strategy: A focus on emerging economies [J]. Journal of International Business Studies, 2008, 39(5): 920-936.

[197] Perkmann M, Schildt H. Open data partnerships between firms and universities: The role of boundary organizations[J]. Research Policy, 2015, 44(5): 1133-1143.

[198] Persson S G, Lundberg H, Andresen E. Interpartner legitimacy in regional strategic networks[J]. Industrial Marketing Management, 2011, 40(6): 1024-1031.

[199] Peteraf M A. The cornerstones of competitive advantage: A resource-based view[J]. Strategic Management Journal, 1993, 14 (3): 179-191.

[200] Pfeffer J. Management as symbolic action: The creation and maintenance of organizational paradigms[J]. Research in Organizational Behavior, 1981, 13: 1-52.

[201] Pisano G P, Teece D J. How to capture value from innovation: Shaping intellectual property and industry architecture[J]. California Management Review, 2007, 50(1): 278-296.

[202] Pisano G. Profiting from innovation and the intellectual property revolution[J]. Research Policy, 2006, 35(8): 1122-1130.

[203] Podsakoff P M, MacKenzie S B, Lee J Y, et al. Common method biases in behavioral research: A critical review of the literature and recommended remedies[J]. Journal of Applied Psychology, 2003, 88(5): 879.

[204] Poppo L, Zenger T. Do formal contracts and relational governance function as substitutes or complements? [J]. Strategic Management Journal, 2002, 23(8): 707-725.

[205] Provan K G, Kenis P. Modes of network governance: Structure, management, and effectiveness[J]. Journal of Public Administration Research and Theory, 2008, 18(2): 229-252.

[206] Qian W, Burritt R. The development of environmental management accounting: an institutional view[M]//S. Schaltegger, M. Bennett, R. Bunitt & C. Jasch(Eds.). Environmental management accounting for cleaner production. Dordrecht: Springer, 2008: 233-248.

[207] Qureshi I, Kistruck G M, Bhatt B. The enabling and constraining effects of social ties in the process of institutional entrepreneurship[J]. Organization Studies, 2016, 37(3): 425-447.

[208] Rao H, Morrill C, Zald M N. Power plays: How social movements and collective action create new organizational forms[J]. Research in Organizational Behavior, 2000, 22: 237-281.

[209] Reitzig M, Puranam P. Value appropriation as an organizational capability: The case of IP protection through patents[J]. Strategic Management Journal, 2009, 30(7): 765-789.

[210] Ritala P, Hyötylä M, Blomqvist K, et al. Key capabilities in knowledge-intensive service business[J]. The Service Industries Journal, 2013, 33(5): 486-500.

[211] Ritala P, Olander H, Michailova S, et al. Knowledge sharing, knowledge leaking and relative innovation performance: An empirical study[J]. Technovation, 2015, 35: 22-31.

[212] Romer P M. The origins of endogenous growth[J]. Journal of Economic Perspectives, 1994, 8(1): 3-22.

[213] Roy A, Walters P G P, Luk S T K. Chinese puzzles and paradoxes: Conducting business research in China[J]. Journal of Business Research, 2001, 52(2): 203-210.

[214] Roy R K. Design of experiments using the Taguchi approach: 16 steps to product and process improvement[M]. New York: John Wiley & Sons, 2001.

[215] Rumelt R P. Theory, strategy, and entrepreneurship[M]//D. Teece(ed.). Handbook of entrepreneurship research. Boston,

MA：Springer，2005：11-32.

[216] Rutherford M W，Buller P F. Searching for the legitimacy threshold[J]. Journal of Management Inquiry，2007，16（1）：78-92.

[217] Sakakibara M，Branstetter L G. Do stronger patents induce more innovation? Evidence from the 1988 Japanese patent law reforms [J]. Rand Jounal of Economics，2001，32(1)：77-100.

[218] Samaniego R M. Knowledge spillovers and intellectual property rights [J]. International Journal of Industrial Organization，2013，31(1)：50-63.

[219] Scherer A G，Palazzo G，Seidl D. Managing legitimacy in complex and heterogeneous environments：Sustainable development in a globalized world[J]. Journal of Management Studies，2013，50(2)：259-284.

[220] Schubert T. Infringement of intellectual property in innovation partnerships[J]. R&D Management，2016，46(S2)：596-611.

[221] Schumpeter J A. Capitalism，socialism and democracy[M]. London：Allen & Unwin，2002.

[222] Scott W R. Institutional carriers：Reviewing modes of transporting ideas over time and space and considering their consequences [J]. Industrial and Corporate Change，2003，12(4)：879-894.

[223] Scott W R. Institutions and organizations：Ideas，interests，and identities[M]. Thousand Oaks：Sage Publications，2013.

[224] Seo M G，Creed W E D. Institutional contradictions，praxis，and institutional change：A dialectical perspective[J]. Academy of Management Review，2002，27(2)：222-247.

[225] Shane S，Foo M D. New firm survival：Institutional explanations for new franchisor mortality[J]. Management Science，1999，45(2)：142-159.

[226] Shapiro C，Varian H R，Carl S. Information rules：A strategic guide to the network economy[M]. Boston：Harvard Business Press，1999.

[227] Sharma S，Henriques I. Stakeholder influences on sustainability

practices in the Canadian forest products industry[J]. Strategic Management Journal, 2005, 26(2): 159-180.

[228] Shipilov A, Gulati R, Kilduff M, et al. Relational pluralism within and between organizations[J]. Academy of Management Journal, 2014, 57(2): 449-459.

[229] Sotarauta M, Mustikkamäki N. Institutional entrepreneurship, power, and knowledge in innovation systems: Institutionalization of regenerative medicine in Tampere, Finland[J]. Environment and Planning C: Government and Policy, 2015, 33(2): 342-357.

[230] Stevens C E, Xie E, Peng M W. Toward a legitimacy-based view of political risk: The case of Google and Yahoo in China[J]. Strategic Management Journal, 2016, 37(5): 945-963.

[231] Stewart T A. Intellectual Capital: The new wealth of organization[M]. New York: Currency, 2010.

[232] Subramaniam M, Youndt M A. The influence of intellectual capital on the types of innovative capabilities[J]. Academy of Management Journal, 2005, 48(3): 450-463.

[233] Suchman M C. Managing legitimacy: Strategic and institutional approaches[J]. Academy of Management Review, 1995, 20(3): 571-610.

[234] Suddaby R, Greenwood R. Rhetorical strategies of legitimacy [J]. Administrative Science Quarterly, 2005, 50(1): 35-67.

[235] Sugden M C, Holness M J. Mechanisms underlying regulation of the expression and activities of the mammalian pyruvate dehydrogenase kinases[J]. Archives of Physiology and Biochemistry, 2006, 112(3): 139-149.

[236] Sullivan P H. Value driven intellectual capital: How to convert intangible corporate assets into market value[M]. Toronto: John Wiley & Sons, Inc. , 2000.

[237] Szkudlarek B, Romani L. Professionalization through dispersed institutional entrepreneurship: The case of the intercultural community[J]. Journal of Organizational Change Management, 2016.

[238] Szolnoki A, Perc M. Reward and cooperation in the spatial public

goods game[J]. EPL (Europhysics Letters), 2010, 92(3): 38003.

[239] Tao J, Daniele J, Hummel E, et al. Developing an effective strategy for managing intellectual assets[J]. Research-Technology Management, 2005, 48(1): 50-58.

[240] Tasselli S, Kilduff M, Menges J I. The microfoundations of organizational social networks: A review and an agenda for future research[J]. Journal of Management, 2015, 41(5): 1361-1387.

[241] Teece D J. Capturing value from knowledge assets: The new economy, markets for know-how, and intangible assets[J]. California Management Review, 1998, 40(3): 55-79.

[242] Teece D J. Forward integration and innovation: Transaction costs and beyond [J]. Journal of Retailing, 2010, 86 (3): 277-283.

[243] Teece D J. Managing intellectual capital: Organizational, strategic, and policy dimensions [M]. Oxford, UK: OUP Oxford, 2000.

[244] Teece D J. Profiting from technological innovation: Implications for integration, collaboration, licensing and public policy[J]. Research Policy, 1986, 15(6): 285-305.

[245] Teece D J. Reflections on "profiting from innovation"[J]. Research Policy, 2006, 35(8): 1131-1146.

[246] Teece D J. Strategies for managing knowledge assets: The role of firm structure and industrial context[J]. Long Range Planning, 2000, 33(1): 35-54.

[247] Teece D, Pisano G. The dynamic capabilities of firms[M]//CW Holsapple. Handbook on knowledge management. Berlin, Heidelberg, Springer, 2003: 195-213.

[248] Teo H H, Wei K K, Benbasat I. Predicting intention to adopt interorganizational linkages: An institutional perspective[J]. MIS Quarterly, 2003: 19-49.

[249] Thomas A S. Your company's most valuable asset: intellectual capital[J]. Fortune, 1994, 130(7): 68-73.

[250] Tolbert P S, David R J, Sine W D. Studying choice and change:

The intersection of institutional theory and entrepreneurship research[J]. Organization Science, 2011, 22(5): 1332-1344.

[251] Tornikoski E T, Newbert S L. Exploring the determinants of organizational emergence: A legitimacy perspective[J]. Journal of Business Venturing, 2007, 22(2): 311-335.

[252] Tost L P. An integrative model of legitimacy judgments[J]. Academy of Management Review, 2011, 36(4): 686-710.

[253] Tracey, P., N. Phillips and O. Jarvis, Bridging institutional entrepreneurship and the creation of new organizational forms: A multilevel model[J]. Organization Science, 2011. 22 (1): p. 60-80.

[254] Tsai W. Social structure of "coopetition" within a multiunit organization: Coordination, competition, and intraorganizational knowledge sharing[J]. Organization Science, 2002, 13 (2): 179-190.

[255] Turcan R V. International new venture legitimation: An exploratory study[J]. Administrative Sciences, 2013, 3(4): 237-265.

[256] Vandaie R, Zaheer A. Surviving bear hugs: Firm capability, large partner alliances, and growth[J]. Strategic Management Journal, 2014, 35(4): 566-577.

[257] Vandaie, R. and A. Zaheer, Surviving bear hugs: Firm capability, large partner alliances, and growth[J]. Strategic Management Journal, 2014. 35(4): p. 566-577.

[258] Veer T, Lorenz A, Blind K. How open is too open? The mitigating role of appropriation mechanisms in R&D cooperation settings[J]. R&D Management, 2016, 46(S3): 1113-1128.

[259] Visser E J, De Langen P. The importance and quality of governance in the Chilean wine industry[J]. Geo Journal, 2006, 65(3): 177-197.

[260] Von Hippel E. Horizontal innovation networks-by and for users [J]. Industrial and Corporate Change, 2007, 16(2): 293-315.

[261] Wadhwa A, Freitas I M B, Sarkar M B. The paradox of being open: External technology sourcing and knowledge protection

[C]//Maas-tricht DIME Final Conference，2011，6：8.

[262] Weber M，Henderson A M，Parsons T. The theory of social and economic organization[J]. Philosophical Review，1948，57（5）：955-959.

[263] Wei J，Zhou M，Greeven M，et al. Economic governance，dual networks and innovative learning in five Chinese industrial clusters[J]. Asia Pacific Journal of Management，2016，33（4）：1037-1074.

[264] Welborn R，Kasten V. The Jericho principle：How companies use strategic collaboration to find new sources of value[M]. Hoboken：John Wiley & Sons，2003.

[265] West J，Salter A，Vanhaverbeke W，et al. Open innovation：The next decade[J]. Research Policy，2014，43（5）：805-811.

[266] Wilkins J，Van Wegen B，De Hoog R. Understanding and valuing knowledge assets：Overview and method[J]. Expert Systems with Applications，1997，13（1）：55-72.

[267] Williamson O E. The mechanisms of governance[M]. Oxford：Oxford University Press，1996.

[268] Winter S G. The logic of appropriability：From Schumpeter to Arrow to Teece[J]. Research Policy，2006，35（8）：1100-1106.

[269] Wong C S，Law K S，Huang G. On the importance of conducting construct-level analysis for multidimensional constructs in theory development and testing[J]. Journal of Management，2008，34（4）：744-764.

[270] Yin R K. Case study research：Design and methods[M]. Newbury Park：Sage Publications，2003.

[271] Yitmen I. Intellectual capital：A competitive asset for driving innovation in engineering design firms[J]. Engineering Management Journal，2011，23（2）：3-19.

[272] Yiu D，Makino S. The choice between joint venture and wholly owned subsidiary：An institutional perspective[J]. Organization Science，2002，13（6）：667-683.

[273] Zimmerman M A，Zeitz G J. Beyond survival：Achieving new

venture growth by building legitimacy[J]. Academy of Management Review，2002，27(3)：414-431.

[274] Zollo M，Reuer J J，Singh H. Interorganizational routines and performance in strategic alliances[J]. Organization Science，2002，13(6)：701-713.

[275] Zsidisin G A，Melnyk S A，Ragatz G L. An institutional theory perspective of business continuity planning for purchasing and supply management[J]. International Journal of Production Research，2005，43(16)：3401-3420.

[276] Zucker L G. Institutional theories of organization[J]. Annual Review of Sociology，1987，13：443-464.

中文文献：

[277] 蔡宁,贺锦江,王节祥."互联网＋"背景下的制度压力与企业创业战略选择——基于滴滴出行平台的案例研究[J].中国工业经济,2017(3):174-192.

[278] 陈晓萍,徐淑英,樊景立.组织与管理研究的实证方法[M].北京:北京大学出版社,2012.

[279] 冯晓青.知识产权,竞争与反垄断之关系探析[J].法学,2004(3):113-117.

[280] 郭毅.组织与战略管理中的新制度主义视野[M].上海:上海人民出版社,2009.

[281] 胡胜蓉.专业服务业创新独占性机制及其与保护绩效关系研究[D].杭州:浙江大学,2013.

[282] 柯武刚,史漫飞.制度经济学:社会秩序与公共政策[M].北京:商务印书馆,2000.

[283] 孔小磊.产业集群知识资产保护规制研究[D].杭州:浙江大学,2013.

[284] 李拓宇.以原创性全面创新理论来认识创新驱动发展[J].高等工程教育研究,2017(4):156-159.

[285] 罗伯特,周海涛.案例研究设计与方法[M].重庆:重庆大学出版社,2004.

[286] 马庆国.管理统计:数据获取,统计原理,SPSS 工具与应用研究

[M].北京:科学出版社,2002.

[287] 王萍,魏江.商务服务业知识资产保护手段选择的实证研究[J].科学学研究,2009,27(7):1066-1073.

[288] 魏江,胡胜蓉.知识密集型服务业创新范式[M].北京:科学出版社,2007.

[289] 魏江,孔小磊,周泯非,等.基于集群治理的产业集群内企业知识资产保护模式研究[J].科学学研究,2010,28(9):1354-1360.

[290] 魏江,李拓宇,赵雨菡.创新驱动发展的总体格局,现实困境与政策走向[J].中国软科学,2015(5):21-30.

[291] 魏江,顾强.中国产业集群发展报告[R].北京:机械工业出版社,2009.

[292] 翁羽飞.商务服务业知识资产保护手段的选择研究[D].杭州:浙江大学,2008.

[293] 邬爱其,张学华.产业集群升级中的匹配性地方政府行为——以浙江海宁皮革产业集群为例[J].科学学研究,2006,24(6):878-884.

[294] 吴明隆.SPSS统计应用实务:问卷分析与应用统计[M].北京:科学出版社,2003.

[295] 吴明隆.结构方程模型:Amos实务进阶[M].重庆:重庆大学出版社,2013.

[296] 吴明隆.问卷统计分析实务[M].重庆:重庆大学出版社,2010.

[297] 习近平.决胜全面建成小康社会 夺取新时代中国特色社会主义伟大胜利——在中国共产党第十九次全国代表大会上的报告[N].人民日报,2017-11-5(002).

[298] 邢定银.论企业知识资产形成的制度安排[J].企业技术开发,2006,25(9):68-70.

[299] 尹珏林,任兵.组织场域的衰落,重现与制度创业:基于中国直销行业的案例研究[J].管理世界,2009,1:13-26.

[300] 张强.知识资产概念的经济学解析[J].学术月刊,2005(5):42-49.

[301] 张维迎.博弈与社会[M].北京:北京大学出版社,2013.

[302] 中华人民共和国国务院.中华人民共和国国民经济和社会发展第十三个五年规划纲要[M].北京:人民出版社,2016:2-71.

[303] 周泯非.集群治理与集群学习间关系及共同演化研究[D].杭州:浙江大学,2011.

［304］周雪光.组织社会学十讲［M］.北京:社会科学文献出版社,2003.

［305］邹晓东,李拓宇,张炜,等.中国制造强国战略与工程教育改革实践［J］.高等工程教育研究,2016(3):9-14.

后 记

本书在研究与撰写过程中,得到了笔者的博士导师浙江大学管理学院魏江教授的悉心指导。笔者去了十几个产业集群实地调研,走访了浙江、广州、河南、湖北、北京等地的高新区、产业园、发改委、科技局等产业和政府部门,积累了丰富的案例素材和实践经验,这些都得益于魏老师的鼓励与支持。在魏老师的安排下,自2015年起我以战略咨询课题驻场咨询人员的身份在温州、绍兴等地开展了大量的调研走访工作,察"真现象"、思"真问题"、做"真学问",这种理论与实践相结合的学习方式,对于笔者个人的成长具有非常大的作用。书稿中很多的思想与观点,还得到了邹晓东教授、叶民教授、朱凌教授、邬爱其教授等的指点,也汲取了其他老师、同学的意见,抱歉不能一一致谢。本书能够顺利出版,还要特别感谢浙江大学中国科教战略研究院领导和老师的帮助与支持,浙江大学出版社的李海燕老师也为本书出版付出了大量精力,在此一并表示感谢。本书学习、借鉴了学术同行的若干相关工作,它们已在本书的参考文献中列出,在此表示谢意。成稿实在匆忙,疏漏难免,或有不妥,还请批评指正。

李拓宇

2022年5月17日于启真湖畔